DROIT DE LA GOUVERNANCE D'ENTREPRISE

CORPORATE GOVERNANCE - COMPLIANCE

Abdoulaye SAKHO

DROIT DE LA GOUVERNANCE D'ENTREPRISE

CORPORATE GOVERNANCE - COMPLIANCE

Préface Alioune Ndour DIOUF

L'Harmattan Sénégal

Illustration de couverture.

Zulu M'Baye

Sans titre

Acrylique sur toile

« Zulu aux doigts balsamiques

Tu réveilles les hiéroglyphes

Qui me transportent

Dans les ciels de la créativité ».

(Extrait de l'ouvrage publié à l'occasion de l'exposition « Signe des Afriques, Zulu Mbaye », présenté à SO Art Gallery, Casablanca, du 10 avril au 10 mai 2018).

10 VDN, Sicap Amitié 3, Lotissement Cité Police, DAKAR

direction@senharmattan.com
commandes@senharmattan.com

ISBN : 978-2-336-55445-7
EAN : 9782336554457

À propos de l'auteur

Abdoulaye Sakho est professeur agrégé en droit privé, spécialiste du droit des affaires, du droit économique et du droit du sport, chercheur au Consortium pour la Recherche économique et sociale (CRES) et directeur de l'Institut EDGE (École de droit, gestion et économie). Premier directeur de l'École doctorale « Sciences juridiques, politiques, économiques et de gestion » (EDJPEG) de l'Université Cheikh Anta Diop, il est aussi administrateur et membre fondateur de l'Institut sénégalais des administrateurs (ISA).

Quelques publications

- **sur le droit des affaires et le droit économique en général**

Ndiaye, I. & Sakho, A. (1998). La pratique des garanties du crédit. *Revue Africaine de Banques*. Dakar. (Épuisé)

(2005). Droit, éthique et sida dans la recherche clinique et les essais thérapeutiques dans les pays en développement. Dans *Droit et santé en Afrique : Actes du Colloque international de Dakar, 28 mars - 1er avril 2005* (pp. 187-192). Études hospitalières.

(2006). Les attentes en matière de mission légale de commissariat aux comptes. *Revue sénégalaise de droit des affaires*, 5-8, 93-112.

(2007). Droit de grève et survie de l'entreprise. *Nouvelles Annales Africaines, Revue de la FSJP*, Dakar, 353-362.

(2007). Méthodologie et contenu d'une harmonisation des règles du marché commun des télécommunications dans la CEDEAO. *Nouvelles Annales Africaines, Revue de la FSJP*, Dakar, 49-76.

(2008). Une introduction à la compréhension de la justice contractuelle. *Nouvelles Annales Africaines, Revue de la FSJP*, Dakar, 327-347.

(2010). *Les groupes de sociétés en Afrique. Droit, pouvoir et dépendance économique*. Paris/Dakar : Karthala/CRES.

(2012). *Ma part de vérité. Entretiens avec Bachir Fofana et Baye Dame Wade*. Dakar : Le Quotidien/Groupe Avenir Communication.

(2013). Analyse substantielle et relation de pouvoir. *Revue internationale de Droit économique*, 27(4), 545-555.

(2014). L'exécution forcée des obligations de faire résultant des pactes de préférence dans les cessions d'actions. Dans François Anoukaha & Alain Didier Olinga (Eds.), *L'obligation. Études offertes au professeur Paul-Gérard Pougoué* (pp. 809-834). Yaoundé : APRODA / L'Harmattan-Cameroun.

(2014). La régulation et l'intégration économique en Afrique. *Revue Lamy de la Concurrence - Droit Économie Régulation*, (41), 3-4.

(2014). Libertés et contraintes dans la réglementation du marché des télécommunications en Afrique de l'Ouest : Exemple du marché sénégalais. *Revue Lamy de la Concurrence - Droit Économie Régulation*, (40), 150-159.

(2015). Un cadre réglementaire pour une révolution venue d'Afrique : les services financiers par téléphone mobile. *Revue Lamy de la Concurrence - Droit Économie Régulation*, (45), 97-109.

(2015). Propriété formelle et propriété substantielle en droit des sociétés et des groupes. Dans Laurence Boy (Ed.), *Les déséquilibres économiques et le droit économique* (pp. 125-136). Paris : Larcier.

(2016). Le droit des investissements à partir de quelques données jurisprudentielles. Dans David Hiez & Séverine Ménétrey (Eds.), *L'effectivité du droit économique dans l'espace OHADA* (pp. 279-310). Paris : L'Harmattan.

(2016). Droit et transformations sociales. Dans Éric Balate, Josef Drexl, Séverine Menétrey, & Hanns Ullrich (Eds.), *Le droit économique entre intérêts privés et intérêt général. Mélanges en hommage à Laurence Boy* (pp. 337-348). Aix-en-Provence : PUAM.

(2019). Modernisation et efficacité du droit OHADA des sociétés : sur la révision en 2014 de l'Acte uniforme sur les sociétés commerciales. Dans M. Badji, A. A. Diop, & P. Ngom (Eds.), *La trace et le sentier. Mélanges dédiés au professeur Dominique Sarr* (Vol. 2, pp. 599-614). Dakar : L'Harmattan-Sénégal.

- **Sur le droit du sport**

Diassé, C., & Sakho, A. (2006). *Gestion du football sénégalais. Onze éléments pour comprendre*. Dakar : UCAD-CREDILA/Réussir.

(2010). *Les grands défis du football africain. Les dessous d'un système*. Dakar : Clairafrique. (Préface de Pape Diouf, sous la direction de Abdoulaye Sakho et Maître Moustapha Kamara).

(2013) Selly Ly, M., Kamara, M., & Sakho, A.. *Droit des associations sportives. En hommage à Lamine Diack. Mémento pratique*. Dakar : CRES / L'Harmattan-Sénégal.

(2013) Selly Ly, M., Kamara, M., & Sakho, A. . *Sport et contrat de travail. En hommage à Lamine Diack. Mémento pratique*. Dakar : CRES / L'Harmattan-Sénégal.

(2013) Selly Ly, M., Kamara, M., & Sakho, A. *Sport et droit des sociétés. En hommage à Lamine Diack. Mémento pratique*. Dakar : CRES / L'Harmattan-Sénégal.

(2018). Le sport au service de l'accélération de la construction de l'identité africaine : prolégomènes autour d'une idée, construire une identité africaine par le sport. Intervention au colloque « Kéba Mbaye », Université Cheikh Anta Diop de Dakar.

(2023). *Le droit au soutien de l'investissement dans le sport*. Dakar : CRES / L'Harmattan-Sénégal.

L'Institut Sénégalais des Administrateurs n'entend ni approuver ni désapprouver les opinions émises dans le présent ouvrage.

Liste des sigles et abréviations

AAI : Autorité Administrative Indépendante

AGE : Assemblée Générale Extraordinaire

AGO : Assemblée Générale Ordinaire

AUSCGIE : Acte Uniforme sur le droit des Sociétés Commerciales et du Groupement d'Intérêt Économique

BAD : Banque Africaine de Développement

BRVM : Bourse Régionale des Valeurs Mobilières

CA : Conseil d'Administration

CCOA : Conseil Comptable Ouest Africain

CEDEAO : Communauté Économique des États de l'Afrique de l'Ouest

CEO : Chief Executive Officer

CNES : Conseil National Économique et Social

CNP : Conseil National du Patronat

CRES : Consortium pour la Recherche Économique et Sociale

DG : Directeur Général

DGA : Directeur Général Adjoint

DSP : Direction du Secteur Parapublic

EDGE : École de Droit, Gestion et Économie

EDJPEG : École Doctorale « Sciences Juridiques, Politiques, Économiques et de Gestion »

EPA : Établissement Public Administratif

EPIC : Établissement Public à caractère Industriel et Commercial

FIDEF :	Fédération Internationale des Experts Financiers
FMI :	Fonds Monétaire International
ISA :	Institut Sénégalais des Administrateurs
ITIE :	Initiative pour la Transparence dans les Industries Extractives
NEPAD :	Nouveau Partenariat pour le Développement de l'Afrique
OHADA :	Organisation pour l'Harmonisation en Afrique du Droit des Affaires
ONECCA :	Ordre National des Experts Comptables et Comptables Agréés
PCA :	Président du Conseil d'Administration
PDG :	Président-Directeur Général
PNUD :	Programme des Nations Unies pour le Développement
PV :	Procès-Verbal
RCCM :	Registre du Commerce et du Crédit Mobilier
RCI :	Référentiel de Contrôle Interne
ROSC :	Revue des Codes et Règles de Gouvernance
SA :	Société Anonyme
SAPPM :	Société Anonyme à Participation Publique Majoritaire
SFI :	Société Financière Internationale
UCAD :	Université Cheikh Anta Diop
UEMOA :	Union Économique et Monétaire Ouest Africaine
UMOA :	Union Monétaire Ouest Africaine
UNECA :	Commission des Nations Unies pour l'Afrique

Sommaire

In memoriam

Professeurs Joseph Issa Sayegh, Ibrahima Camara, Moustapha Sourang, Félix Ngoma, Vincent Heuzé, Abdoulaye Diéye et Mody Gadiaga.

Momar Coumba Diop et Charles Becker, fidèles compagnons dans la réalisation de tous mes projets éditoriaux, vous avez manqué à ce livre, reposez en paix.

Amath Dansokho, une vie de combats pour la justice sociale.

In Honorem

Les aînés, professeurs Serigne Diop et Ab el Kader Boye.

Mon frère, Professeur Moussa Samb, hommage à un long et fertile compagnonnage accompagné d'une fidélité sans faille depuis l'école primaire de Derklél jusqu'à la retraite à l'UCAD.

Les amis professeurs, Ndiaw Diouf et Isaac Yankhoba Ndiaye.

Remerciements

Je remercie mon épouse Soukeya, les enfants et petits enfants, mes sources permanentes d'inspiration.

A ces remerciements sont associés au premier chef, les infatigables piliers de l'Institut Sénégalais des Administrateurs (ISA) que sont le Président Alioune Ndour Diouf, les experts comptables du cabinet GARECGO, Mamour Fall, Président honoraire de la FIDEF et de l'Onecca, Elhadj Abdoulaye Gueye, Président d'honneur du Conseil Comptable Ouest Africain (CCOA Normalisateur comptable de l'UEMOA), ancien Secrétaire général de l'Ordre National des Experts Comptables (ONECCA), ainsi que Baye Ibrahima Diagne, expert en management, Directeur fondateur du cabinet Innov-Actions et Président de la commission bonne gouvernance du Conseil National du Patronat au Sénégal. Plus généralement, tous les membres du Conseil d'administration de l'ISA.

Un remerciement particulier à toutes les personnes qui ont eu l'amabilité de relire, corriger et enrichir le manuscrit de cet ouvrage :

- Les piliers de l'Institut Sénégalais des Administrateurs
- Madame Rokhaya Gueye Diagne du cabinet Roann Africa, dont l'expérience de juriste dans l'une des plus

grandes sociétés cotées de la zone UEMOA, la Sonatel, a permis d'enrichir certaines de nos réflexions

- Madame Célia Sanchez « in libris relecture-correction », pour l'important et l'excellent travail de relecture et de correction avant mise en page.

Enfin, tous les « décideurs » qui ont fait confiance à l'ISA ou à ma personne pour des sessions de formation qui ont été les actes préparatoires à ce livre … sans être exhaustif, je ne peux m'empêcher de citer Cheikh Tidiane Mbaye et Sékou Dramé (Sonatel), Adama Ndiaye (Fanaf et Senré), Abdoul Niang (Sones), tous les dirigeants (PCA et DG) des années 2021/2022 de Pétrosen, les Directeurs successifs du Secteur parapublic et leurs collaborateurs avec une mention spéciale à Birahim Gueye et l'actuel occupant du poste, Monsieur Serigne Fall et toute son équipe …

L'illustration de couverture est l'œuvre de Mohamadou « Zulu » Mbaye, qui a gracieusement autorisé sa reproduction.

LES MEMBRES FONDATEURS DE L'INSTITUT SÉNÉGALAIS DES ADMINISTRATEURS (ISA)

CONSEIL D'ADMINISTRATION DE L'INSTITUT SÉNÉGALAIS DES ADMINISTRATEURS

Administrateurs

Alioune Ndour Diouf, Président

Prof Abdoulaye SAKHO Agrégé des facultés, Administrateur Secrétaire Permanent

Mamour FALL, Expert-comptable, Administrateur Secrétaire Permanent

Baye Ibrahima DIAGNE représentant du CNP, Administrateur Trésorier

Amadou Tidiane Diaw Administrateur représentant du Contrôle financier de la Présidence

Amadou Birahim GUEYE, représentant la Direction du Secteur Parapublic (DSP)

Daouda Thiam, Administrateur représentant Chambre de Commerce de Dakar (CCIAD)

Elhadj Abdoulaye Gueye, Expert-comptable, Administrateur

Amadou Moustapha Ndiaye, Notaire, Administrateur

Magatte WADE, membre fondateur, Administrateur

Partenaires techniques

Mouhamadou Maciré Diallo, Notaire, Consultant et formateur

Rokhaya GUEYE, Juriste, Consultant et formateur

Préface

En 2006, à l'initiative d'un groupe de Professionnels passionnés par la gouvernance des entreprises, un Professeur d'université et deux Experts-comptables, l'Institut Sénégalais des Administrateurs (ISA) a été créé en regroupant la Chambre de commerce d'industrie et d'Agriculture de Dakar, le CNP et la CNES, la Cellule de Gestion du Portefeuille de l'Etat (devenue Direction du Secteur Parapublic - DSP), le Contrôle Financier de la Présidence de la République, des personnalités du secteur privé Sénégalais, Mahanta FALL Président de Ecobank Sénégal, Yoro FALL Président du groupe COSELEC « A », Gabriel FAL Président du groupe CGF, Abdoul MBAYE Directeur Général de la Banque BST.

L'Institut Sénégalais des Administrateurs (ISA) s'est voulu un véritable outil au service de la Place financière de Dakar, avec l'ambition d'être l'association de référence et le centre de ressources pour les administrateurs Sénégalais et plus généralement de l'UEMOA.

Dès ses premières années, l'ISA a marqué la place de Dakar en étant le partenaire attitré de l'Etat du Sénégal qui lui a confié l'accompagnement de la mission de Revue des Codes et Règles de gouvernance en cours (ROSC) conduite par la SFI/Banque Mondiale pour aider à faire l'état des lieux et identifier les pistes d'amélioration pour se conformer aux meilleures pratiques en cours dans le monde.

C'est ainsi qu'un Code de Gouvernance a été élaboré à la suite de la mission ROSC en 2011 par une équipe Consultants SFI et Experts de l'ISA. En fin 2011, le Premier Ministre du Sénégal a pris une Circulaire rendant ce Code obligatoire pour le secteur parapublic, avec une Charte de l'Administrateur auquel tous devaient adhérer. S'en était suivi une grande mobilisation pour la vulgarisation du Code entre 2012 et 2013 avec formation et journées de réflexion, ainsi qu'un guide d'évaluation de la gouvernance qui permettait aux Présidents de Conseil d'administration de faire procéder à une auto-évaluation.

L'ISA a assuré la formation de nombreux administrateurs et reste un partenaire privilégié de la Direction du Secteur Parapublic.

La générosité de ses Experts et leur volonté de partager les meilleures pratiques ainsi que les règles du Droit de la Gouvernance ont été les moteurs de cet ouvrage qui a connu une longue gestation et dont l'honneur de la préface m'a été confié.

Offrir des outils pratiques aux administrateurs de sociétés, leur permettre d'exercer leur rôle pleinement, assumer leur responsabilité au service de l'intérêt de la société (intérêt social) et non être au service exclusif de leur mandant, permettre aux Présidents d'être les garants du bon fonctionnement des Conseils avec des Administrateurs formés, engagés et compétents au service de l'entreprise… Telles sont les motivations de l'excellent travail du

Professeur Abdoulaye SAKHO co-fondateur de l'ISA et pionnier sur la gouvernance des entreprises au Sénégal et dans l'espace OHADA, son ouvrage pourra rendre service dans tous les Etats-parties au Traité de l'OHADA, plus particulièrement dans l'UEMOA qui partage une Bourse unique de Valeurs mobilières (BRVM) qui a connu un très grand succès.

Prof, comme on l'appelle affectueusement, fait encore une fois honneur à l'Université sénégalaise (retraité de l'université Cheikh Anta Diop, il poursuit sa mission dans le privé avec l'Ecole de Droit Gestion et Économie - Institut EDGE), en organisant cette veille constante sur les meilleures pratiques en matière de gouvernance d'entreprises. Son association avec les praticiens de renom, fins connaisseurs du monde de l'entreprise que sont les experts comptables Mamour Fall et Abdoulaye Gueye (que je me fais un devoir de citer nommément) est la preuve vivante que le partenariat entre le monde académique et celui de la vie active est une nécessité impérieuse dans le monde d'aujourd'hui.

L'ISA est honoré et s'engage à faire de cet ouvrage et ceux à venir des outils de référence pour la formation des administrateurs de sociétés.

Alioune Ndour DIOUF

Président de l'ISA

Avant-propos

Le constat a été dressé depuis bien longtemps que dans notre monde globalisé qui repose pour son fonctionnement sur les préceptes de la démocratie représentative, nous vivons une période d'accroissement des inégalités sociales.[1] En effet, autant la démocratie permet l'expression de la voix des citoyens de manière intermittente par la voie des urnes, autant elle semble impuissante devant la montée exponentielle des inégalités, ce qui la fait vaciller de temps en temps. Ainsi, malgré ses progrès en sa qualité de régime politique, il convient de remarquer que, du point de vue social, la démocratie traine d'énormes tares dont l'une, la plus remarquable, est l'écart qui n'arrête pas de se creuser entre un nombre de plus en plus réduit de possédants et celui de plus en plus élevé de citoyens vivant dans une grande précarité, sous l'effet du manque d'emploi essentiellement. Beaucoup de citoyens ont le sentiment de vivre dans un monde éternellement injuste.

En Afrique de l'Ouest, ce phénomène est amplifié par la très mauvaise gouvernance qui s'est installée aussi bien dans la gestion des affaires publiques que dans le secteur privé.[2]

---

[1] Pierre Rosanvallon note dès la première phrase de son livre, *La société des égaux*, éditions du Seuil, septembre 2011 : « La démocratie affirme sa vitalité comme régime au moment où elle dépérit comme forme de société. »

[2] « En lançant le Nouveau Partenariat pour le développement de l'Afrique (NEPAD) en 1992, les chefs d'État et de gouvernement

L'objectif de ce livre n'est pas de revenir sur les causes de cette mauvaise gouvernance qui ont fait l'objet d'une littérature abondante[3] et dont on sait depuis longtemps qu'elles sont aussi à l'origine de plusieurs alternances politiques sur le continent.[4] Il est en effet avéré aujourd'hui qu'un discours critique, centré sur ces questions, passe bien au niveau des populations dont l'aspiration à un pouvoir politique serviteur de la volonté générale fait partie des attentes majeures.

Avec ce livre, il s'agit de mettre à la disposition des décideurs politiques et économiques l'état de l'internalisation, dans notre droit positif, de solutions inventées et usitées par la communauté internationale autour de la notion de

africains ont reconnu que la mauvaise gouvernance d'entreprise avait empêché le secteur privé africain de mobiliser des ressources financières sur les marchés financiers nationaux et internationaux et de fonctionner de manière transparente et socialement responsable. » Banque Africaine de Développement, Rapport 2011 sur le développement en Afrique, p. 149. La totalité du chapitre 7 est consacrée à la gouvernance d'entreprise.

[3] « La mauvaise gouvernance est un frein au développement des activités économiques en Afrique et elle coûte cher », conférence de presse conjointe du lundi 4 décembre 2017 à Addis-Abeba, en Éthiopie, par la Banque Africaine de Développement, la Commission des Nations unies pour l'Afrique (UNECA) et le Programme des Nations unies pour le développement (PNUD). https://www.afdb.org/fr/news-and-events/ solving-the-problem-of-poor-governance-in-africa-will-contribute-to-the-structural-transformation-of-its-economies-say-conference-partners-17650

[4] V. par exemple, Tchabouré Aimé Gogue, « Gouvernance en Afrique : état des lieux », *Études et Recherches* n° 67, FASEG, Université de Lomé, Banque Africaine de Développement, 2001.

gouvernance d'entreprise dans le but d'introduire une plus grande transparence et une meilleure équité dans la création et la distribution des richesses.

Ces solutions, essentiellement d'origine anglo-saxonne, sont de deux ordres : les unes sont regroupées sous le vocable « *corporate governance* », et les autres sous celui de « compliance ». Leur objectif principal est d'établir des normes pour l'exercice, la surveillance et le contrôle de la gouvernance d'entreprise. Ces normes sont aujourd'hui consignées dans une importante réglementation mondiale que notre pays a internalisée dans son droit positif. Ce livre rend donc compte de l'état actuel de cette internalisation[5].

---

[5] Il s'inscrit dans le sillage des ***global lawyers***, **entrepreneurs normatif global**, élaborant ou contribuant « à de nouveaux instruments comme des **codes de conduite** et des **codes de gouvernance**, des normes techniques, mais aussi des clauses standards et des contrats types, ainsi que des dispositifs d'ingénierie juridique et des mécanos institutionnels, mis au point dans leurs bureaux, soit sur mesure, soit en série », et au-delà de la production normative, « la mise au point et la participation à d'innombrables **dispositifs de mise en œuvre et de contrôle de l'application des normes,** qui incluent notamment **toutes les procédures de "compliance" (conformité),** destinées à assurer la mise en œuvre effective et uniforme des normes au sein de l'entreprise, du groupe, de la filière ou du secteur, tout au long de la chaîne et dans tous les établissements disséminés partout dans le monde ». Benoit Frydman, « L'émergence d'une discipline : le droit global », *Working paper* n° 2015/6 ULB, www.philodroitdroit.be

Introduction

La gouvernance évoque un système qui permet à une structure publique ou privée de prendre des décisions et de les appliquer en vue d'atteindre ses objectifs. Si la structure est une entreprise, sa gouvernance sera le système composé de règles, de pratiques et de processus mis en place pour guider la façon dont l'entreprise est dirigée et contrôlée.

C'est un concept dont la définition est rendue difficile aujourd'hui par le fait que beaucoup d'analystes considèrent que « gouvernance d'entreprise » et « gouvernement d'entreprise » signifient la même chose, à l'image de la BAD (Banque Africaine de Développement).[6] Ce n'est pas notre avis, car le gouvernement d'entreprise, ou *corporate governance*, est un « puissant mouvement d'opinion au sein duquel ont été conçus des standards supposés garantir le bon fonctionnement des organes sociaux des sociétés cotées, ainsi

[6] « Même s'il n'existe pas de définition unique, la gouvernance d'entreprise (ou le gouvernement d'entreprise) peut se définir comme le cadre institutionnel, juridique et réglementaire qui régit la relation entre les dirigeants et les investisseurs au sein d'une entreprise, que celle-ci soit privée, cotée en Bourse ou publique. » BAD, Rapport 2011 sur le développement en Afrique, p. 150.

que de la qualité de l'information financière qu'elles livrent au marché »[7].

Donc distinguer « gouvernance d'entreprise » d'une part, et « gouvernement d'entreprise » d'autre part, semble être une nécessité rationnelle. C'est le choix dans ce livre dont le fil directeur est constitué des diverses évolutions de la gouvernance d'entreprise sous l'influence du mouvement du gouvernement d'entreprise et des impératifs de la compliance.

Cela dit, prendre comme objet d'analyse la gouvernance d'entreprise présente aujourd'hui plusieurs intérêts qui touchent aussi bien les aspects théoriques que pratiques du droit des entreprises et dont la portée dépasse le strict cadre géographique de notre pays.

Du point de vue théorique, cela permet de :

- rendre prégnante la place désormais prise par la gouvernance dans la performance de l'entreprise qui est devenue une valeur centrale, comme l'ont été divers autres intrants, dans le circuit de mise en place du produit final offert par l'entreprise[8] ;

---

[7] Philippe Bissara, Régis Foy, Amicie de Vauplane, *Droit et pratique de la gouvernance des sociétés cotées*, Association nationale des sociétés par actions (ANSA), en coédition avec les éditions Joly, 2007, p. 2.

[8] Les disciplines scientifiques et universitaires autour des circuits de fabrication avec les chaînes pour la production de masse, celles autour de

- consacrer la disparition du « droit commercial » au profit du « droit des activités économiques » (droit des affaires, droit économique)[9] et, le rapprochement entre droit privé et droit public en ce qui concerne l'entreprise, notamment sa gouvernance[10]. Qu'elle soit

l'amélioration des circuits de distribution du produit pour la mise à disposition aux consommateurs de produits de qualité…

[9] Sur le droit économique en Afrique, V. David Hiez et Séverne Menétry (dir.), *L'effectivité du droit économique dans l'espace OHADA*, L'Harmattan Paris, 2016 ; Abdoulaye Sakho, *Les groupes de sociétés en Afrique, droit, pouvoir et dépendance économique*, Karthala/Cres, 2010. Pour le droit français : Didier Linotte et Raphael Romi, *Services publics et droit public économique*, Litec, Paris, 2001 ; Adde, *Prospectives du droit économique. Dialogues avec Michel Jeantin*, Dalloz, Paris, 1999 ; Gérard Farjat, *Droit économique*, Thémis 1981 ; Éric Balate, Josef Drexl, Séverine Ménetry et Hanns Ulrich (dir.), *Le droit économique entre intérêts privés et intérêt général. Hommage à Laurence Boy*, Presses Universitaires d'Aix-Marseille, PUAM, 2016.

[10] Mouvement amorcé depuis bien longtemps, mais qui se heurte à des résistances d'un anachronisme difficilement compréhensible. L'OHADA n'a pas été jusqu'au bout de sa logique de réforme qui avait permis la consécration du concept de « droit des affaires », car elle continue à utiliser le concept éculé de « droit commercial » au moment même où les juristes français affichent une grande perplexité : « La Belgique a enterré définitivement son droit commercial et son code de commerce par une loi du 15 avril 2018. Elle les a remplacés par un "Code de droit économique" et a substitué aux notions de commerçant et d'acte de commerce celle d'"entreprise". L'entreprise est au cœur du droit économique (…). Quand on songe qu'à l'origine notre droit commercial a été conçu à partir du modèle de la réalité commerciale de la fin du XVIIIe siècle et du début du XIXe et qu'il est encore fondé en partie sur des notions de cette époque, on ne peut qu'être perplexe ! ». Jean Paillusseau, *Le droit commercial va-t-il disparaitre ?*, Recueil Dalloz, 2019 p. 2129.

publique ou privée, la gouvernance relève des mêmes principes[11] ;

- contribuer à l'émergence, concernant la gouvernance d'entreprise, d'une recherche universitaire adaptée[12] permettant d'éviter ce que le rapport du Bureau indépendant d'évaluation du FMI (Fonds Monétaire International), publié en mai 2011, une semaine après l'éclatement de l'affaire DSK, fustigeait en montrant que la recherche dans cette institution posait problème quand il s'agit de l'Afrique —il s'agit d'une « recherche institutionnellement orientée », il y a des « biais idéologiques », les « conclusions sont préconçues », certaines études reposent sur un « cadre analytique inapproprié aux réalités des pays étudiés » —, et mieux, qu'il y a dans les recherches du FMI une « incapacité répétée à citer les travaux des chercheurs locaux »[13].

[11] Le droit des sociétés OHADA est fondé sur ce principe de n'accorder de dérogations que prévues par texte spécial comme la loi d'orientation 2022-08 qui fera l'objet de larges examens dans cet ouvrage. Voir ci-dessous.

[12] Voir à ce propos l'ouvrage original du docteur Ousseni Tamboura, *Droit du financement du secteur privé en Afrique de l'Ouest*, éditions Mercury, Ouagadougou, 2025. L'auteur fait d'utiles développements sur le lien entre la gouvernance de l'entreprise et le financement de son activité.

[13] Le Bureau indépendant d'évaluation (BIE) a été créé en 2001 par le Conseil d'administration du FMI. Il évalue de manière objective et indépendante des questions liées au FMI. Le BIE fonctionne en toute indépendance de la Direction et du Conseil d'administration du FMI.

Du point de vue pratique :

- un premier intérêt peut être trouvé dans la nécessité de changer la perception qui s'est installée, au fil de l'évolution de notre pays, sur les postes à responsabilités dans les organes dirigeants des entreprises publiques et, en particulier, dans les fonctions de chef de l'organe délibérant, plus communément appelé « PCA ». Dans la conscience commune d'une bonne partie de nos concitoyens, surtout, l'impression se dégage qu'il ne s'agit pas de fonctions techniques pour des résultats économiques, mais plutôt d'un système pour « caser » des hommes et des femmes qui ont « rendu des services » au pouvoir en place. L'occasion est donc donnée ici de recentrer le débat sur la fonction réelle et attendue des dirigeants des structures d'intervention de l'État dans l'économie telle que prévue par le droit, notamment la loi d'orientation n° 2022-08 sur le secteur parapublic[14] et les textes pris pour son application[15] ;

Pour en savoir plus sur les activités du BIE, voir son site web : www.ieo-imf.org.

[14] Loi d'orientation n° 2022-08 du 19 avril 2022 relative au secteur parapublic, au suivi du portefeuille de l'État et au contrôle des personnes morales de droit privé bénéficiant du concours financier de la puissance publique, *JORS*, numéro spécial, jeudi 21 avril 2022. Sur ce texte, la Présidence de la République a organisé une grande conférence, Voir les actes de cette conférence :
https://www.presidence.sn/fr/conference-des-administrateurs-et-managers-publics

- un second intérêt réside dans le fait avéré que des actions ciblées sur la gouvernance peuvent en faire un formidable levier dans le sens de l'amélioration de la performance de l'entreprise et de la vie des citoyens. Déjà présent dans notre système aussi bien en réglementation que dans la pratique, ce genre d'action trouve son fondement dans le mouvement du gouvernement d'entreprise[16] et dans les exigences de la compliance[17].

Le continent africain n'a d'ailleurs pas été en reste dans ce double mouvement mondial destiné à :

- la maîtrise de la gouvernance de l'entreprise via la « juridisation » des préconisations de la *corporate*

[15] Décret n° 2025-669 du 29 avril 2025 fixant les règles d'organisation et de fonctionnement du Comité de suivi du secteur parapublic ; décret n°2025-670 du 29 avril 2025 fixant les règles de fonctionnement de l'organe délibérant des entités du secteur parapublic (reproduit en annexe) ; décret n° 2025-671 du 29 avril 2025 fixant les statut-types applicables aux sociétés nationales (reproduit en annexe).

[16] Abdoulaye Sakho, « Modernisation et efficacité du droit OHADA des sociétés : sur la révision de 2014 de l'acte uniforme sur les sociétés commerciales », in *Mélanges Dominique Sarr*, tome 2, pp. 599-614, L'Harmattan-Sénégal, 2019.

[17] Abdoulaye Sakho, « L'efficacité du contrôle de la commande publique : de la régulation à la compliance ? Quelques idées pour aller au-delà du nouveau Code des marchés publics en utilisant les ressources de la loi 2022-08 », Guest Editorial de la *Revue des marchés publics*, n° 33, avril-mai 2023.

governance, ou gouvernement d'entreprise, devenue valeur, avec des finalités diverses[18] ;

- l'évolution de la fonction contrôle grâce à laquelle l'agent économique change de statut dans son rapport au contrôle : de simple objet de contrôle, il devient lui-même sujet du contrôle avec la singularité qu'ici, malgré son statut de sujet, le contrôle porte sur sa propre activité et non sur des structures qui lui sont extérieures ; d'où l'originalité de la compliance : l'agent n'attend pas qu'il soit « épinglé » pour la violation de la norme, c'est lui-même qui anticipe en prenant les dispositions destinées à éviter l'infraction. Il devra donc montrer que non seulement il connait la norme, mais qu'il a pris toutes les précautions pour ne pas la violer. Il devient ainsi son propre agent contrôleur.[19] Par ailleurs, dans la compliance, le

---

[18] Abdoulaye Sakho, « La bonne gouvernance d'entreprise : *corporate governance* », *Revue africaine de Management*, n° 1, février 2010 ; Adde, Le Code de gouvernance de l'Institut sénégalais des Administrateurs (ISA), premier code de ce genre en Afrique de l'Ouest rédigé pour le compte de l'ISA par Abdoulaye Sakho et Emmanuel du Boulley, rendu obligatoire au Sénégal par une circulaire du Premier ministre ; le Code de gouvernance de la BRVM apparaitra par la suite ; les circulaires de la commission bancaire de l'UMOA n° 1 et 2 – 2017 CB/C relatives à la gouvernance des établissements de crédit et des compagnies financières de l'UMOA et aux conditions d'exercice des fonctions d'administrateurs et de dirigeants au sein des établissements de crédit et des compagnies financières de l'UMOA.

[19] Mahmoud Mohamed Salah, « Conception et application de la compliance en Afrique », in *Les outils de la compliance*, Marie-Anne

> contrôle ne se limite plus seulement à la prévention de comportements susceptibles d'atteindre les dirigeants. Il est élargi à tous les risques susceptibles d'atteindre l'entreprise. D'où l'importance actuelle des stratégies de prévention et de gestion des risques dans les entreprises privées comme publiques.[20]

La réception progressive des prescriptions du mouvement de la *corporate governance* et de la compliance en Afrique et, en particulier au Sénégal, est ainsi une réalité palpable. Le droit de la gouvernance d'entreprise a évolué au contact de ces deux concepts.

Frison-Roche (dir.), Dalloz et *Journal of Régulation and Compliance*, 2021, pp. 165-180 ; Abdoulaye Sakho, « L'efficacité du contrôle de la commande publique : de la régulation à la compliance ? Quelques idées pour aller au-delà du nouveau Code des marchés publics en utilisant les ressources de la loi 2022-08 », *op. cit. ;* Adde Antoine Gaudemet, Conclusion, in Nicolas Borga, Jean-Claude Marin et Jean-Christophe Roda (dir.*), Compliance : l'entreprise, le régulateur et le juge*, Dalloz et Journal of Régulation, 2018, pp. 251-259 ; Adde en réglementation, les circulaires de la commission bancaire de l'UMOA n° 3 à 5 – 2017 cb/c relatives au contrôle interne des établissements de crédit et des compagnies financières dans l'UMOA, à la gestion des risques dans les établissements de crédit et les compagnies financières de l'UMOA et à la gestion de la conformité aux normes en vigueur par les établissements de crédit et les compagnies financières de l'UMOA.

[20] Il est à ce propos symptomatique que la loi d'orientation 2022-08 impose en son article 57, alinéa 3, que chaque entité du secteur parapublic « procède à la cartographie des risques et adopte un référentiel de contrôle interne (RCI) en vue du management des risques identifiés ».

Pour en rendre compte, un choix méthodologique à double détente s'impose :

- malgré l'existence de diverses formes de sociétés (comme technique juridique de l'entreprise)[21] et surtout pour des raisons de commodité, nous faisons le choix de reposer nos développements en priorité sur **le droit de la SA (société anonyme)**[22] dont le modèle, en tant qu'idéal type, a inspiré les entités du secteur parapublic de même que la dernière-née des formes sociales, la société par actions simplifiée (SAS). En outre, identifiée depuis longtemps par une doctrine autorisée comme un « formidable instrument d'expansion du capitalisme »[23], on ne peut se passer de la SA pour une analyse correcte du droit actuel de la gouvernance des entreprises.

- Le choix sera aussi fait d'un plan de présentation qui permettra de voir, dans une perspective dynamique, une première partie consacrée au **cadre juridique de l'exercice de la gouvernance d'entreprise** (titre premier), puis une seconde partie qui s'intéresse au **cadre juridique du contrôle de la gouvernance d'entreprise** (titre II).

---

[21] Jean Paillusseau, *La société anonyme, technique d'organisation juridique de l'entreprise*, Dalloz, 2006.
[22] Voir Abdoul Wahab Ndiaye, *Droit des sociétés de capitaux*, L'Harmattan-Sénégal, 2e édition, 2019.
[23] Georges Ripert, *Les aspects juridiques du capitalisme moderne*, Paris, LGDJ, 1951.

TITRE PREMIER

LE CADRE JURIDIQUE D'EXERCICE DE LA GOUVERNANCE D'ENTREPRISE

Ce cadre repose :

- sur l'Acte uniforme consacré au droit des sociétés commerciales et du groupement d'intérêt économique (AUSCGIE) pour ce qui concerne le droit commun applicable à la totalité des entreprises à vocation marchande de l'espace OHADA ;

- par dérogation, sur la loi d'orientation n° 2022-08 relative au secteur parapublic pour ce qui concerne les structures de l'intervention de l'État dans l'économie appréhendées par le droit sous le vocable « entités du secteur parapublic regroupant les sociétés publiques et les organismes publics ».[24]

---

[24] Article 3 de la loi d'orientation : « Le secteur parapublic comprend : — les établissements publics, à l'exception des ordres professionnels et des chambres consulaires ; — les agences et autres structures administratives similaires ou assimilées ; - les sociétés nationales - ; les sociétés à participation publique majoritaire.
Les établissements publics, agences et autres structures administratives similaires où assimilées, d'une part, et les sociétés visées à l'alinéa

premier du présent article d'autre part, sont dénommés respectivement dans la présente loi *organismes publics* et *sociétés publiques*.
Les organismes publics et les sociétés publiques constituent les entités du secteur parapublic. »
Mais attention à une confusion énorme que font beaucoup d'observateurs : dans ce bloc d'entités du secteur parapublic, ne font pas partie les structures de régulation qui sont des autorités administratives indépendantes (AAI) et qui relèvent d'une loi spécifique : la loi 2002-23 portant cadre de régulation des entreprises concessionnaires du service public. Le secteur parapublic est donc bien délimité par l'article 3 de la loi d'orientation et il ne vise nullement les AAI. Sur ces AAI et leur spécificité aussi bien du point de vue mission que du point de vue organisation, voir : La réforme du secteur parapublic : évolution ou révolution administrative ? Par Papa Assane TOURE, Magistrat, https://ceracle.com/la-reforme-du-secteur-parapublic-evolution-ou-revolution-administrative-par-papa-assane-toure-magistrat/ ; Adde Abdoulaye Sakho, *Ma part de vérité. Entretien avec Bachir Fofana et Baye Dame Wade*, Dakar, éd. Groupe Avenir Communication, 2012.

CHAPITRE PREMIER

L'EXERCICE DE LA GOUVERNANCE DANS L'ACTE UNIFORME SUR LE DROIT DES SOCIÉTÉS[25]

Cet acte uniforme est le siège du droit commun de l'entreprise à vocation marchande. Sa révision en 2014 est portée par une certaine conception du droit des sociétés ; il semble que le législateur OHADA ait été inspiré par les idées d'une école de pensée française (l'École de Rennes) qui considère que la société est une technique d'organisation juridique des entreprises.[26] Pour répondre aux exigences d'efficacité et de compétitivité des entreprises africaines dans un contexte concurrentiel croissant, le législateur OHADA a estimé qu'il fallait une modernisation du droit des sociétés. En effet, le droit des sociétés doit non pas dresser des entraves, mais fournir à l'entreprise les outils nécessaires à

[25] Acte uniforme relatif au droit des sociétés commerciales et du groupement d'intérêt économique, *Journal officiel de l'Organisation pour l'Harmonisation en Afrique du Droit des Affaires* (OHADA), numéro spécial du 4 février 2014.

[26] Le chef de file de cette école de pensée est Jean Paillusseau. V. particulièrement son ouvrage tiré de sa thèse : « La société anonyme, technique d'organisation de l'entreprise », Sirey, 1967 ; Adde l'ouvrage écrit en commun avec un des pères fondateurs du droit économique en France, Claude Champaud, *L'entreprise et le droit commercial*, Paris, Armand Colin, 1970, 128 pages.

son développement.[27] Par conséquent, un « bon droit des sociétés » ne peut ignorer l'un des aspects essentiels de la société : l'exercice de son activité économique.

On ne doit pas, en effet, oublier que si une société commerciale existe, c'est pour exercer une activité économique, donc pour conduire une entreprise. Aussi, même si l'on part de l'idée de base émanant de la définition de l'article 4 de l'Acte uniforme[28] postulant que la société est la « chose » des associés et qu'elle doit être soumise à leur volonté souveraine, on ne peut ignorer l'entreprise et ses besoins.[29] C'est la raison pour laquelle la révision de l'Acte uniforme a inséré diverses dispositions dont l'objet est de **fournir à la société les instruments juridiques de son**

[27] Sur cette modernisation, la preuve est faite que le droit OHADA est une parfaite réplique du travail accompli par le droit français. Voir *La modernisation du droit des sociétés. Premières réflexions sur le rapport Marini*, Actes du colloque organisé par la Fédération nationale pour le droit de l'entreprise (FNDE) le 13 novembre 1996, Pratique des affaires, Joly éditeur, Paris, 1997.

[28] Article 4 de l'Acte uniforme : « La société commerciale est créée par deux (2) ou plusieurs personnes qui conviennent, par un contrat, d'affecter à une activité des biens en numéraire ou en nature, ou de l'industrie, dans le but de partager le bénéfice ou de profiter de l'économie qui peut en résulter. Les associés s'engagent à contribuer aux pertes dans les conditions prévues par le présent Acte uniforme ».

[29] Car la société commerciale n'est pas seulement un propriétaire des biens mis à sa disposition par les apporteurs, elle est aussi un ensemble de règles juridiques, de techniques juridiques et de mécanismes permettant à l'organisme économique qu'est l'entreprise de vivre et de se développer.

financement, notamment pour le renforcement de ses fonds propres.

L'autre aspect de la modernisation du droit des sociétés concerne les **enjeux de pouvoir**[30] **et donc de gouvernance dans la société commerciale**. Quel est le meilleur équilibre possible des pouvoirs et des responsabilités au sein des entreprises ? Comment faire, dans ce contexte général actuel d'exigence d'une plus grande transparence, pour que le rôle de l'associé (qui est le propriétaire de la société par son apport au capital social) soit mieux valorisé face au pouvoir du management ? Comment faire pour que le contrôle dans l'entreprise soit mieux perçu ? Toute une série d'interrogations qui évoquent le gouvernement d'entreprise, ou *corporate governance*, dont les grands principes sont introduits dans la nouvelle version de l'Acte uniforme.[31]

Dans le droit des sociétés anonymes, la gouvernance est partagée entre deux types d'organe que sont **l'organe**

---

[30] Sur le pouvoir et le droit privé, V. Abdoulaye Sakho, « Analyse substantielle et relation de pouvoir », en hommage à l'École niçoise de droit économique, *Revue Internationale de Droit économique*, 2013/4, p. 545 à 555.

[31] Sur le gouvernement d'entreprise, V. entre autres Abdoulaye Sakho, « La bonne gouvernance d'entreprise », *Revue africaine de management*, n° 1, février 2010, Dakar ; Issa Sidibé, « La gouvernance des sociétés anonymes dans la zone OHADA », thèse de doctorat, soutenue le 19 avril 2013 à l'UCAD/Dakar ; du même auteur sur le même titre, ouvrage publié chez L'Harmattan en décembre 2023 ; Patrice Badji, « OHADA et bonne gouvernance d'entreprise », *Revue de l'ERSUMA*, n° 2, mars 2013.

délibérant et **l'organe exécutif**. Ces concepts sont aujourd'hui consacrés en législation pour désigner les organes de gouvernance.[32] Dans la société anonyme que nous utilisons pour l'analyse, ces deux organes sont :

- celui en charge de l'orientation générale de la société et du contrôle sur la gestion par la Direction générale. Il est collégial et agit périodiquement par voie de délibération : **le Conseil d'administration** ;

- celui en charge de la gestion au quotidien et de l'exécution des décisions du Conseil d'administration. Il est le fait d'une personne à la disposition de laquelle on affecte des services opérationnels : **la Direction générale.**

Prenant en compte l'existence de sociétés ayant très peu d'actionnaires, l'Acte uniforme a prévu la possibilité d'une dispense de l'obligation de mise en place de l'organe collégial qu'est le Conseil d'administration. C'est l'hypothèse visée à l'article 494 de l'Acte uniforme : les sociétés anonymes qui n'ont pas plus de trois actionnaires et dans lesquelles le texte exige que les fonctions

[32] Voir les définitions 72 et 73 consacrées à ces deux concepts dans la loi uniforme de l'UMOA qui, dans l'ordre interne sénégalais, est la loi n° 2025-03 du 19 février 2025 portant réglementation bancaire ; Adde l'article 19 de la loi 2022-08 sur le secteur parapublic qui dispose que « les entités du secteur parapublic disposent de deux organes : - l'Organe délibérant ; - l'organe exécutif. »

d'administration et de direction soient exercées par une seule et même personne dénommée **administrateur général**.

On va d'abord s'intéresser à l'organe délibérant (Conseil d'administration) puis à l'organe exécutif (Direction générale).

Section 1

L'ORGANE DÉLIBÉRANT : LE CONSEIL D'ADMINISTRATION

(Articles 414 à 515 de l'Acte uniforme sur les sociétés commerciales)

La loi bancaire[33] donne la définition suivante de l'organe délibérant : « Le Conseil d'administration dans les sociétés anonymes ou l'organe collégial dans les sociétés constituées sous une autre forme. Il est investi de tous les pouvoirs pour agir en toutes circonstances au nom de l'établissement, dans la limite de l'objet social et des compétences réservées à l'assemblée générale. » Notre hypothèse de travail étant la société anonyme, l'analyse va se limiter au Conseil d'administration.

À ce propos, avec la reconnaissance au président du Conseil d'administration de prérogatives de plus en plus importantes, on en est à distinguer aujourd'hui le statut du Conseil d'administration proprement dit de celui de son président, qui

[33] Article 5, définition n° 72, loi n° 2025-03 du 19 février 2025 portant loi bancaire.

n'est pas loin de devenir un organe à part entière au regard des responsabilités affirmées qui sont les siennes dans la bonne marche collégiale de l'organe du CA. Ce qui justifie que l'étude du Conseil d'administration se fasse en voyant d'abord le collège (paragraphe 1), puis le président (paragraphe 2).

Paragraphe 1 — Le collège du Conseil d'administration

La composition du Conseil d'administration sera examinée à travers le statut des membres (A), ses attributions (B) et son fonctionnement (C).

A- La composition du collège et le statut de ses membres : articles 416 à 434

1 — Nombre et désignation des administrateurs : articles 416 à 419 de l'Acte uniforme

Nombre. Le CA est composé de trois membres au minimum et de douze au plus. Exceptionnellement, en cas de fusion, les administrateurs des deux sociétés en cause s'additionnent sans pouvoir dépasser le nombre de 24. Les administrateurs en surnombre ne sont pas remplacés tant que la société ne verra pas son Conseil ramené à douze (article 418).

Conditions de nomination dans le Conseil. Il n'est pas nécessaire d'être actionnaire pour entrer au Conseil d'administration d'une société anonyme. Mais les statuts peuvent l'imposer en déterminant un nombre d'actions nécessaire pour y entrer. Le cas échéant, si l'intéressé n'est pas titulaire du nombre d'actions requis par les statuts au jour de sa nomination, il a trois mois pour se mettre en règle, faute de quoi il est considéré comme démissionnaire et doit donc restituer toutes les sommes perçues. La constatation de cette infraction ne remet pas en cause la validité des délibérations auxquelles il a pris part.

Procédure de désignation. Au démarrage de la société, les premiers administrateurs sont désignés par les statuts ou, le cas échéant, par l'assemblée générale constitutive. En cours de vie sociale, seule l'assemblée générale ordinaire (AGO) est compétente pour la désignation. Mais, exceptionnellement en cours de vie sociale et dans le cas de fusion, l'assemblée générale extraordinaire (AGE) peut nommer de nouveaux administrateurs. Il semble que l'Acte uniforme n'autorise pas une autre forme de désignation des administrateurs, sauf le cas particulier de la cooptation dans les hypothèses de vacance du siège d'administrateur par décès ou démission qui sont prévues à l'article 429. En effet, est nulle toute nomination intervenue en violation de l'article 419 qui réglemente le processus de désignation des administrateurs.

2 — Durée du mandat de l'administrateur : article 420 de l'Acte uniforme

La durée du mandat de l'administrateur est librement fixée par les statuts, mais ne doit pas excéder six ans lorsque la désignation se fait en cours de vie sociale et deux ans lorsqu'il s'agit d'une désignation dans les statuts par l'AG constitutive.

3 — Personne morale « administrateur » : articles 421 à 423 de l'Acte uniforme

Au même titre qu'une personne physique, il est possible de désigner une personne morale pour exercer les fonctions d'administrateur d'une société. En principe, il s'agit d'une faculté ouverte à toute personne morale, même à celles qui poursuivent un but non lucratif.

La personne morale administrateur doit désigner, selon un formalisme bien défini (lettre avec preuve de la réception), un représentant permanent, personne physique qui peut ou non être actionnaire de la société, mais qui, en tout état de cause, est chargée de participer aux réunions et est soumise aux mêmes obligations et conditions que les autres administrateurs.

Cette personne possède ainsi une double casquette : administrateur au sein de la société administrée et mandataire de la société désignée administrateur en sa qualité de représentant permanent. En principe, sa qualité d'Administrateur prend naturellement le dessus sur sa qualité de mandataire car, l'intérêt de la société administrée doit primer.

La durée de ses fonctions est tributaire de celle du mandat d'administrateur de la personne morale. L'administrateur peut être remplacé à tout moment durant la durée du mandat d'Administrateur de son mandant par ce dernier. Ce qui fait dire à certains qu'il est sur un « siège éjectable ».

4 — Élections des administrateurs : article 424 de l'Acte uniforme

Les statuts de la société fixent librement les modalités de l'élection des administrateurs. Il leur est possible de prévoir la répartition des sièges en fonction des catégories d'actions sous réserve du respect d'une représentation équitable qui ne priverait pas certains actionnaires de leur droit d'entrer au Conseil.

Il leur est également possible de restreindre la rééligibilité des administrateurs par exception au principe qui affirme cette rééligibilité des administrateurs.

Sauf les cas de cooptation de l'article 429, l'élection des administrateurs est une règle impérative dont la violation est sanctionnée par la nullité de toute nomination intervenue en contravention des prescriptions de l'article 424 en cause.

En tout état de cause, la nomination de l'Administrateur doit faire l'objet d'une publicité au Registre du Commerce et du Crédit Mobilier.

5 — Cumul de mandats d'administrateur : articles 425 et 426 de l'Acte uniforme

- ***Limitation du nombre de mandats : article 425***

Dans un souci d'efficacité et d'indépendance dans l'exercice du mandat, l'Acte uniforme considère qu'il faut limiter le nombre de mandats dont peuvent bénéficier les administrateurs. En ce sens, il est interdit pour une seule et même personne de siéger dans plus de cinq conseils d'administration de sociétés sises sur le territoire d'un même État membre de l'OHADA.

Une dérogation de taille et prévue pour les groupes de sociétés dans lesquels les mandats exercés dans les sociétés contrôlées au sens de l'article 175 de l'Acte uniforme ne sont pas pris en compte pour le calcul des cinq mandats. Il est considéré qu'il s'agit d'un seul mandat car on est en présence d'un groupe de sociétés.[34] Toute personne en infraction avec la règle du non-cumul de plus de cinq mandats est considérée comme démissionnaire et doit donc restituer toutes les sommes perçues. Cette infraction ne remet pas en cause la validité des délibérations auxquelles elle a pris part.

---

[34] Article 173 de l'Acte uniforme relatif aux sociétés commerciales : « Un groupe de sociétés est l'ensemble formé par des sociétés unies entre elles par des liens divers qui permettent à l'une d'elles de contrôler les autres ». Sur la notion de groupe de sociétés et ses implications juridiques et économiques, V. Abdoulaye Sakho, *Les groupes de sociétés en Afrique. Droit, pouvoir et dépendance économique*, Karthala, Paris et CRES, Dakar, 2010.

- ***Cumul avec un contrat de travail : article 426***

Sauf si les statuts l'interdisent, **un salarié peut devenir administrateur** à la condition que le contrat de travail corresponde à un emploi effectif, ce qui signifie que les fonctions d'administrateur et de salarié doivent être totalement distinctes. Ce sera le cas si le salarié exerce des fonctions techniques.

Dans les mêmes conditions d'exigence d'un travail effectif, **un administrateur peut conclure un contrat de travail.** Mais dans cette hypothèse, le contrat devra être soumis à la procédure des conventions réglementées des articles 438 et suivants.

6 — Vacance de sièges d'administrateurs. Cooptation d'administrateurs : article 429 de l'Acte uniforme

Par exception au principe reposant sur la procédure d'élection des administrateurs, le Conseil d'administration (CA) peut procéder à la cooptation de certains administrateurs, sous la condition de ratification ultérieure par l'assemblée générale ordinaire suivante.

Il s'agit de l'hypothèse de vacance de sièges d'administrateurs suite à un décès ou une démission.

La cooptation est obligatoire et doit intervenir dans un délai de trois mois, lorsque le nombre d'administrateurs devient inférieur au minimum statutaire.

Lorsqu'il est devenu inférieur au minimum légal, les administrateurs restants sont tenus de convoquer immédiatement l'AGO à l'effet de compléter l'effectif. À défaut, tout intéressé peut demander au juge compétent la désignation d'un mandataire chargé de convoquer l'AGO dans le but de procéder aux nominations et de les ratifier.

En tout état de cause, le refus lors de l'AGO d'entériner les nouvelles nominations n'entache en rien la validité des décisions prises par le Conseil d'administration avec les administrateurs non acceptés par l'AGO et qui, par conséquent, demeurent valables.

7— Rémunération des administrateurs : articles 430 à 432 de l'Acte uniforme

Au titre de leur participation aux diverses activités de la société, les administrateurs peuvent recevoir diverses rémunérations. Il en est ainsi lorsqu'ils reçoivent des **dividendes** en leur qualité d'actionnaires ou un **salaire** au titre d'un contrat de travail cumulé avec le mandat d'administrateur.

- ***Indemnités de fonction***

Mais en leur qualité d'administrateurs, donc au titre du travail effectué en vertu de leur mandat, ils ne peuvent recevoir qu'une indemnité dite de fonction, qui est une somme fixe annuelle librement déterminée par l'AGO.

Pour la détermination de cette somme par l'AGO, les administrateurs actionnaires participent pleinement au vote ; leurs actions entrent en ligne de compte pour le calcul du quorum et de la majorité. La répartition des indemnités de fonction entre les membres est de la compétence exclusive du Conseil d'administration qui en fixe librement les modalités sauf si les statuts le disposent autrement.

- ***Autres rémunérations***

Pour l'accomplissement de certaines missions pour le compte du CA, les administrateurs peuvent recevoir des rémunérations exceptionnelles et le remboursement des frais occasionnés par ces mandats lorsqu'ils sont effectués dans l'intérêt de la société. Le commissaire aux comptes devra faire, à l'assemblée, un rapport spécial sur ces rémunérations.

8 — Fin des fonctions d'administrateur : articles 433 et 434 de l'Acte uniforme

En dehors de l'arrivée du terme du mandat, certains événements peuvent mettre fin aux fonctions de l'administrateur : la dissolution de la société, sa transformation, ainsi que le décès, la révocation ou la démission de l'administrateur.

- ***L'arrivée du terme***

Lorsque le mandat arrive à son terme, il prend fin automatiquement suite à l'assemblée générale ayant statué sur les comptes de l'exercice au cours de laquelle le mandat a pris fin. Les administrateurs n'ont aucun droit acquis à être renouvelés.

- ***La révocation***

Le texte précise que « les administrateurs peuvent être révoqués à tout moment par l'assemblée générale ordinaire ». On dit, à ce propos, que les administrateurs de la SA sont révocables *ad nutum*, c'est-à-dire à tout moment pour n'importe quel motif. En fait, aucun motif n'a à être donné, et aucun délai de préavis ni aucune indemnité ne leur sont dus.

En tout état de cause, la fin des fonctions de l'administrateur doit faire l'objet d'une publicité au Registre du Commerce et du Crédit Mobilier (RCCM).

B — Attributions du CA : articles 435 à 452 de l'Acte uniforme

Organe de contrôle de l'activité de la Direction générale, le Conseil d'administration en tant que collège, réunissant au moins trois administrateurs et au plus douze administrateurs, dispose de pouvoirs propres qui sont différents de ceux de son président et du directeur général.

Ses attributions peuvent s'appréhender en pouvoirs généraux (1) et en pouvoirs particuliers (2). Les articles 451 et 452 sont consacrés à ce que l'Acte uniforme appelle les « autres pouvoirs du Conseil d'administration ». Nous allons les voir par la même occasion (3).

1- Les pouvoirs généraux du Conseil d'administration

- ***Étendue des pouvoirs généraux du Conseil***

C'est l'article 435 de l'Acte uniforme qui consacre le fait que le Conseil d'administration dispose de pouvoirs propres.

Il n'agit donc pas sur la base d'une délégation de l'assemblée des actionnaires : « Le Conseil d'administration détermine les orientations de l'activité de la société et veille à leur mise en œuvre. Il se saisit de toute question intéressant la bonne marche de la société et règle par ses délibérations les affaires qui la concernent. Il procède aux contrôles et vérifications qu'il juge opportuns. »

- ***Limites des pouvoirs généraux du Conseil***

Les pouvoirs du Conseil d'administration connaissent des limites que sont l'objet social, les compétences propres aux autres organes de la société et sa nature de structure non dotée de personnalité juridique.

- *Le Conseil doit agir dans la limite de l'objet social.* Mais, vis-à-vis des tiers, la société sera en tout état de cause engagée, dans les conditions et limites de l'article 122 de l'Acte uniforme, par les actes du Conseil, même s'ils excèdent l'objet social (art. 436 de l'Acte uniforme).

- *Le Conseil doit respecter les pouvoirs de l'assemblée des actionnaires.* Il s'agit d'une application du principe de la hiérarchie des organes sociaux qui postule qu'aucun organe ne peut se substituer à un autre même moins élevé dans la hiérarchie et qu'en conséquence, il est interdit de remplacer un organe dont l'existence est légale par un autre organe.

- *Le Conseil doit respecter les pouvoirs de la Direction générale et sera donc soumis au respect du principe de non-immixtion dans la gestion.* Sa mission de contrôle ne doit pas lui permettre de se substituer à la Direction générale. Cette notion d'immixtion n'est pas très précise, mais on retient généralement qu'elle se caractérise par l'exercice d'une activité positive de direction qui est de l'essence des pouvoirs légaux du directeur général. **Attention** : un Conseil d'administration qui intervient trop fréquemment risque de tomber sous le coup de fautes d'immixtion dans la gestion et donc d'entrainer sa responsabilité.

- *Le Conseil doit respecter les clauses des statuts ou les délibérations des assemblées générales qui limitent ses pouvoirs*. Ainsi, lorsqu'il existe une clause ou des délibérations exigeant l'autorisation de l'assemblée générale pour certaines décisions importantes et lorsque les membres du Conseil ne s'y conforment pas, ils seront responsables de cette violation vis-à-vis des actionnaires. Ces limitations ne sont toutefois pas opposables aux tiers de bonne foi (art. 435, dernier alinéa).

- *Le Conseil doit respecter l'intérêt social* : ne pas agir dans le but de favoriser une personne physique ou morale, actionnaire ou pas, au détriment de la société.

- *Le Conseil n'ayant pas la personnalité juridique ne peut ester en justice.*

2- Les pouvoirs particuliers du Conseil d'administration

Le Conseil d'administration dispose de prérogatives qu'il exerce seul. Ni le président ni l'assemblée générale ne peuvent se substituer à lui.

a) Pouvoir de nomination et de révocation

Il a seul compétence pour nommer et révoquer les dirigeants exécutifs, dont le Président Directeur Général **PDG** (nomination, art. 462, et révocation, art. 469)[35], le Directeur Général - **DG** (nomination, art. 485, et révocation, art. 492)[36], ou le Président du Conseil d'Administration - **PCA** (nomination, art. 477, et révocation, art. 484)[37]. Il intervient

[35] Article 462, alinéa premier : « Le conseil d'administration nomme parmi ses membres un président-directeur général. » Article 469 : « Le président-directeur général peut être révoqué à tout moment par le conseil d'administration. »

[36] Article 485 : « Le conseil d'administration nomme, parmi ses membres ou en dehors d'eux, un directeur général qui doit être une personne physique. » Article 492, alinéa premier : « Le directeur général peut être révoqué à tout moment par le conseil d'administration. »

[37] Article 477 : « Le conseil d'administration désigne parmi ses membres un président qui doit être une personne physique. » Article 484 : « Le conseil d'administration peut à tout moment révoquer son président. »

également pour la nomination et la révocation du Directeur Général Adjoint - DGA, le cas échéant (articles 470 et 475).

b) Pouvoir de cooptation d'administrateurs

De la même manière, le Conseil est le seul organe compétent pour pallier la vacance de sièges d'Administrateurs par décès ou démission en vue de compléter l'effectif et de remplacer l'Administrateur décédé ou démissionnaire avec la nomination cooptation de nouveaux Administrateurs. Ces cooptations, qui ne prennent effet qu'à l'issue de la réunion du Conseil tenu à cet effet, doivent être entérinées par la plus prochaine assemblée générale ordinaire (article 429).

c) Convocation des assemblées générales et fixation de l'ordre du jour

Même s'il ne possède aucune compétence exclusive à ce propos, le Conseil d'administration peut convoquer les assemblées générales et en fixer l'ordre du jour. L'assemblée peut en effet être convoquée par d'autres personnes, dont le commissaire aux comptes, un mandataire de justice ou le liquidateur. Toutefois, il est de la compétence du Conseil d'administration de mettre à la disposition des actionnaires tous les éléments d'information nécessaires à la bonne tenue de l'AG, notamment certains rapports indispensables à la bonne compréhension des points à discuter.

d) Pouvoirs d'autorisation de certaines opérations ou conventions

Dans la perspective d'éviter les conflits d'intérêts entre les dirigeants, dont les administrateurs et la société, ou des situations préjudiciables pour la société et son patrimoine, le droit donne au Conseil d'administration le pouvoir d'autoriser la réalisation de certaines opérations ou conventions.

Ce pouvoir d'autorisation ne s'exerce pas à tous les égards, l'article 439 de l'Acte uniforme prévoit que l'autorisation n'est pas nécessaire dans certaines hypothèses ; de même, l'article 450 du même Acte uniforme interdit certaines opérations qui, ainsi, n'auront pas besoin de passer par le tamis de l'autorisation.

Ce pouvoir s'exerce dans deux séries d'hypothèses :

- d'une part, les conventions réglementées entre les administrateurs et la société ;
- d'autre part, l'autorisation de cautions, avals et garanties accordés à des tiers.

Mais auparavant, voyons d'abord les actes non concernés par le pouvoir d'autorisation du Conseil d'administration et les conventions interdites.

d—1 Les actes non concernés par le pouvoir d'autorisation

Il s'agit des conventions dites libres, des actes dépourvus de caractère conventionnel et des actes purement et simplement interdits par la réglementation :

- *les conventions libres (article 439 de l'Acte uniforme)*

Ce sont celles entre l'administrateur et la société qui portent sur des « opérations courantes conclues à des conditions normales ». Il s'agit des opérations qui correspondent à l'activité habituelle de la société faisant partie de son objet social (opérations courantes) et qui sont conclues dans les mêmes conditions que lorsqu'il s'agit des tiers de telle sorte que l'Administrateur ne bénéficie d'aucun traitement de faveur (conditions normales).

Les actes dépourvus de caractère conventionnel

Certains actes concernant les avantages octroyés aux dirigeants dont les administrateurs, mais qui sont dépourvus du caractère conventionnel[38], ne sont pas soumis à la procédure de l'autorisation. C'est le cas pour la délibération du Conseil d'administration fixant les rémunérations du PCA ou du DG et de la décision de l'assemblée générale approuvant une convention de fusion ou un apport partiel d'actif entre des sociétés ayant des administrateurs communs.

- *Les conventions interdites : article 450 de l'Acte uniforme*

Certaines conventions entre la société et ses administrateurs sont purement et simplement interdites. Elles sont donc

[38] La convention est tout accord de volonté créant ou modifiant un rapport de droit.

exclues du champ de la réglementation. On n'a pas besoin d'appliquer la procédure d'autorisation.

Ces conventions présentent un risque majeur pour le patrimoine de la société. Ils concernent les emprunts ou découverts consentis par la société ainsi que les avals ou cautions consentis par la société aux dirigeants, ou à leurs proches, ou à des tiers. La sanction est la nullité de la convention qui passe outre l'interdiction.

d— 2 Les actes concernés par l'autorisation du Conseil d'administration (art. 438 de l'Acte uniforme)

- *Les conventions réglementées : articles 438 à 448 de l'Acte uniforme*

Champ d'application. Ces conventions sont celles conclues directement entre un Administrateur, un DG, un DGA, un actionnaire détenant au moins 10% du capital social et la société.. Par extension, la réglementation concerne également toutes les conventions dans lesquelles un administrateur est indirectement intéressé ou dans lesquelles il contracte par personnes interposées. Elle concerne aussi les conventions conclues entre la société et une autre société dans laquelle l'administrateur est propriétaire, associé indéfiniment responsable, gérant, administrateur, administrateur général, administrateur général adjoint, directeur général, directeur général adjoint ou autre dirigeant de la personne morale contractante.

Procédure de l'autorisation. Relativement longue (article 440 de l'Acte uniforme), elle suppose d'abord une information préalable que l'administrateur intéressé doit donner au Conseil dès qu'il a connaissance de la convention. Ensuite, le Conseil décide par un vote dans lequel l'administrateur intéressé ne peut participer, sous peine de nullité de l'autorisation donnée. Puis, dans le délai d'un mois suivant la conclusion de la convention, le président du Conseil d'administration (PCA) informe le commissaire aux comptes et doit soumettre ladite convention à l'approbation de l'AGO qui va statuer sur les comptes de l'exercice écoulé. Lors de cette AGO, le commissaire aux comptes devra, sous peine de nullité de la délibération, présenter un rapport spécial sur la convention à l'AGO qui va statuer. Au vu du rapport du commissaire aux comptes, l'AGO se prononce en approuvant ou en désapprouvant la convention ; l'intéressé ne doit pas prendre part au vote sous peine de nullité de la délibération.

Les sanctions du non-respect de l'autorisation sont variées : la convention, qu'elle soit ou non approuvée par l'AGO, produit son plein et entier effet sauf démonstration d'une fraude. Mais même en l'absence de fraude, les conséquences dommageables pour la société peuvent être mises à la charge de l'administrateur et, éventuellement, des autres administrateurs (art. 443 de l'Acte uniforme).

Outre la responsabilité de l'administrateur, la nullité de la convention conclue sans autorisation peut être obtenue devant le juge, avec une action qui se prescrit par trois ans à compter de la date de la convention, si elle a eu des conséquences dommageables pour la société. Il est toutefois possible de couvrir cette éventuelle nullité par un vote de l'assemblée générale statuant sur un rapport spécial du commissaire aux comptes exposant les circonstances en raison desquelles l'autorisation n'a pu être sollicitée (art. 444 de l'Acte uniforme).

- *Autorisation des cautionnements, avals et garanties : article 449*

Parmi les attributions particulières du Conseil d'administration, il y a une place à part pour les diverses sortes de garanties que la société est susceptible de consentir à des tiers. Le risque est qu'en cas de défaillance du tiers ainsi garanti, la société pourrait se retrouver à payer une dette importante. C'est ce qui justifie que l'Acte uniforme organise avec minutie ce genre d'opérations dans l'article 449.

Les cautionnements, avals, garanties autonomes, contre-garanties autonomes et autres garanties souscrites par des sociétés anonymes autres que celles exploitant des établissements financiers ou bancaires doivent faire l'objet d'une autorisation du Conseil d'administration. Autrement dit, le directeur général ne peut engager la société que s'il a obtenu l'autorisation préalable du Conseil.

Le domaine d'application de la procédure d'autorisation est assez vaste. La généralité des termes de l'article 449, al. 1er, permet de retenir que l'autorisation vise toutes les formes de garantie de la dette d'un tiers, autrement dit toutes les opérations par lesquelles la société anonyme supporte le risque d'être condamnée à payer, à la place du tiers garanti, une somme d'argent.

Concernant **la procédure d'autorisation.** C'est par un vote spécial que le Conseil autorise le DG à donner des garanties à des tiers, mais dans la limite d'un montant qu'il fixe librement. L'autorisation est accordée pour une durée d'un an. Dans la limite du montant fixé, le dirigeant dispose d'une liberté totale pour consentir la garantie de la société. L'autorisation peut également fixer un montant maximum au-delà duquel il n'est pas possible que la société puisse être engagée.

La sanction du non-respect de la procédure est la nullité de l'opération de garantie si elle a été obtenue sans autorisation. En cas de dépassement du montant fixé pour la période en cours, il y aura inopposabilité du dépassement aux tiers qui n'en ont pas eu connaissance.

3- *Autres pouvoirs du CA : articles 451 et 452 de l'Acte uniforme*

Il s'agit du déplacement du siège social, de la décision d'augmenter le capital et de l'arrêté des comptes.

a) Le déplacement du siège social : article 451

Le Conseil d'administration peut déplacer le siège social et, par conséquent, procéder à la modification des statuts, qui est pourtant une des prérogatives essentielles, et surtout considérée comme exclusive, de l'Assemblée générale extraordinaire (AGE). La condition posée pour la validité de la décision du Conseil est que le déplacement se fasse dans le territoire d'un même État partie au traité OHADA sous réserve de la ratification par la prochaine assemblée générale ordinaire (AGO).

Mais lorsque la décision du Conseil de déplacer le siège n'a pas été ratifiée par l'assemblée générale, elle devient caduque.

A contrario, lorsque le déplacement du siège social doit se faire vers un autre État, l'AGE retrouve ses prérogatives.

b) La décision d'augmenter le capital (article 567-1)

Avec le déplacement du siège social dans le territoire d'un même État de l'espace OHADA, l'autre hypothèse de substitution de l'AGE par le Conseil d'administration est celle de l'augmentation de capital prévue à l'article 567-1 dans lequel **« la compétence de décider de l'augmentation »** est déléguée par l'assemblée générale qui a autorisé l'augmentation.

c) L'arrêté des comptes : article 452

Le CA arrête les états financiers de synthèse et le rapport de gestion sur l'activité de la société, qui sont soumis à l'approbation de l'assemblée générale ordinaire. Il fait une proposition d'affectation des résultats de l'exercice clos.

C — Fonctionnement du Conseil d'administration : articles 453 à 461 de l'Acte uniforme

Le fonctionnement du Conseil d'administration est dominé par une règle essentielle qui marque son originalité par rapport aux autres formes de sociétés dans lesquelles une seule et même personne assure la gérance. Cette règle est celle qui repose sur le caractère collégial du fonctionnement du Conseil. Elle exige que le Conseil ne puisse valablement se réunir et décider que s'il est régulièrement convoqué et composé (sur les règles de composition du CA, voir ci-dessus l'analyse des articles 416 et suivants).

Mais, dans la perspective d'une plus grande efficacité du Conseil, l'Acte uniforme a intégré une des préoccupations essentielles du gouvernement d'entreprise : la création de comités au sein de Conseil, composés exclusivement d'Administrateurs.

Bien que située, à juste titre, dans les dispositions de l'Acte uniforme consacrées aux attributions du Conseil, qui compte dans ses pouvoirs la faculté de créer des comités spécialisés, cette question peut également être envisagée au titre du fonctionnement du CA.

Par conséquent, l'article 437 de l'Acte uniforme qui en parle peut être examiné (1) avant les règles de fonctionnement proprement dites (2).

1- Les comités du Conseil

Il s'agit d'une recommandation très forte du gouvernement d'entreprise que le système OHADA a mise en œuvre dans l'article 437 en ces termes :

> « Le conseil d'administration peut confier à un ou à plusieurs de ses membres tous mandats spéciaux pour un ou plusieurs objets déterminés.
>
> Il peut décider la création de comités composés d'administrateurs chargés d'étudier les questions que lui-même ou son président soumet, pour avis, à leur examen. Il fixe la composition et les attributions des comités qui exercent leur activité sous sa responsabilité.
>
> Lors de la création d'un comité, le conseil d'administration peut décider que le comité peut recueillir l'avis d'experts non administrateurs. »

Attention : ces comités, dont les plus fréquents sont le comité d'audit, le comité des rémunérations, le comité des nominations, le comité d'éthique, ne sont pas le Conseil d'administration. Ils ne peuvent en aucun cas prendre la place du Conseil auquel ils sont subordonnés.

Ils sont considérés comme des outils d'aide à la décision pour le Conseil. Ils peuvent recevoir, en qualité d'invités permanent ou non, des personnalités extérieures au Conseil d'administration qui peuvent être des salariés ou des personnes extérieures à l'entreprise. Les membres du comité doivent bénéficier d'une rémunération spécifique du fait qu'ils effectuent un travail supplémentaire pour le compte du Conseil. Leur qualité de membre est liée à l'exercice de leur mandat d'Administrateur.

Leur mode de fonctionnement est souvent établi dans le règlement intérieur du Conseil, s'il en existe ; à défaut, il appartient au Conseil de fixer les règles de fonctionnement des comités.

Point d'attention : il est recommandé de mettre en place une Charte de fonctionnement pour chaque comité spécialisé du Conseil, Charte validée par ledit Conseil et mise à jour périodiquement pour corriger ses éventuelles difficultés de fonctionnement.

2- Les règles de fonctionnement du Conseil

a) Convocations au Conseil : article 453

Le Conseil d'administration se réunit aussi souvent que nécessaire sur convocation de son président. Les modalités et détails de cette convocation doivent être prévus dans les statuts. Toutefois, si aucune réunion ne s'est tenue depuis plus de deux mois, le tiers des administrateurs peut convoquer la réunion.

Le défaut de convocation régulière de tous les membres du Conseil est une cause de nullité de ses délibérations.

Point d'attention : le règlement intérieur de fonctionnement du Conseil d'Administration peut préciser les modalités de convocation des réunions qui ne doivent cependant pas être contraires aux statuts et aux dispositions de l'Acte Uniforme de l'OHADA sur les Sociétés Commerciales et le Groupement d'Intérêt Économique.

b) Délibérations du CA : articles 454 à 456 de l'Acte uniforme

En matière de **quorum**, le CA ne peut délibérer valablement que si la moitié au moins de ses membres est présente. En clair, pour le calcul de ce quorum, il n'est tenu compte que des administrateurs effectivement présents (article 454, alinéa 1er).

En matière de **majorité**, sauf si les statuts prévoient une majorité plus forte, les décisions sont prises à la majorité simple des membres. Chaque administrateur ne dispose que d'une voix quel que soit le nombre d'actions dont il dispose dans la société. C'est l'application du principe : « un homme, une voix ». La voix du président de séance est prépondérante en cas de partage sauf si les statuts en conviennent autrement (article 454, alinéa 2).

La **représentation est possible** (art. 456 de l'Acte uniforme), mais chaque administrateur ne peut disposer, au cours d'une même séance, que d'une seule procuration. Cette disposition est applicable pour les représentants permanents des personnes morales.

En application de l'article 454-1 de l'Acte uniforme, ajouté lors de la révision de 2014 pour prendre en compte la révolution numérique, si les statuts le prévoient, la réunion du Conseil d'administration peut se tenir avec des administrateurs qui participent à **distance par voie électronique, notamment par visioconférence ou autres moyens de télécommunication**.

Ces moyens de télécommunication doivent permettre l'identification et la participation effective des Administrateurs ayant choisi d'assister à la réunion selon cette voie. Dans ce sens, elles doivent permettre de transmettre au moins leur voix et de satisfaire à des caractéristiques techniques permettant la retransmission continue et simultanée des délibérations.

Dans cette hypothèse de participation à distance de certains administrateurs à la réunion du Conseil, il est précisé qu'en matière de présence, pour la validité des délibérations, le quorum est le tiers des administrateurs physiquement présents (article 454-1, al. 3). Cette concession aux technologies de réunion en ligne peut être écartée, par les statuts, pour certaines décisions. Toute décision prise en violation de l'article 454-1 est nulle.

Les administrateurs qui participent aux réunions du Conseil sont tenus d'une **obligation de discrétion** à l'égard des informations confidentielles qui y sont distillées ou que le président de séance considère comme telles (article 455 de l'Acte uniforme).

c) Compte rendu du Conseil d'administration : articles 458 à 461 de l'Acte uniforme

Les délibérations du Conseil sont consignées dans des procès-verbaux (PV) qui permettent de constater que les décisions sont prises dans le respect du caractère collégial du Conseil. L'importance de ces PV est telle qu'ici, une obligation particulière pèse sur le président du Conseil d'administration. Il est tenu de s'assurer que tous les administrateurs ont reçu les procès-verbaux (article 459-1).

Le régime juridique de ces procès-verbaux est détaillé dans les articles 458 à 461 de l'Acte uniforme.

La tenue des PV. Ils peuvent être établis :

- sur un registre spécial coté tenu au siège de la société ;
- ou sur des feuilles mobiles numérotées sans discontinuité.

En tout état de cause, et quel qu'en soit le support, il doit être paraphé par le juge compétent.

Le contenu des PV. Ils doivent :

- mentionner la date et le lieu de la réunion ;

- indiquer le nom des administrateurs présents, représentés ou absents non représentés ;
- faire état de la présence ou de l'absence de personnes convoquées à la réunion en vertu d'une disposition légale et de la présence de toute autre personne ayant assisté à tout ou partie de la réunion ;
- mentionner tous les incidents techniques en cours de séance si la réunion s'est tenue avec la participation de personnes en ligne.

Force probante des PV. Ils font foi jusqu'à preuve du contraire, mais doivent être revêtus du sceau de la certification sincère que peuvent délivrer le président de séance et au moins un administrateur. Si le président de séance est empêché, la signature de deux administrateurs suffira. Concernant les éventuels copies ou extraits des délibérations, la certification sera le fait du président du Conseil, du directeur général ou de tout fondé de pouvoir habilité à cet effet. En cas de liquidation de la société, la certification sera le fait du liquidateur.

Paragraphe 2 — Le président du Conseil d'administration (PCA)

Le PCA : un organe dissocié du conseil ? Les fonctions de présidence du Conseil et de direction générale de la SA sont différentes et doivent donc être exercées par deux personnes. Il s'agit d'une préconisation très forte du mouvement de la *corporate governance*. En effet, au regard de la mission de contrôle du Conseil d'administration à l'égard de la Direction générale, la dissociation des deux fonctions apparait comme une nécessité rationnelle.

Cette préconisation a trouvé un écho favorable dans la réglementation OHADA qui, malgré tout, la fait coexister avec le système du président-directeur général (PDG). C'est l'hypothèse envisagée dans les articles 477 à 492 de l'Acte uniforme qui prévoient des dispositions spécifiques pour régir, d'une part, le président du Conseil (articles 477 à 484), et d'autre part, le directeur général (articles 485 à 492).

Pourtant, le même texte admet que les deux fonctions d'administration et de direction soient exercées, en même temps, par une seule et même personne :

- c'est l'hypothèse régie par les articles 462 à 476 de l'Acte uniforme. Dans ce cas, la personne exerçant les deux fonctions, désignée sous le nom de président-directeur général (PDG), pourra être assistée par un ou des directeurs généraux adjoints (DGA) ;

- c'est également l'hypothèse des sociétés anonymes qui ont un nombre d'actionnaires inférieur ou égal à trois et qui, par conséquent, ont certes la faculté de ne pas constituer un Conseil d'administration, mais ont l'obligation, le cas échéant, de désigner celui qu'on nomme « administrateur général » et qui va assumer « l'administration et la direction générale de la société ».

Ce système de cumul, pour une même personne, des fonctions de contrôle et d'exécution pourrait poser problème quant à sa conformité avec les exigences de plus en plus fortes de transparence dans la gouvernance des entreprises. D'ailleurs, il semble que l'Acte uniforme soit relativement hostile au cumul de ces fonctions. Pour preuve, le régime de révocation du PDG est différent de celui du DG : le premier est en principe exclu du bénéfice de l'indemnisation pour révocation sans justes motifs, l'article 484 de l'Acte uniforme étant muet sur la question, alors que pour le second, l'article 492, al. 2, du même Acte uniforme prévoit expressément que : « Si la révocation est décidée sans juste motif, elle peut donner lieu à des dommages et intérêts. »

Cela dit, aujourd'hui, le président du Conseil d'administration apparait, en réglementation, comme un organe différent du Conseil lui-même avec des attributions et une responsabilité qui lui sont propres, justifiant une présentation séparée de celle du Conseil proprement dit.

Pour toutes ces raisons, le président-directeur général et l'administrateur général seront étudiés dans la partie ci-dessous, consacrée aux organes d'exécution.

A- Règles relatives à la nomination et au mandat du PCA : articles 477 à 479 de l'Acte uniforme

1- La nomination : article 477 de l'Acte uniforme

Le président est nommé par le Conseil d'administration. Il doit être une personne physique qui ne peut être choisie qu'au sein du Conseil. Il a donc la qualité d'administrateur, ce qui lui rend applicables toutes les règles régissant le statut des administrateurs[39] (conventions réglementées, cumul de mandats d'administrateurs, cumul avec un contrat de travail…).

2- Les règles du mandat

a) La durée du mandat : article 478 de l'Acte uniforme

Le président est désigné pour le temps de son mandat d'administrateur. Il est rééligible. Sauf réélection, la fin de son mandat d'administrateur marque celle de son mandat de président.

b) Le cumul du mandat de PCA avec d'autres mandats : article 479 de l'Acte uniforme

Il est interdit de cumuler plus de trois mandats de président de Conseil d'administration dans l'espace OHADA. De même, il n'est pas possible de cumuler le mandat de président du Conseil avec plus de deux mandats d'administrateur général ou de directeur général dans un même pays membre de l'OHADA.

---

[39] Par exemple, il est expressément prévu à l'article 479, dernier alinéa, que : « Les dispositions des alinéas 3 et 4 de l'article 425 ci-dessus, relatives au cumul du mandat d'administrateur, sont applicables au président du conseil d'administration. »

B- Attributions et rémunération du président du Conseil d'administration : articles 457 et 480 à 482 de l'Acte uniforme

1- Les attributions du PCA

Elles se ramènent à deux groupes d'activités que sont, d'une part, l'animation des travaux du Conseil, et d'autre part, l'assurance que les organes de la société fonctionnent correctement.

a) Pour l'animation des travaux du Conseil

Ès qualités, il **préside les séances** (articles 457[40] et 480[41]), ce qui implique l'organisation et la direction des travaux comprenant la convocation et la fixation de l'ordre du jour des réunions, les relations avec la Direction générale pour une bonne préparation de la réunion, la vérification de la régularité de la réunion, la police des débats, et donc la

---

[40] Article 457 : « Les séances du conseil d'administration sont présidées par le président du conseil d'administration.
Le président du conseil d'administration organise et dirige les travaux du conseil, dont il rend compte à l'assemblée générale. Il veille au bon fonctionnement des organes de la société et s'assure, en particulier, que les administrateurs sont en mesure de remplir leur mission.
En cas d'empêchement du président du conseil d'administration, les séances sont présidées par l'administrateur possédant le plus grand nombre d'actions ou, en cas d'égalité, par le doyen en âge, à moins que les statuts n'en disposent autrement. »

[41] Article 480, alinéa 1er : « Le président du conseil d'administration préside les réunions du conseil d'administration et les assemblées générales. »

discipline pendant les séances, le suivi des réunions comme l'établissement du procès-verbal, l'obligation de **rendre compte à l'assemblée générale** et l'assurance que tous les administrateurs ont reçu les procès-verbaux de la réunion avant la prochaine rencontre. C'est seulement en son absence, sauf disposition contraire des statuts, qu'il est donné la possibilité à l'administrateur possédant le plus grand nombre d'actions d'assurer la présidence et, s'il y a égalité, l'administrateur le plus âgé présidera.

L'obligation de **rendre compte des travaux du Conseil d'administration** à l'assemblée générale (article 457) prend une forme particulière dans les sociétés faisant appel public à l'épargne du fait du principe de transparence qui est une obligation fondamentale pour le mouvement de la *corporate governance*. À ce propos, la révision de 2014 de l'Acte uniforme y a introduit l'article 831-2 qui exige du président du Conseil d'administration la rédaction d'un **rapport spécial approuvé par le Conseil et rendu public**. Le contenu de ce rapport soumis à l'AGO est bien précisé : il informe les associés du nombre de réunions, de leur durée, des membres présents ou représentés, des principales questions traitées, de la manière dont l'information comptable et financière est appréhendée, de la référence à un code de gouvernance avec le fameux « *comply or explain* ». L'article 831-3 complète sur le contenu du rapport qui en fait un véritable bréviaire de la transparence de la société.

Pour finir, on peut retenir que le PCA est tenu d'une activité personnelle très intense pour préparer, faciliter et consigner les décisions de tout un collège d'administrateurs et que cela peut justifier que lui soit octroyée une rémunération fixée par le Conseil (article 482, al. 1).

b) Pour la veille sur le bon fonctionnement des organes de la société

Il est expressément prévu dans le texte de l'article 457, alinéa 2, in fine, que « le PCA veille au bon fonctionnement des organes de la société et s'assure, en particulier, que les administrateurs sont en mesure de remplir leur mission ». Cette mission est à combiner avec celle plus générale qui appartient au Conseil d'administration « de procéder aux contrôles et vérifications qu'il juge opportuns » (article 435, al. 2) et qui permet également au président du Conseil, « à toute époque de l'année, de procéder aux vérifications qu'il juge opportunes » (article 480, al. 2).

Les organes de la société desquels le président du Conseil doit s'assurer du bon fonctionnement sont : le Conseil lui-même, la Direction générale et l'assemblée générale.

D'abord, concernant le Conseil, le président qui en « organise et dirige les travaux » (article 457) est tout indiqué pour prendre les dispositions idoines en vue du bon fonctionnement, notamment communiquer aux membres du Conseil les informations et documents nécessaires pour délibérer sereinement (articles 435, al. 4, et 480, al. 2).

Ensuite, concernant l'AG, son bon fonctionnement relève au premier chef du Conseil lui-même et non de son président. Il appartient au Conseil de convoquer, de fixer l'ordre du jour, de proposer les délibérations… Ici, le président du Conseil d'administration joue un rôle particulier dans le déroulement de la séance. En tant que président, il s'assure que les choses se déroulent dans la régularité (quorum et majorité) et, surtout, il fait la police des débats. Il doit porter à la connaissance du commissaire aux comptes les conventions soumises à réglementation.

Enfin, concernant la Direction générale, il est dit à l'article 480, al. 2, que le président « doit veiller à ce que le conseil d'administration assume le contrôle de la gestion confiée au directeur général ». Parce qu'il nomme et révoque la personne physique en charge de la gestion au quotidien, il est tout à fait logique que le Conseil d'administration ait l'obligation de contrôler le directeur général dans ses actions pour la société. Cela n'est pas nouveau, car il était admis depuis très longtemps, sous d'autres cieux qui inspirent généralement notre droit, qu'il « incombe aux administrateurs d'exercer une surveillance active et efficace de la direction de la société »[42]. Dans la mise en œuvre de cette obligation de contrôle de la gestion du DG, le PCA joue un rôle important :

[42] V. par exemple, pour la France, une décision de la Cour d'appel de Paris en date du 18 juin 1991 reproduite à la Gazette du palais, 1992, page 148.

- il lui appartient de mettre à la disposition des administrateurs le moyen d'exercer leur mission, notamment la gestion d'éventuels conflits d'intérêts susceptibles de se révéler suite à certaines conventions ;
- il lui appartient aussi de veiller à ce que le Conseil puisse s'interroger assez souvent sur le fonctionnement des organes et sur ses propres travaux.

Pour conclure sur les attributions du président du Conseil d'administration, au regard de ce qui précède, l'opinion peut être confortée que le président est « **presque un organe** ». Il existe dans la société anonyme une mission qui lui appartient en propre et qui justifie clairement la dissociation des fonctions de président de celles de directeur général. Une dissociation qui affirme le rôle de contrôle que le Conseil et son président doivent mener à l'endroit du directeur général. C'est ce rôle de contrôle qui admet que le président puisse exiger « de se faire communiquer par le directeur général, qui y est tenu, tous les documents qu'il estime utiles à l'accomplissement de sa mission » (article 480, al. 2).

2- La rémunération du président (article 482 de l'Acte uniforme)

Les modalités et le montant de toutes les rémunérations (sommes d'argent ou avantages en nature) du président sont fixés par le Conseil. En dehors de ces rémunérations, il ne peut en recevoir aucune autre de la société, sauf le salaire perçu en cas de cumul de ses fonctions avec un contrat de travail.

Lors de la session du Conseil qui fixe ses rémunérations, à peine de nullité de la décision qui sera prise, sa voix ne peut compter pour le calcul ni du quorum ni de la majorité.

3- Empêchement et révocation du PCA : articles 483 et 484 de l'Acte uniforme

- ***Empêchement***

En cas d'empêchement temporaire du président, qui est différent d'une simple absence, le Conseil peut désigner son remplacement parmi les membres en déléguant à l'un d'eux les fonctions pour une durée qu'il aura lui-même fixée (article 483, alinéa 1). En cas de décès, le Conseil procède à la désignation du remplaçant en nommant un nouveau président ou en déléguant un administrateur dans les fonctions (article 483, alinéa 2).

- ***Révocation***

Le Conseil peut à tout moment révoquer son président. Outre l'arrivée du terme normal du mandat ou la démission, la fin des fonctions de PCA peut survenir par une révocation, qui est soumise aux mêmes règles que pour les administrateurs : le président est révocable à tout moment par le Conseil, il l'est aussi par l'assemblée générale qui peut lui enlever sa qualité d'administrateur, condition sine qua non pour être président du Conseil d'administration dans une société anonyme.

On dit qu'il est révocable *ad nutum* (sur un signe de la tête). Cela signifie qu'il n'y a pas de justifications à donner, il peut être démis sans préavis et sans indemnités. Mais la révocation ne doit pas être injurieuse ou vexatoire…

Section 2

L'ORGANE EXÉCUTIF : LA DIRECTION GÉNÉRALE

(Le président-directeur général : articles 462 à 476, et le directeur général : articles 485 à 493)

Paragraphe préliminaire : Organisation de l'organe exécutif

La loi bancaire[43] considère que l'organe exécutif est constitué de « l'ensemble des structures qui concourent à la gestion courante d'un établissement et assurent l'application effective de l'orientation de l'activité définie par l'organe délibérant. Sont considérés comme membre de l'organe exécutif notamment, le Directeur général, les Directeurs généraux Adjoints, le Secrétaire général et les responsables des fonctions de contrôle ».

Dans le système instauré par l'Acte uniforme, le choix n'a pas été fait, comme cela se pratique sur le plan international

[43] Article 5 de la loi bancaire, *op. cit.*, définition n° 73.

dans beaucoup de pays, surtout anglo-saxons, d'une séparation nette entre un directeur exécutif ou Chief Executive Officer (CEO), et un président (Chairman of the Board).

Ici, l'option retenue est que la Direction générale peut être assumée, au choix des associés, par un PDG, personnage unique qui cumule les deux fonctions, ou par un DG, personnage unique avec des fonctions dissociées de celles du Conseil d'administration.

En combinant les articles 397-1° et 415 de l'Acte uniforme, on peut retenir que, dans les conditions fixées par les statuts, les associés peuvent choisir de scinder la fonction de PCA et celle de DG, qui devient ainsi le dirigeant exécutif de la société.

A- Direction générale avec PDG

Le président du Conseil cumule ses fonctions avec celles de directeur général.

Beaucoup d'entreprises adoptent ce modèle d'organisation, en particulier celles dans lesquelles le fondateur encore présent dispose d'une certaine légitimité que lui confère la majorité dans les assemblées, et souhaite en plus affirmer sa « toute puissance ».

Ce schéma d'organisation de la Direction générale avec le PDG, du fait du risque de concentration des pouvoirs entre les mains d'un seul et même individu, n'a pas les faveurs de ceux qui prônent un bon gouvernement d'entreprise.

Sous cette forme d'organisation, la Direction générale va se présenter ainsi : le PDG, élu par le CA, préside et dirige. Il peut proposer à la nomination du CA un directeur général adjoint qui a « mandat d'assister le PDG ».

B-Direction générale avec directeur général « dissocié » du président

Formule très prisée et adoptée à l'unanimité par les sociétés publiques (loi 2022-08 sur le secteur parapublic).

Le grand risque de cette formule est de se trouver en face de deux dirigeants qui ont une forte propension à ne pas rester dans leurs domaines respectifs ou qui, du fait d'une répartition mal définie des pouvoirs, développent des stratégies d'immixtion dans le champ de compétences des uns et des autres.

Il est cependant vrai que pour contourner ces risques de conflits, les sociétés rédigent un règlement intérieur qui vient compléter les statuts en précisant pour chaque dirigeant les pouvoirs liés à son champ de compétences.

Sous cette forme d'organisation, la Direction générale va se présenter ainsi : un PCA ne disposant en principe d'aucun pouvoir exécutif organise et dirige les travaux du Conseil ; le DG, nommé par le Conseil, chef de l'entreprise qu'il dirige ;

sur sa proposition, il peut se faire assister d'un DG adjoint nommé par le Conseil.

Paragraphe 1 — Président-directeur général et directeur général adjoint : articles 462 à 476

1- Président-directeur général (PDG) : articles 462 à 469 de l'Acte uniforme

Nomination et durée du mandat : articles 462 à 464 de l'Acte uniforme

Le PDG, obligatoirement une personne physique, est nommé par le Conseil parmi ses membres.

Étant administrateur, la durée de ses fonctions ne peut être supérieure à celle de son mandat d'administrateur.

Le cumul des mandats de PDG n'est pas interdit, mais ne doit pas dépasser :

- plus de trois mandats dans des sociétés anonymes dont le siège est dans un même État partie au traité OHADA ;
- plus de deux mandats d'administrateur général ou de DG de sociétés anonymes ayant leur siège sur le territoire d'un État partie au traité OHADA.

Les infractions à ces interdictions sont sanctionnées par les alinéas 3 et 4 de l'article 425 de l'Acte uniforme relatif au cumul de mandats d'administrateur :

> « Toute personne physique qui, lorsqu'elle accède à un nouveau mandat, se trouve en infraction avec les dispositions du premier alinéa du présent article doit, dans les trois (3) mois de sa nomination, se démettre de l'un de ses mandats.
>
> À l'expiration de ce délai, elle est réputée s'être démise de son nouveau mandat, et doit restituer les rémunérations perçues, sous quelque forme que ce soit, sans que soit remise en cause la validité des délibérations auxquelles elle a pris part. »

Attributions et rémunérations : articles 465 à 467

- *Concernant ses attributions (article 465)*

Le PDG est investi de la double mission d'être à la fois chef d'entreprise et chef du collège de l'organe de délibération des administrateurs.

En tant que chef d'entreprise, il assure la direction générale de la société et représente celle-ci dans ses rapports avec les tiers.

En tant que chef du collège des administrateurs, il préside le Conseil d'administration et les assemblées générales, il représente le Conseil et en organise les travaux. Il doit informer tous les administrateurs en communiquant à chacun tous les documents et informations nécessaires à l'accomplissement de sa mission.

Pour l'exercice de ces deux fonctions, il est investi des pouvoirs les plus étendus pour agir en toute circonstance au nom de la société.

Cependant, ces pouvoirs doivent être exercés dans la limite de l'objet social et dans le respect des pouvoirs réservés par l'Acte uniforme ou les statuts de la société aux autres organes que sont le CA et les AG.

Toutefois, vis-à-vis des tiers, cette limitation liée à l'objet social ne prend pas effet, car il est prévu que « la société est engagée par les actes du président-directeur général qui ne relèvent pas de l'objet social » (art. 465, al. 3), sauf si elle « prouve que le tiers savait que l'acte dépassait l'objet social ou qu'il ne pouvait l'ignorer compte tenu des circonstances, sans que la seule publication des statuts suffise » (art. 122 de l'Acte uniforme).

De la même manière, les limitations des pouvoirs du PDG résultant des dispositions des statuts, des délibérations des assemblées générales ou des décisions du Conseil sont inopposables aux tiers de bonne foi (art. 465, al. 5).

- *Concernant sa rémunération (article 467)*

Le Conseil d'administration est le seul organe habilité à fixer le montant de la rémunération et des avantages en nature du PDG. Il peut fixer une somme globale au titre des deux mandats réunis (présidence et direction générale). Le PDG ne prend pas part au vote sur sa rémunération et sa voix n'est pas prise en compte pour le calcul du quorum et de la majorité (art. 467, al. 4).

Malgré son statut d'administrateur, la rémunération n'est pas soumise à la procédure des conventions réglementées.

Il est interdit au PDG de recevoir d'autres sommes hormis celles perçues au titre d'un contrat de travail cumulé avec les mandats (art. 467, al. 3). Cette interdiction pose le problème de son articulation avec l'article 431, alinéa 3, qui permet d'allouer une rémunération supplémentaire aux membres des comités du Conseil prévus par l'article 437.

Empêchement et révocation : articles 468 et 469

- *Empêchement (article 468)*

Si le PDG est empêché pour un temps, il peut être remplacé par le Conseil qui désigne un autre administrateur délégué dans les fonctions pendant une durée que le Conseil fixe lui-même.

Lorsqu'il s'agit d'une cessation définitive de ses fonctions par démission, décès ou révocation, le Conseil peut nommer un nouveau PDG ou déléguer un autre administrateur dans les fonctions jusqu'à la nomination d'un nouveau.

- *Révocation (article 469)*

Le PDG qui cumule les fonctions est dans une situation de précarité plus grande que celle du DG dissocié qui a la possibilité d'obtenir des dommages et intérêts si la révocation est décidée sans justes motifs (art. 492, al. 2, et art. 475, al. 2, pour le DG adjoint).

Dans son cas, il est révocable par le Conseil, sans motifs et à tout moment, de son mandat de président. Il garde néanmoins son mandat d'administrateur. L'assemblée des actionnaires peut aussi le révoquer à tout moment de son mandat d'administrateur, ce qui aura pour conséquence de lui faire perdre son mandat de président du Conseil.

2- Directeur général adjoint (DGA) : articles 470 à 476

Dans l'hypothèse où la société est dirigée par un président-directeur général, une seule et même personne cumulant les fonctions de président du collège et de directeur exécutif, l'Acte uniforme donne la possibilité à ce dirigeant de se faire assister par une ou plusieurs personnes physiques nommées sur sa proposition par le Conseil. Toute personne ainsi nommée dans les fonctions d'assistant du PDG prend le titre de « directeur général adjoint ». Il n'est pas un salarié, mais dispose d'un mandat social au même titre que les autres dirigeants mandataires.

Nomination du directeur général adjoint : article 470

La nomination du DGA est une faculté offerte au PDG qui doit en faire la proposition au Conseil d'administration, seul organe habilité à nommer le directeur général adjoint. Il peut être choisi parmi les administrateurs ou en dehors.

Durée du mandat du DGA : article 471

La durée de son mandat, qui est renouvelable, est librement fixée par le Conseil d'administration. Elle ne peut en aucune façon excéder celle de son mandat d'administrateur lorsqu'il est choisi parmi les administrateurs membres du Conseil.

Étendue des pouvoirs du DGA : article 472

Le DGA n'a pas de pouvoirs propres. C'est le Conseil d'administration, sur proposition du PDG, qui lui délègue des attributions.

Mais cette délégation, qui peut se présenter comme une limitation des activités du DGA, n'est pas opérationnelle face aux tiers dès lors que l'article 472, alinéa 2, considère qu'en sa qualité de représentant légal, il peut engager la société et que les clauses limitatives de ses pouvoirs sont inopposables aux tiers de bonne foi. Selon cet article 472 :

> « Dans ses rapports avec les tiers, le directeur général adjoint a les mêmes pouvoirs que ceux du président-directeur général. Il engage la société par ses actes, y compris ceux qui ne relèvent pas de l'objet social dans les conditions et limites fixées à l'article 122 ci-dessus.

> Les clauses des statuts, les décisions du conseil d'administration ou des assemblées générales qui limitent les pouvoirs du directeur général adjoint ne sont pas opposables aux tiers de bonne foi. »

Cumul avec un contrat de travail : article 473

Le cumul du mandat de DGA avec un contrat de travail est admis. Mais il faut que les deux fonctions soient nettement distinguées.

Rémunération du DGA : article 474

La rémunération du DGA est fixée par le CA. S'il est administrateur, il n'est pas autorisé à prendre part au vote et sa voix n'est pas prise en compte pour le calcul du quorum et de la majorité.

Révocation du DGA : article 475

Le DGA est révocable à tout moment par le Conseil sur proposition du PDG. Si la révocation est intervenue sans justes motifs, elle peut donner lieu à des dommages et intérêts, contrairement à la situation du PDG.

Fin du mandat du DGA : article 476

Plusieurs événements peuvent mettre fin à ses fonctions : arrivée du terme, démission, décès, révocation…

Il peut arriver aussi que son mandat prenne fin suite à la fin du mandat du PDG, par décès ou autre forme de cessation. Dans ce cas, il suit le sort du PDG. Il ne sera maintenu dans son poste que jusqu'à la nomination d'un nouveau PDG, qui peut toutefois proposer sa reconduction.

Paragraphe 2 — Directeur général : articles 485 à 493

Nomination et durée du mandat : article 485

C'est le Conseil et non l'assemblée qui détient la prérogative de désigner le DG. Il ne peut être nommé qu'un seul directeur général qui doit obligatoirement être une personne physique.

Le Conseil peut choisir de nommer quelqu'un qui est déjà membre du CA et donc administrateur. Il peut aussi choisir son DG en dehors du CA.

La durée des fonctions du DG est librement déterminée par le CA. En tout état de cause, le mandat prend fin par l'arrivée du terme prévu au moment de la nomination (art. 493), par la révocation, la démission, le décès.

Attributions et rémunération : articles 487 à 490

- *Étendue des attributions du DG*

Le DG « assure la direction générale de la société. Il la représente dans ses rapports avec les tiers » (art. 487, al. 1). Il est donc le véritable chef de l'entreprise et son représentant légal vis-à-vis du « dehors », notamment les fournisseurs et toutes les administrations (fiscales, sociales…). Il embauche et licencie, il signe les contrats et agit en justice. Pour ces raisons, l'Acte uniforme considère qu'il est « investi des pouvoirs les plus étendus » (art. 487, al. 2) pour agir en toutes circonstances au nom de la société.

Cependant, le pouvoir du DG connait des **limites** que sont l'objet social et les attributions des autres organes sociaux, notamment les AG et le CA.

En effet, dans tous les cas, le DG exerce ses pouvoirs dans la limite de l'objet social qui figure dans les statuts et sous réserve des attributions expressément prévues, par la loi ou les statuts, pour les assemblées générales et le Conseil d'administration.

Mais vis-à-vis des tiers, la société sera engagée par tous les actes du DG, même ceux qui ne relèvent pas de l'objet social, à moins qu'elle ne prouve que le tiers savait que l'acte du DG dépassait l'objet social ou qu'il ne pouvait pas l'ignorer compte tenu des circonstances, étant exclu que la seule publication des statuts suffit à constater cette preuve (art. 488, al. 1). De la même manière, concernant les tiers de bonne foi, les clauses des statuts ou les décisions du CA qui limitent les pouvoirs du DG leur sont inopposables (art. 488, al. 2).

- *Rémunération du DG*

Elle est régie par l'article 490 qui annule toute disposition prise en violation de ses prescriptions.

Le CA est le seul organe habilité à fixer le montant et les modalités de la rémunération du DG ainsi que les avantages en nature qui lui sont octroyés.

La rémunération peut, à la base, être composée d'un fixe, de sommes variables comme les diverses primes, ou d'avantages en nature. Il est possible d'y ajouter diverses indemnités émanant par exemple des fins de mandats ou de récompenses liées à des résultats positifs…

Lors de la session du CA qui se prononce sur la rémunération, le DG ne prend pas part au vote s'il est administrateur et sa voix n'est pas prise en compte pour le calcul ni du quorum ni de la majorité.

En dehors des sommes et avantages perçus dans le cadre d'un contrat de travail cumulé avec son mandat et des émoluments perçus dans le cadre dudit mandat, le DG n'est autorisé à recevoir aucune autre rémunération de la société.

Empêchement et révocation : articles 491 à 493

- *Empêchement*

Dès le constat d'un empêchement définitif ou temporaire, le CA pourvoit à son remplacement immédiat par la nomination d'un nouveau DG.

- *Révocation*

Le CA peut procéder à la révocation du DG à tout moment. Il ne s'agit pas pour autant d'une révocation *ad nutum*. Elle doit être justifiée par un **juste motif**, car elle peut donner lieu à des dommages et intérêts si la révocation a été décidée sans des motifs légitimes.

Section 3

LE CAS PARTICULIER DE LA SOCIÉTÉ ANONYME AVEC ADMINISTRATEUR GÉNÉRAL

(Articles 494 à 515).

La concentration des pouvoirs de gouvernance de la SA entre les mains d'une seule et même personne se retrouve, outre dans les sociétés ayant opté pour un PDG, dans les sociétés anonymes qui ont un nombre d'actionnaires égal ou inférieur à trois.

L'article 494 de l'Acte uniforme sur les sociétés commerciales donne la faculté à ce genre de sociétés de fonctionner sans avoir à mettre en place un conseil d'administration, par ces termes : « Les sociétés anonymes comprenant un nombre d'actionnaires égal ou inférieur à trois ont la faculté de ne pas constituer un conseil d'administration et peuvent désigner un administrateur général qui assume, sous sa responsabilité, les fonctions d'administration et de direction de la société. »

Nomination de l'administrateur général

Peu importe qu'il soit actionnaire ou pas, il est désigné dans les statuts lorsqu'il s'agit d'une société en création. Mais en cours de vie sociale, il doit être nommé par l'AGO.

Administrateur général adjoint

« Sur la proposition de l'administrateur général, l'assemblée générale des actionnaires peut donner mandat à une ou plusieurs personnes physiques d'assister l'administrateur à titre d'administrateur général adjoint. » (art. 510.)

Le régime juridique applicable à l'administrateur général adjoint est calqué sur celui de l'administrateur général principal avec la nuance que ce dernier intervient par des propositions pour la délimitation de ses pouvoirs (art. 512) et sa révocation (art. 515).

Durée du mandat de l'administrateur général

Renouvelable, la durée du mandat de l'administrateur, librement fixée dans les statuts, ne doit pas pouvoir dépasser deux ans lorsque la nomination est faite dans les statuts à la création de la société et six ans pour celui qui est nommé en cours de vie sociale par l'AGO.

Cumul de mandats d'administrateur général

Le nombre de mandats d'administrateur général qu'une personne peut exercer dans des sociétés anonymes ayant leur siège sur le territoire d'un même État partie au traité OHADA ne doit pas être supérieur à trois.

Dans le même ordre d'idées, il est interdit de cumuler le mandat d'administrateur général avec plus de deux mandats de PDG ou de DG de sociétés anonymes dont le siège social est dans un des États de l'espace OHADA.

Lorsqu'un administrateur général se trouve en infraction avec ces interdictions de cumul, il lui appartient de se régulariser dans les trois mois en démissionnant des mandats excessifs. À défaut et à l'expiration du délai de trois mois, il est réputé démissionnaire d'office et devra restituer toutes les rémunérations perçues au titre des mandats illégaux. L'irrégularité de sa situation n'affecte pas la validité des décisions qu'il a pu prendre.

Attributions de l'administrateur général

À l'image du PDG, il assume à la fois la responsabilité de l'administration et de la direction générale de la société, la représente dans ses rapports avec les tiers, convoque et préside les AG.

Pour exercer ces attributions, il est investi des pouvoirs les plus étendus pour agir en toutes circonstances au nom de la société. Ses pouvoirs ne sont toutefois pas illimités et, à l'image des autres dirigeants de la SA, il ne peut outrepasser ni l'objet social ni les pouvoirs légaux ou statutaires des AG.

Mais, vis-à-vis des tiers, ses actes, même ceux dépassant l'objet social, engagent en tout état de cause la société. Et, concernant les tiers de bonne foi, les limitations des pouvoirs de l'administrateur général par les statuts ou les décisions des AG ne leur sont pas opposables.

Rémunérations de l'administrateur général

Puisqu'il peut cumuler son mandat avec un contrat de travail à la condition que cela soit un emploi effectif, l'administrateur général doit percevoir des sommes à ce titre.

Mais en dehors de ces dernières, il ne lui est autorisé de recevoir, à peine de nullité de la décision, que des sommes et avantages en nature dont le montant et les modalités de versement sont fixés par l'AGO.

Conventions de l'administrateur général avec la société

Le régime des conventions dans lesquelles l'administrateur général est intéressé est fixé dans les articles 502 à 507 et rejoint celui dans les autres formes de sociétés avec la nuance qu'ici, en l'absence de CA, c'est l'AG qui exerce les différentes autorisations et contrôles.

Empêchement et révocation de l'administrateur général

En cas d'empêchement, l'administrateur général adjoint, s'il y en a un, exerce ses fonctions. À défaut, l'AGO désigne toute personne pour en exercer les fonctions de manière provisoire. En cas de décès ou de démission de l'administrateur général, l'administrateur général adjoint est autorisé à en exercer les fonctions jusqu'à la nomination d'un autre administrateur général par l'AGO.

L'administrateur général peut être révoqué à tout moment par l'AG. Mais cette révocation peut donner lieu à des dommages et intérêts si elle est décidée sans justes motifs.

CHAPITRE 2

L'EXERCICE DE LA GOUVERNANCE DANS LA LOI N° 2022-08 SUR LE SECTEUR PARAPUBLIC

Secteur essentiel pour l'économie nationale, les autorités à un très haut niveau rappellent assez régulièrement l'importance qu'elles attachent au parapublic — en dernier lieu, le président de la République en janvier 2025.[44]

Cela dit, une bonne compréhension des questions de gouvernance dans le secteur parapublic suppose une démarche conforme à la présentation de la loi d'orientation qui distingue :

---

[44] « Un État stratège confère des délégations à des entités publiques, mais veille à l'exemplarité de leur gouvernance et à leur performance. C'est pourquoi j'attache une importance primordiale à la supervision du secteur parapublic. Je demande au Premier ministre d'assurer l'application rigoureuse de la loi d'orientation du 19 avril 2022 relative au secteur parapublic qui vise à mieux cerner le portefeuille de l'État, à maîtriser la gestion des ressources publiques et à vérifier la pertinence des interventions du secteur parapublic. Je rappelle l'exigence pour les organes délibérant et exécutif des entités du secteur parapublic de s'en tenir strictement à leurs prérogatives. » Extrait du discours d'ouverture prononcé par le président de la République à l'occasion de la première édition de la Conférence des administrateurs et managers publics (CAMP), le 20 janvier 2025.

- les organismes publics (établissements publics, agences et autres structures administratives similaires ou assimilées), d'une part,
- des sociétés publiques (sociétés nationales, sociétés à participation publique majoritaire), d'autre part.

Mais avant toute chose, le secteur parapublic ayant fait l'objet d'une réforme juridique d'envergure qui prétend moderniser le secteur, il faut nécessairement revenir sur les grandes lignes de la loi 2022-08.

Section 1 :
Économie générale de la loi d'orientation n° 2022-08 sur le secteur parapublic

Paragraphe. 1 : Contexte

« La loi d'orientation n° 2022-08 en date du 19 avril 2022 relative au secteur parapublic, au suivi du portefeuille de l'État et au contrôle des personnes morales de droit privé bénéficiant du concours financier de la puissance publique »[45] est une étape supplémentaire dans la volonté, affirmée depuis les années 1990 par les pouvoirs publics sénégalais, de construire le cadre d'une plus grande autonomie dans la gestion des entreprises publiques.

[45] *Journal Officiel*, numéro spécial du jeudi 21 avril 2022, n° 7516.

Il s'agit d'un processus, entamé dans les années 1980, qui s'est accéléré avec le triomphe sans partage du libéralisme économique dans les années 1990 et qui a facilité l'introduction dans la gouvernance du service public, de paramètres relevant des modes de gestion du secteur privé.[46]

Pour l'histoire, c'est après une première loi du 3 août 1987 dite **loi de privatisation n° 87-23** du 18 août 1987, qu'il sera pris la **loi n° 90-07** du 26 juin 1990 sur le secteur parapublic.[47] Au sens de cette dernière, le secteur parapublic comprenait : les établissements publics à caractère industriel et commercial, ainsi que les sociétés nationales et les sociétés anonymes à participation publique majoritaire. Ces structures étaient les outils de l'État pour son interventionnisme dans l'économie.

---

[46] Sur ces modes de gestion, voir, entre autres, Ousmane Sall, « Les formes de gestion privée du service public », mémoire de maîtrise, Faculté des Sciences juridiques et politiques, Université Cheikh Anta Diop, année 2003/2004 ; Abdoulaye Sakho, pour le compte du bureau d'études Louis Berger International, « Étude pour la création d'une agence autonome des travaux routiers », PST II/Banque mondiale, Dakar 2003 ; Adde, l'étude de la Direction de l'Appui au secteur privé (DASP), « Partenariats public-privé et financement de projets », *Actu Entreprise* n° 11, février 2010. https://www.dasp.gouv.sn/sites/default/files/ActuEntreprises%20N%2011Partenariats%20Public-%20Priv%C3%A9%20et%20financement%20de%20projets.pdf

[47] Voir l'exposé des motifs de la loi n° 90-07, JO du 7 juillet 1990. https://www.dri.gouv.sn/sites/default/files/LOI/1990/comP1%20ECOnomie%20generale%20et%20finances/LOI%20N%20199007%20DU%2026%20JUIN%201990/LOI%20N%20199007%20DU%2026%20JUIN%201990.pdf

En réalité, partout dans le monde, les formes juridiques de gestion des missions de service public et généralement du secteur public ont évolué au gré des exigences des citoyens pour une bonne articulation de l'efficacité et de la transparence de l'action publique.

Dans notre pays, l'abrogation de la loi n° 90-07 du 26 juin 1990, considérée par les pouvoirs publics « comme n'étant plus adaptée à l'environnement juridique, institutionnel et de contrôle des organismes du Secteur parapublic », est le fruit de cette évolution. Cette abrogation est le fait de la loi n° 2022-08 en date du 19 avril 2022 qui est, comme son nom l'indique, une loi d'orientation en charge des structures de pilotage et de réalisation des interventions des pouvoirs publics dans différents secteurs d'activités de l'économie publique, marchande ou non, regroupées sous le vocable de « secteur parapublic ». Son objectif général est, comme indiqué dans l'exposé des motifs, la promotion de la bonne gouvernance dans la gestion des organismes du secteur parapublic avec comme outils : la modernisation dudit secteur, la simplification du cadre de gouvernance et la consécration de la gestion axée sur les résultats.

Cette loi est l'une des confirmations qu'en matière de gouvernance d'entreprise, la différence entre public et privé s'estompe du fait, notamment, de la convergence dans les finalités poursuivies aussi bien par l'entreprise publique que l'entreprise privée. Cette loi est une étape supplémentaire dans le processus de convergence dans les méthodes de gestion du public et du privé dès lors qu'elle vient mettre une couche supplémentaire en ce sens.

Paragraphe 2 : Principaux apports de la loi 2022-08[48]

Du point de vue du champ d'application *ratione personæ*, la loi réalise un élargissement du périmètre du secteur parapublic qui, dans la loi de 1990, se limitait aux structures du secteur public marchand (sociétés commerciales et EPIC). Aujourd'hui, outre les structures de l'économie publique marchande (les sociétés commerciales avec des capitaux publics, qui sont des personnes morales de droit privé, et les EPIC, qui sont des personnes morales de droit public), le secteur parapublic comprend les structures de l'économie publique non marchande, qui sont des personnes morales de droit public (établissements publics, agences et structures assimilées).

Du point de vue du champ d'application *ratione materiæ*, l'article 15 de la loi 2022-08 dispose :

> « La création, l'organisation et le fonctionnement des entités du secteur parapublic sont conformes aux règles particulières applicables à chaque type d'organisme.

[48] La réforme du secteur parapublic : évolution ou révolution administrative ? Par Papa Assane TOURE, Magistrat. https://ceracle.com/la-reforme-du-secteur-parapublic-evolution-ou-revolution-administrative-par-papa-assane-toure-magistrat/

Toutefois, les dispositions de la présente loi s'imposent dans tous les cas où elles sont en conflit avec ces règles particulières. »

En application de ce texte, il est clair que toutes les entités du secteur parapublic conservent les règles qui leur sont propres à la condition qu'elles ne soient pas contraires à la loi 2022-08 qui s'imposerait en cas de conflit avec une règle spécifique à une entité.

Du point de vue sémantique, une de ses innovations marquantes est l'introduction dans le droit positif sénégalais de nouveaux concepts juridiques :

- celui d'**entités du secteur parapublic** regroupant, dans une perspective pédagogique englobante, tous les acteurs dudit secteur ;
- de nouveaux concepts comme les **« organismes publics »** et les **« sociétés publiques »**.

Du point de vue de la gouvernance des structures publiques, des règles originales sont inspirées des principes du gouvernement d'entreprise pour améliorer la gouvernance des entités publiques. Les innovations touchent aussi bien les modalités d'exercice de la gouvernance que les formes du contrôle sur la gouvernance.

- ***Sur l'exercice de la gouvernance***

S'inspirant du mouvement de la *corporate governance* qui s'appuie sur l'idée qu'une bonne organisation interne et une bonne gouvernance sont de véritables atouts pour aller vers la performance et le succès économique de l'entreprise, la loi exige un comportement éthique irréprochable des dirigeants, autorise la création de structures additionnelles et intègre les finalités extra financières issues des principes du gouvernement d'entreprise. Elle participe également de la modernisation de la gouvernance dans nos entreprises publiques avec des précisions sur le régime de la responsabilité des dirigeants et les sanctions prévues.

- ***Sur le contrôle de la gouvernance***

Des outils de la compliance sont intégrés dans la loi qui a mis en place un dispositif exigeant de chaque entité du secteur parapublic une politique d'audit interne destinée à apprécier les risques, lancer l'alerte de façon précoce et formuler des recommandations en vue d'en améliorer le fonctionnement. Elle a aussi mis en place un dispositif de contrôle de gestion pour vérifier l'adéquation entre les moyens dégagés et les résultats obtenus (articles 58 et 59 de la loi d'orientation). De manière plus décisive sur le dispositif de compliance, pour se conformer aux bonnes pratiques, l'article 57 de la loi d'orientation exige des entités publiques l'adoption et la mise en place d'un dispositif de contrôle interne destiné à fournir une assurance raisonnable quant à la réalisation, entre autres, des objectifs relatifs à la conformité des procédures internes aux lois et règlements en vigueur notamment sur l'environnement, la parité…, au respect de la réglementation en vigueur et à la cartographie des risques. On est bien dans le droit de la compliance que le secteur financier connait depuis fort longtemps.

Section 2.
Les sociétés publiques

Ce sont les sociétés nationales et les sociétés à participation publique majoritaire que la loi d'orientation a décidé de regrouper sous le vocable « société publique ». Elles sont des personnes morales de droit privé qui prennent la forme de sociétés par actions (articles 9 et 10 de la loi d'orientation).

Dans la réglementation sénégalaise sur le droit des ressources extractives, elles sont considérées comme faisant partie, avec les établissements publics à caractère industriel et commercial (EPIC), des **« entreprises d'État »** au sens du droit communautaire.[49] En réalité, le vocable regroupe les

---

[49] Le Comité national ITIE Sénégal a adopté, lors de sa réunion du 25 juin 2020, la définition suivante de l'entreprise d'État : **« C'est une entreprise sur laquelle les pouvoirs publics peuvent exercer directement ou indirectement une influence dominante du fait de la propriété, de la participation financière ou des règles qui la régissent. Elle peut avoir le statut d'établissement public à caractère industriel et commercial, ou de société nationale, ou de société anonyme à participation publique majoritaire. Les règles d'organisation et de fonctionnement sont définies par les lois en vigueur au Sénégal. »** En effet, la directive n° 01/2002/CM/UEMOA relative à la transparence des relations financières, d'une part entre les États membres et les entreprises publiques, et d'autre part entre les états membres et les organisations internationales ou étrangères, définit une entreprise publique comme

structures par lesquelles l'État intervient dans l'économie publique marchande. Ce qui fait qu'une bonne part des règles des sociétés publiques est aussi applicable aux EPIC. Mais dans un souci de clarté, l'étude des EPIC sera faite ci-dessous, avec celle de tous les établissements publics.

Voyons donc ici les généralités sur les sociétés publiques (paragraphe 1), puis les règles régissant les organes de gouvernance que sont l'organe délibérant (paragraphe 2) et l'organe exécutif (paragraphe 3).

Paragraphe 1 : Généralités

Le contenu de la notion, le droit qui lui est applicable et ses organes de gouvernance seront successivement présentés.

A- Le contenu de la catégorie « société publique »

Comme déjà dit plus haut, il s'agit des sociétés nationales et des sociétés à participation publique majoritaire. Structures de droit privé, émettant des actions et menant des activités dont l'essentiel relève de l'échange marchand, elles sont donc classées par la loi (article 3 de la loi d'orientation) sous la rubrique « sociétés publiques » :

- *la société à participation publique majoritaire* : société par actions de droit privé dans laquelle une ou

toute « entreprise sur laquelle les pouvoirs publics peuvent exercer directement ou indirectement une influence dominante du fait de la propriété, de la participation financière ou des règles qui la régissent ». https://www.itie.sn/?page_id=14156

plusieurs personnes morales de droit public possèdent directement ou indirectement plus de 50 % du capital social (article 10 de la loi d'orientation) ;

- *la société nationale* : société par actions de droit privé dont le capital est intégralement souscrit par l'État et d'autres personnes morales de droit public et dans laquelle la participation directe de l'État est supérieure à 50 % du capital social (article 9 de la loi d'orientation).

B- Le droit applicable aux sociétés publiques

C'est un mélange de la loi d'orientation 2022-08 et de l'Acte uniforme de l'OHADA sur le droit des sociétés. Il s'agit d'une option claire de notre droit positif résultant des termes non équivoques de l'article 15 de la loi 2022-08 qui autorisent pour toutes les entités publiques la cohabitation de normes issues du droit privé et du droit public dans une seule et même structure. Concernant les sociétés publiques, cette option s'exprime à travers leur soumission variable au droit des sociétés de l'OHADA qui s'efface dès qu'une disposition spécifique a vocation à s'appliquer.

On est ainsi face à un mélange de la loi applicable aux sociétés publiques (loi d'orientation 2022-08) et du droit commercial des sociétés par actions (Acte uniforme). En effet, les sociétés commerciales du secteur parapublic relèvent de la loi 2022-08 et sont en même temps assujetties à l'Acte uniforme sur le droit des sociétés commerciales et du groupement d'intérêt économique.

L'articulation dans l'application de ces deux textes se retrouve dans tout le processus qui régit lesdites sociétés publiques. L'article 18 de la loi 2022-08 dispose en effet que leurs règles de création ainsi que leurs statuts (donc leurs règles de fonctionnement) sont régis par le droit commun des sociétés commerciales sous réserve des dispositions particulières que la loi elle-même prévoit.

Cette option est en conformité avec la solution du système OHADA concernant le droit applicable aux sociétés dans lesquelles un État ou une personne publique est associé. Selon l'article 1er de l'Acte uniforme sur le droit commercial général et l'article 1er de l'Acte uniforme sur le droit des sociétés commerciales et du groupement d'intérêt économique : « Toute société commerciale, y compris celle dans laquelle l'État ou une personne morale de droit public est associé, dont le siège est situé dans l'un des États parties, est soumise aux dispositions de l'Acte uniforme », sauf dispositions législatives ou réglementaires particulières comme le prévoit l'article 916, alinéa premier, dudit Acte uniforme en des termes également non équivoques : « Le présent Acte uniforme s'applique aux sociétés soumises à un régime particulier sous réserve des dispositions législatives ou réglementaires auxquelles elles sont assujetties. »

Ainsi, pour les sociétés publiques, personnes morales de droit privé exerçant dans le champ de l'activité marchande, c'est le droit commun des sociétés commerciales qui s'applique, sauf s'il existe une législation particulière, ce qui est le cas de la réglementation issue de la loi d'orientation 2022-08.

Par exemple, pour la création des sociétés publiques, certes, il faut accomplir les formalités de constitution des sociétés commerciales prévues par l'AUSCGIE, notamment : établissement des statuts, souscription du capital et inscription au registre du commerce et du crédit mobilier. Mais, comme le prévoit le droit commun des sociétés consigné dans l'Acte uniforme (article 916, alinéa premier), les réglementations spécifiques comme la loi d'orientation n° 2022-08 seront également applicables en cas de particularisme avéré. De fait, la création de la société nationale ne sera pas laissée à la discrétion des seuls associés, car il est exigé, outre une étude d'opportunité pour toutes les entités du secteur parapublic (article 16, loi 2022-08), une autorisation légale et l'obligation d'adopter des statuts types pour les sociétés publiques (article 18, loi 2022-08). Par ailleurs, les modalités de désignation et de contrôle des dirigeants seront influencées par la présence d'un associé public (nomination des DG et PCA, désignation des administrateurs, intervention des corps de contrôle de l'État…).

C — Les organes de gouvernance dans les sociétés publiques

Toutes les entités du secteur parapublic (article 19, loi 2022-08) disposent de deux organes en charge de la gouvernance :

- l'organe délibérant qui statue sur toutes les mesures concernant la gestion (articles 20 à 31 de la loi d'orientation) ;

- l'organe exécutif qui assure l'administration générale et veille à l'exécution des décisions prises par les organes délibérants et les autorités de tutelle (articles 32, 33 et 34 de la loi d'orientation).

Pour les sociétés publiques, cela se traduit par :

- un Conseil d'administration (articles 26 et suivants de la loi d'orientation en sus du droit OHADA sur le Conseil d'administration et son président, que le présent ouvrage assimile aussi à un organe),

- un directeur général (articles 32 et suivants de la loi d'orientation en sus du droit OHADA sur le directeur général).

Bien sûr, en tant que sociétés par actions, les sociétés publiques disposent d'une assemblée générale des actionnaires (lieu de la décision suprême) qui vient compléter la nomenclature des organes mentionnés à l'alinéa premier de l'article 19 précité.

La configuration du schéma des organes de la gouvernance dans les sociétés publiques permet de voir que les compétences du directeur général sont différentes et limitées par celles du Conseil qui se présente en organe de contrôle de la gestion du DG.

Ainsi, pour la gouvernance dans les sociétés publiques au regard des textes, il y a, d'une part, le **Conseil d'administration**, organe délibérant qui, comme son nom l'indique, administre et contrôle la société sous la conduite de son président nommé par décret ; sa mission essentielle consiste à définir les grandes orientations et à surveiller la gestion. Il y a, d'autre part, le **directeur général**, chef de l'organe exécutif, nommé par décret, qui gère au quotidien les affaires de la société.[50]

Paragraphe 2. L'organe délibérant : le Conseil d'administration

L'organe délibérant des sociétés par actions que sont les sociétés publiques est le Conseil d'administration : article 26, loi 2022-08 pour la Société anonyme à participation publique majoritaire (SAPPM). L'Acte uniforme (articles 415 à 515) est applicable sauf dispositions contraires de la loi 2022-08.

À ce propos, les règles spécifiques d'organisation et de fonctionnement du Conseil d'administration qui sont susceptibles de déroger au droit commun des sociétés commerciales sont dans les articles 20 à 24 de la loi d'orientation 2022-08 (pour ce qui est de l'organisation), puis

[50] Article 25, loi d'orientation 2022-08 : « L'organe exécutif assure l'administration générale de la structure. Un directeur général ou directeur, chef de l'organe exécutif, nommé par décret, est placé à la tête de chaque entité du secteur parapublic. »

dans les articles 28 à 45 de la même loi (pour ce qui concerne le fonctionnement).

La plupart de ces dérogations tiennent aux préoccupations de service public et de sauvegarde de l'intérêt général que l'État doit garantir. Aussi, malgré la convergence dans la gouvernance des entreprises publiques et privées, la présence de l'État actionnaire maintient par l'énorme influence sur le statut des dirigeants et le fonctionnement du Conseil une certaine spécificité dans la gouvernance de l'entreprise.

Par ailleurs, sous le même registre que pour la société anonyme de droit commun, la reconnaissance au président du Conseil de prérogatives de plus en plus importantes permet de distinguer, dans les sociétés publiques, le statut du Conseil d'administration proprement dit de celui de son président, qui n'est pas loin de devenir un organe à part, au regard de ses attributions et responsabilités propres dans la bonne marche collégiale de l'organe qu'est le Conseil d'administration.

A- Le collège du Conseil d'administration

1) Composition, nombre, désignation, cumul et durée du mandat : article 20 de la loi d'orientation

a) Nombre

Selon les articles 20, alinéa premier, et 26, alinéa 2 (à combiner avec les articles 416 et suivants de l'Acte uniforme), il faut au maximum 12 membres : « À l'exception des établissements publics d'enseignement supérieur dont le nombre d'administrateurs est fixé par la loi sur les Universités, l'organe délibérant comprend, au plus, douze membres y compris, les administrateurs indépendants dont le nombre ne peut excéder le tiers des membres. »

b) Nomination

Article 20, alinéa 2 : « Les conditions de nomination des membres de l'organe délibérant sont fixées dans le texte portant organisation et fonctionnement de l'organisme. »[51] Pour les sociétés nationales qui sont aussi des sociétés publiques, outre le texte de création, il est prévu des statuts types qui devraient régir le fonctionnement des sociétés publiques en complément de l'Acte uniforme sur les sociétés commerciales (articles 416 et suivants).

c) Composition : obligation d'avoir un administrateur représentant les salariés

Une obligation pour les sociétés publiques et, au-delà, pour toutes les entités du secteur parapublic : elles sont tenues d'accueillir dans le Conseil d'administration un représentant des salariés. Article 20, alinéas 6 et 7 : « Au sein de chaque organe délibérant, les salariés de l'entité sont représentés par un administrateur qui bénéficie d'une voix délibérative.

Les critères de compétence des administrateurs représentant le personnel, leur condition de nomination ainsi que les

[51] Ce texte est reproduit en annexe dans le présent ouvrage.

règles d'incompatibilité auxquelles ils sont soumis sont fixés par décret[52]. »

d) Durée du mandat

L'article 20, alinéa 3, dispose : « La durée du mandat des administrateurs est de trois ans, renouvelable une fois. Toutefois, le mandat cesse de plein droit lorsque l'administrateur perd la qualité en raison de laquelle il a été désigné ou lorsqu'il s'est abstenu de participer à trois séances consécutives, sauf cas de force majeure dûment justifié. Le mandat d'administrateur peut également prendre fin par la révocation à la suite d'une faute grave. »

Par application du parallélisme des formes, il appartient à l'autorité de nomination de prononcer la fin du mandat qui cesse de plein droit.

e) Administrateur représentant l'État

Au même titre qu'une personne physique, il est possible de désigner une personne morale pour exercer les fonctions d'administrateur d'une société commerciale. Donc, l'État peut se faire représenter par une personne physique qui possèdera ainsi une double casquette : organe de la société administrée en sa qualité d'administrateur et mandataire de l'État en sa qualité de représentant permanent (V.

[52] Le décret est reproduit en annexe du présent ouvrage

notamment, article 26, alinéa premier de la loi d'orientation)[53].

f) Cumul de mandats d'administrateurs représentants de l'État

Un représentant de l'État dans le Conseil d'administration d'une société publique ne peut, sauf dérogation accordée par la tutelle, cumuler plus de trois mandats d'administrateur dans d'autres entités du secteur parapublic : « Un administrateur représentant l'État ne peut, sauf dérogation accordée par l'autorité de tutelle technique ou financière, siéger dans plus de trois organes délibérants d'entités du secteur parapublic » (article 20, alinéa 5 de la loi d'orientation).

2) Attributions du collège

L'article 21, dans la lignée de l'article 435 de l'Acte uniforme, qui permet au CA de « régler par ses délibérations les affaires qui concernant la société », a dressé une liste non exhaustive des attributions de l'organe délibérant des entités publiques et donc des sociétés publiques :

[53] Signalons que l'article 27 de la loi d'orientation précise fort opportunément que le représentant de l''Etat dans les conseils d'administration ne peut siéger dans les Assemblées générales des sociétés publiques ni dans celles des sociétés à participation publique minoritaires

« L'organe délibérant statue sur toutes les mesures concernant la gestion de l'organisme, notamment :

- le plan stratégique de développement ;

- le règlement intérieur ;

- le programme pluriannuel d'actions et d'investissements ;

- le contrat de performances ou contrat d'objectifs et de moyens ;

- le budget ;

- les acquisitions et aliénations de patrimoine ;

- les prises de participation ;

- les comptes de fin d'exercice ;

- le rapport annuel de performance ;

- les projets d'accord collectif d'établissement ;

- l'organigramme ;

- le programme de recrutement ;

- la grille de rémunération ;

- le manuel de procédures ;

- les plans de restructuration ou de redressement ;

- les accords et conventions internationaux. »

3) Fonctionnement du collège : articles 28 et suivants de la loi d'orientation

a) Le principe de la collégialité

Le fonctionnement du Conseil repose sur son caractère collégial qui exige une réunion pour prendre les décisions. Dans la perspective d'une plus grande efficacité du Conseil, la loi 2022-08 a intégré une des préoccupations essentielles du gouvernement d'entreprise : la création de comités adjoints au Conseil.

b) Le Comité de direction

Le Conseil d'administration peut décider (c'est une faculté) de mettre en place un comité de direction en son sein et de lui déléguer certaines attributions sauf celles résultant de l'article 21 ci-dessus énumérées. Il peut toutefois lui déléguer les réaménagements budgétaires.

Le Comité de direction peut se réunir, à tout moment et sans délai, sur convocation des autorités de tutelle ou du président du Conseil qui en assure la présidence, le secrétariat étant assuré par le DG. Le Comité de direction rend compte de ses travaux au Conseil d'administration.

Les membres de droit du Comité de direction sont les deux représentants respectifs de chaque autorité de tutelle, un membre élu par le Conseil d'administration, le contrôleur financier ou son représentant et le directeur général.

c) *Les comités consultatifs du Conseil*

Il s'agit d'une recommandation très forte du gouvernement d'entreprise que le système OHADA a mise en œuvre et que la loi 2022-08 a également intégrée par son article 24 rendant par la même occasion obligatoires le Comité d'audit et le Comité de rémunération :

> « L'organe délibérant met en place des comités spécialisés chargés de l'éclairer, à titre consultatif, en matière d'audit et de rémunération. En fonction des besoins spécifiques, l'organe délibérant peut créer d'autres comités spécialisés. »

Les plus fréquents de ces comités sont, outre le Comité d'audit et le Comité des rémunérations nommément visés dans la loi, le Comité des nominations et le Comité d'éthique.

d) *Convocations*

Le CA se réunit aussi souvent que nécessaire, mais au moins quatre fois par an sur convocation de son président.

e) Délibérations du CA

En matière de **quorum et de majorité**, la loi, article 28, al. 2, renvoie aux normes spéciales régissant l'entité parapublique. Pour les sociétés publiques, il faut s'en rapporter à l'Acte uniforme qui décide que, **pour le quorum**, le CA ne peut valablement délibérer que si la moitié au moins de ses membres est présente (art. 454, alinéa 1). En matière de **majorité**, sauf si les statuts prévoient une majorité plus forte, les décisions sont prises à la majorité simple des membres (art. 454, alinéa 2).

En conformité au principe de la collégialité et pour prendre en compte la révolution numérique, si les statuts le prévoient, la réunion du CA peut se tenir avec des administrateurs qui participent à distance par voie électronique, notamment par visioconférence, ou autres moyens de télécommunication.

L'article 28, al. 4, le prévoit :

> « … conformément aux dispositions de l'AUSGIE, les statuts des sociétés publiques prévoient la tenue de réunions du conseil par visioconférence ou d'autres moyens de télécommunication permettant l'identification des administrateurs et garantissant leur participation effective pour voter oralement ».

Cependant, ces moyens de télécommunication doivent permettre l'identification de ceux qui sont participants à la réunion. Dans ce sens, elles doivent permettre de transmettre au moins leur voix et de satisfaire à des caractéristiques techniques permettant la retransmission continue et simultanée des délibérations.

f) Les PV du Conseil d'administration

Les délibérations du Conseil sont consignées dans des procès-verbaux (PV) que dresse le directeur général assumant le secrétariat des réunions du Conseil d'administration.

Ces procès-verbaux sont signés par le président et le directeur général. Ils sont validés lors de la prochaine séance du Conseil puis transmis aux autorités de tutelle dans les 15 jours suivant leur adoption.

Mais pour une information en temps réel des autorités de tutelle, la loi admet la possibilité de transmettre des extraits des délibérations dans le délai de 15 jours après la réunion sans se préoccuper de la date d'adoption.

g) Le collège, organe de contrôle de l'activité du DG

Organe de contrôle de l'activité de la Direction générale, le Conseil dispose de pouvoirs propres qui sont bien précisés à partir de l'alinéa 9 de l'article 28 et dans l'article 57, alinéa 2 de la loi d'orientation.

g-1) Au titre de l'article 28

- il veille à l'application des décisions ou délibérations par le chef de l'organe exécutif et en assure le suivi ;
- il délibère chaque année sur le rapport de gestion et le rapport social de l'organisme, présentés par le chef de l'organe exécutif ;
- il arrête et adopte ou approuve les états financiers de synthèse dans les délais prévus par la réglementation ;
- il statue sur le rapport annuel de son président relatif à la mise en œuvre du Code de gouvernance des entreprises dans les entités du secteur parapublic ;

- il statue sur le rapport annuel de gouvernance établi par le commissaire aux comptes ;
- il est informé, par le DG, des directives présidentielles, notamment celles issues des corps ou organes de contrôle ;
- il délibère chaque année sur le rapport du DG relatif à l'application de ces directives.

g-2 Au titre de l'article 57, al. 2 : il doit adopter et mettre en place un dispositif de contrôle interne destiné à fournir une assurance raisonnable quant à la réalisation, entre autres, des objectifs comme la conformité avec les lois et règlements en vigueur (dispositif de compliance).

h) Règles spécifiques pour les administrateurs représentant l'État

Les administrateurs, représentants permanents de l'État dans les sociétés publiques, sont soumis, par les articles 30 à 31 de la loi 2022-08, à un régime spécifique concernant leur activité et leur rémunération en qualité de membres du Conseil.

Sous peine de révocation et d'éventuelles poursuites pénales, le représentant permanent de l'État au Conseil d'une société publique est tenu d'une obligation de discrétion et doit éviter tout conflit d'intérêts.

Contrairement au droit commun de la rémunération des administrateurs, il perçoit des indemnités de session[54] et non de fonction.

- ***Obligation de discrétion formulée spécifiquement pour les administrateurs représentant l'État***

En droit commun des sociétés anonymes, les administrateurs qui participent aux réunions du CA sont tenus à une **obligation de discrétion** à l'égard des informations confidentielles qui y sont distillées ou que le président de séance considère comme telles (article 455 de l'Acte uniforme).

La même règle est formulée par la loi 2022-08 dans son article 30, al. 1, en visant expressément les administrateurs représentant l'État en sus de toute autre personne participant à la réunion du Conseil d'administration :

> « Les administrateurs représentant l'État ainsi que toute personne autorisée à assister aux réunions des organes délibérants des entités du secteur parapublic sont tenus à la discrétion à l'égard des informations présentant un caractère confidentiel ou données comme telles par le président de l'organe délibérant. »

- ***Interdiction des conflits d'intérêts***

Article 30, al. 2 : « Interdiction est faite aux membres des organes délibérants de prendre ou de conserver un intérêt

[54] Les montants de ces indemnités sont fixés par décret

direct ou indirect dans une opération effectuée par la structure pour son compte ou pour un organisme dans lequel celui-ci aurait une participation financière. »

- ***Rémunération des administrateurs représentant l'État***

En leur qualité d'administrateurs, donc au titre du travail effectué en vertu de leur mandat, les administrateurs reçoivent une indemnité dite de fonction qui est une somme fixe annuelle librement déterminée par l'AGO.

Mais pour ce qui concerne les sociétés publiques, l'article 31, al. 1 dispose qu'ils ne peuvent recevoir que des indemnités dites de session en ces termes :

> « Des indemnités de session, dont le montant est fixé par décret, sont allouées aux administrateurs. »

- ***Fin de fonctions des administrateurs représentant l'État***

La durée du mandat des administrateurs est de trois ans, renouvelable une fois. Mais, en dehors de l'arrivée du terme, certains événements peuvent mettre fin de plein droit aux fonctions de l'administrateur représentant l'État.

Deux hypothèses :

- celle de l'article 20, al. 3, de la loi d'orientation visant la perte de la qualité qui avait motivé la désignation et la faute grave :

« … le mandat cesse de plein droit lorsque l'administrateur perd la qualité en raison de laquelle il a été désigné ou lorsqu'il s'est abstenu de participer à trois séances consécutives, sauf cas de force majeure dûment justifié. Le mandat d'administrateur peut également prendre fin par la révocation à la suite d'une faute grave » ;

- celle de l'article 30 de la loi d'orientation visant la violation des obligations spécifiques relatives aux conflits d'intérêts et à la discrétion :

  « En cas d'irrégularité ou de carence imputable à un administrateur représentant l'État », relativement à son obligation de discrétion et les conflits d'intérêts, « il est procédé par décision motivée à sa révocation sans préjudice de poursuites pénales ».

B — Le président du Conseil d'administration

Rappel : le PCA, un organe dissocié du Conseil ? De la même manière que nous l'avons formulé pour les sociétés anonymes relevant de l'Acte uniforme de l'OHADA sur les sociétés commerciales et le GIE, il nous parait pertinent de poser les mêmes interrogations sur le statut du président du Conseil d'administration dans les sociétés publiques.

Les fonctions de présidence du Conseil et de Direction générale de la société anonyme sont différentes et doivent donc être exercées par deux personnes. Il s'agit d'une très forte préconisation du mouvement de la *corporate governance*. En effet, au regard de la mission de contrôle du Conseil d'administration à l'égard de la Direction générale, que préconise ce mouvement, la dissociation des fonctions apparait comme une nécessité. Cette revendication a trouvé un écho favorable dans la réglementation OHADA même si la coexistence avec le système du PDG est encore présente dans le droit commun des sociétés anonymes. Ce cumul, sur une même personne, des fonctions de contrôle et d'exécution n'est pas du tout en conformité avec les exigences de plus en plus fortes de transparence dans la gouvernance des entreprises.

Dans la loi 2022-08 sur le secteur parapublic, il n'est mentionné nulle part la possibilité d'un tel cumul. Par conséquent, le président apparait, dans cette réglementation, comme un organe différent du Conseil lui-même avec un statut composé d'attributions et d'une responsabilité qui lui sont propres. Son statut relève en grande partie de ce qui a été dit pour le président du Conseil d'administration dans les sociétés commerciales privées.

Dans les lignes qui suivent, nous mettrons l'accent sur les spécificités prévues dans la loi 2022-08.

1) Nomination du PCA

Selon l'article 29 de la loi 2022-08, le président de l'organe délibérant des entités du secteur parapublic, dont le PCA des sociétés publiques, est nommé par décret.

2) Attributions du PCA

Comme dans les sociétés privées, en sa qualité de président du Conseil, il est chargé de l'animation des travaux et de l'assurance que les organes de la société fonctionnent correctement :

- il préside les séances, signe les PV ;
- il doit rendre compte des travaux du CA et à ce titre, il veille à ce que les extraits du PV soient remis aux autorités 15 jours après la réunion et à ce que les PV validés soient transmis à qui de droit ;
- il doit rédiger un rapport sur la mise en œuvre du Code de gouvernance (voir les articles 831-2 et 831-3 de l'Acte uniforme sur les sociétés commerciales) ;
- il fait délibérer chaque année le Conseil sur le rapport du DG relatif à l'application des directives présidentielles, notamment celles issues des corps de contrôle.

3) La rémunération du président

Selon l'article 31, al. 2 : « Les présidents des organes délibérants reçoivent une rémunération dont le montant et les modalités de versement sont fixés par décret. »

Paragraphe 3. L'organe exécutif et son chef, le directeur général

Comme dans tous les systèmes ayant des sociétés à conseil d'administration, pour les sociétés publiques qui sont conçues selon le modèle de la société anonyme, l'obligation de contrôler l'action de la Direction générale incombe au Conseil d'administration.

La Direction générale dénommée « organe exécutif » dans la loi 2022-08 est ainsi prévue par l'article 25 de ladite loi :

> « L'administration générale de la société publique est assurée par l'organe exécutif.
>
> Un directeur général ou directeur, chef de l'organe exécutif, nommé par décret, est placé à la tête de chaque entité du secteur parapublic. »

Il est nécessaire d'exposer comment se présente l'organe exécutif avant de voir le statut juridique de son chef, le directeur général.

A — L'organe exécutif : un ensemble de services opérationnels

L'organe exécutif est un mode d'organisation opérationnelle de l'entreprise qui regroupe différentes unités techniques (production, marketing, stratégie, finance). Chaque unité est en principe placée, sur proposition du chef de l'organe exécutif qu'est le directeur général, sous la direction d'hommes ou de femmes qui sont des salariés et non des mandataires sociaux.

B — Le statut juridique du directeur général (chef de l'organe exécutif)

1) Nomination et rémunération

Il est nommé par décret (article 25 de la loi d'orientation) et sa rémunération de même que la liste de ses avantages sont fixées par décret (article 33 de la loi d'orientation).

2) Attributions (article 32 de la loi d'orientation)

De manière générale, le directeur général assure l'administration générale et veille à l'exécution des décisions prises par les organes délibérants et les autorités de tutelle.

Plus précisément :

- il a la qualité d'employeur, car c'est lui le chef de l'entreprise qu'il est seul à pouvoir représenter en justice ;
- en matière de budget annuel, il lui appartient de l'établir, de le soumettre au Conseil et de veiller à son exécution correcte ;
- il doit s'assurer du respect de l'obligation de conservation des archives de la société conformément à l'acte uniforme sur le droit comptable (article 40 de la loi d'orientation).

En outre, tous les ans, il est tenu de soumettre au Conseil :

- le rapport de gestion qui fait le point sur l'exécution du budget et des programmes annuels d'action et d'investissements ;

- les états financiers commentés ;

- avant le vote du budget, le rapport d'évaluation du contrat de performance établi dans le cadre des programmes d'action et d'investissements ;

- le rapport social qui « retrace l'évolution des effectifs et de la masse salariale, les contentieux en cours, le plan de formation et de carrière des agents, le programme de recrutement, la liste et le montant des primes et avantages de toute nature, accordés en cours d'année au personnel, y compris les siens ».

Et dans les six mois de la clôture de chaque exercice, il doit transmettre à la Cour des comptes et à la Direction générale de la comptabilité publique un exemplaire des états financiers arrêtés, adoptés ou approuvés.

3) Sanctions pour manquements et carences dans ses fonctions (article 34 de la loi d'orientation)

Le directeur général peut être révoqué à tout moment par l'autorité qui l'avait nommé. Si la révocation intervient pour des motifs liés à de la mauvaise gestion, pour une faute grave, pour manquement aux obligations liées à ses attributions conformément à l'article 32 de la loi d'orientation ou pour manquement à l'obligation d'inscription d'office de l'article 37 de la même loi, il sera susceptible de sanctions civiles et disciplinaires sans préjudice d'éventuelles poursuites pénales[55].

Section 3.
LES ORGANISMES PUBLICS

Dans la loi 2022-08, les organismes publics qui constituent, avec les sociétés publiques, la grande famille des entités du secteur parapublic sont les établissements publics, les agences et autres structures administratives similaires ou assimilées.

Le vocable « organisme public » est certes une innovation législative de la loi d'orientation qui en fait un concept juridique, mais il est aussi la résultante d'un processus par lequel notre pays s'est, depuis les années 1970/1980, installé dans une dynamique continue visant à modifier progressivement les structures et processus de gestion des interventions de l'État dans le sens d'une plus grande décentralisation de la fonction managériale dans la gestion du service public. La création de cette nouvelle catégorie juridique qui regroupe les établissements publics et les

[55] Pour rappel, il est interdit au DG de signer un contrat de travail avec la société postérieurement à sa nomination.

agences d'exécution ou structures assimilées répond à cet objectif.[56]

En doctrine, ce processus dénommé « externalisation » consiste à confier à une personne publique ou privée, autre que l'Administration centrale, tout ou partie d'une activité ou d'un service qui, jusqu'alors, était assuré directement par ladite Administration.[57]

Les modalités de la gestion extériorisée d'une mission de service public, très connues aujourd'hui, se sont diversifiées et répondent chacune à des objectifs spécifiques dépendant de la plus ou moins grande intensité dans l'autonomie recherchée.

La loi d'orientation 2022-08 a fait le choix de la gestion autonome du service public, aussi bien marchand que non marchand, par des structures appartenant toutes à la sphère publique, car les organismes publics sont tous des personnes morales de droit public (articles 4 et 7 de la loi d'orientation).

[56] Délégation au management public/Kpmg, Rapport sur la mission d'évaluation des agences, Dakar, 2006.

[57] Voir l'excellent ouvrage de monsieur Mass Niang consacré à ce phénomène de l'extériorisation de l'action administrative, *Les agences d'exécution et la modernisation de l'État*, L'Harmattan-Sénégal, 2017 ; Adde, OCDE, *Les autres visages de la gouvernance, agences, autorités administratives et établissements publics,* 2002 ; et Lassana Gagny Sakho, *Les agences publiques d'exécution face au défi de la performance. Cas du Sénégal*, L'Harmattan-Sénégal, 2025.

Présenter le mode de gouvernance de ces entités passera d'abord par un utile rappel des définitions légales des différentes composantes de la catégorie des organismes publics, puis par la précision sur le droit qui leur est applicable, ce qui permettra d'exposer, enfin, le cadre juridique d'exercice de leur gouvernance.

Paragraphe 1 — Définitions des organismes publics

Les définitions que donne la loi des notions d'établissement public ou d'agence et structures assimilées sont assez claires et complètes. Elles méritent malgré tout d'être intégralement reprises dans le but de mieux les situer dans la pléiade des structures d'intervention de l'État, qui comprennent :

- le Département ministériel, partie intégrante de l'État central, donc ne disposant d'aucune autonomie ;
- les personnes morales de droit public créées pour la gestion autonome du service public ;
- les instruments de l'externalisation de l'action administrative que sont les agences d'exécution et qui sont aussi des personnes morales de droit public ;
- les organes de régulation que sont les autorités administratives indépendantes[58] ;

[58] Loi n°2002-23 du 4 septembre 2002 portant cadre de régulation des entreprises concessionnaires de services publics définit le cadre de création et d'organisation d'institutions de régulation des services d'infrastructures.

- les personnes morales de droit privé que sont les sociétés commerciales à participation publique.

A- Les établissements publics (article 4 de la loi 2022-08)

« Les établissements publics sont des personnes morales de droit public investies d'une mission de service public ; dotées d'un patrimoine propre et bénéficiant de l'autonomie financière. Ils ne reçoivent aucun apport privé à leur fonds de dotation constitutif et sont spécialisés par nature d'activité.

Ils s'administrent sous la responsabilité de leurs organes dirigeants, sous réserve des contrôles prévus par les lois et règlements.

Les établissements publics sont à caractère industriel et commercial ou à caractère administratif. Ils peuvent être nationaux ou locaux. »

Dans le système administratif qui est le nôtre, inspiré par le système juridique français, les établissements publics sont d'une infinie variété. Ils peuvent couvrir presque tous les secteurs de l'activité économique et sociale et avoir une base territoriale locale ou nationale. Ils sont caractérisés par la personnalité morale qui leur confère une certaine autonomie et par la spécialité de leur intervention. Ils sont créés par le pouvoir exécutif : « Les établissements publics, les agences

https://www.investissements.gouv.sn/sites/default/files/loi_portant_cadre_de_regulation_des_entreprises_concessionnaires.

et autres structures administratives similaires ou assimilées sont créés par décret » (article 17, al. 1, loi 2022-08).

Leur structure de management est dualiste. D'un côté, un organe de délibération avec des membres incluant les parties prenantes au secteur (État, usagers, personnel, secteur privé), nommés pour une durée limitée, de l'autre, un organe de direction qui gère au quotidien la structure en tant qu'exécutif (article 19 de la loi 2022-08).

1) Les établissements publics à caractère administratif — EPA (article 5, loi 2022-08)

« Les établissements publics à caractère administratif (EPA) sont des personnes morales de droit public investies d'une mission de service public à caractère non marchand. Ils sont constitués par plusieurs sous-catégories ou variantes, notamment dans les domaines professionnel, scientifique et technologique, sanitaire, technique et universitaire, dont les définitions particulières sont prévues dans des textes spécifiques.

Les EPA n'ont pas vocation à réaliser un profit. Toutefois, ils sont autorisés à générer des ressources propres lorsque la nature de leur activité l'exige ou que les lois et règlements le prévoient.

Les ressources des EPA sont essentiellement constituées par la contribution de l'État ou de la collectivité territoriale qui les a créés. Elles peuvent provenir de leurs activités propres. »

Ils relèvent exclusivement des règles du droit public et sont gérés en conséquence ; leur personnel relève en principe de la fonction publique et, parce qu'ils exercent des prérogatives de puissance publique, les EPA bénéficient de protection, comme celle de l'article 38 de la 2022-08 qui leur confère l'immunité d'exécution en ces termes :

« Il n'y a pas d'exécution forcée ni de mesure conservatoire contre les organismes publics.

Toutefois, toute créance constatée par un titre exécutoire ou toute créance certaine, liquide et exigible due par un organisme public peut faire l'objet d'une inscription d'office par le ministre chargé des Finances dans les conditions définies par la réglementation. »

Au final, il faut considérer que l'établissement public administratif (EPA) est un service public administratif personnalisé, c'est-à-dire une personne morale de droit public qui gère un service public administratif. Son caractère administratif relève de l'objet qui se rattache aux fonctions essentielles régaliennes de l'État.

2) *Les établissements publics industriels et commerciaux — EPIC (article 6, loi 2022-08)*

« Les établissements publics à caractère industriel et commercial (EPIC) sont des personnes morales de droit public investies d'une mission de service public présentant un caractère marchand ou exercée avec une contrepartie financière.

Les EPIC ont vocation à réaliser un profit.

Les EPIC peuvent, après avis conforme du Comité de Suivi du Secteur parapublic visé à l'article 47 de la présente loi, prendre des participations dans les sociétés de droit privé.

Leurs ressources proviennent essentiellement de leurs activités propres. Les EPIC peuvent bénéficier de subventions publiques. »

Parce qu'établissement public d'abord, l'EPIC appartient à la catégorie des personnes publiques. En effet, les établissements publics, malgré une grande autonomie par rapport aux structures de l'Administration centrale, sont des personnes morales de droit public, en principe hors du champ de l'échange marchand (article 4 de la loi d'orientation). Toutefois, l'EPIC, bien que personne morale de droit public, a vocation à réaliser un profit. Il gère des services publics qui présentent un caractère marchand ou qui sont exercés avec une contrepartie financière et qui ont vocation à réaliser un profit (article 6 de la loi d'orientation).

Il s'agit donc d'une structure qui, par sa forme, appartient au droit public, mais qui, par ses activités, pourrait relever du droit privé dès lors que le principal critère pour l'application du droit commercial est le profit et que la loi elle-même classe l'EPIC dans le champ de l'échange marchand, l'échange avec profit. Avec l'application du droit commercial, l'EPIC obéira à des règles empruntées au droit privé comme le prévoyaient certaines dispositions de la loi de

1990 aujourd'hui abrogée, qui réglementaient le secteur parapublic :

- article 8, alinéa 2 de la défunte loi 90-06 en matière de contrat : « À l'exception de leurs contrats à caractère administratif, les établissements publics à caractères industriel et commercial sont soumis, en ce qui concerne leurs contrats, et en général dans leurs rapports avec les tiers, aux règles de droit privé » ;

- article 20, alinéa 3 de la même loi pour ce qui concerne la comptabilité de l'EPIC : « La comptabilité des établissements publics est tenue suivant les règles et les principes de la comptabilité privée, sous réserve des dérogations prévues par décret. »

Pour finir, l'établissement public industriel et commercial est une personne morale de droit public qui relève de l'économie publique marchande. Il gère une activité de service public industriel et commercial dans des conditions assez proches de celles appliquées aux entreprises privées.

B — Les agences et structures assimilées

La loi d'orientation de 2022-08 a permis un utile élargissement du régime juridique des agences d'exécution à diverses structures administratives qui ne sont pas des agences. Elle épargne à l'interprète ou à l'analyste une recherche incertaine du droit applicable à ces structures qui effectuent des missions identiques à celles des agences.

1) Les agences (article 7 de la loi 2022-08)

« Les agences sont des personnes morales de droit public, autres que les établissements publics, investies d'une mission de service public, dotées d'un patrimoine propre et bénéficiant de l'autonomie financière. Les agences exécutent des programmes spécifiques de l'État.

Selon la nature de la mission, du programme ou de l'activité, la durée de vie d'une agence est, sauf exception, limitée.

Les agences n'ont pas vocation à réaliser un profit. Toutefois, elles sont autorisées à générer des ressources propres lorsque la nature de l'activité l'exige ou que les lois et règlements le prévoient.

Elles s'administrent sous la responsabilité de leurs organes dirigeants, sous réserve des contrôles prévus par les lois et règlements. »

2) *Les autres structures administratives similaires ou assimilées (article 8 de la loi 2022-08)*

« Les autres structures administratives similaires ou assimilées sont des structures dotées ou non de la personnalité morale de droit public, dont les modes d'organisation et de fonctionnement s'apparentent à ceux des agences sans en prendre la dénomination.

Ces structures qui effectuent des missions identiques à celles des agences sont, notamment, les fonds, les délégations, les hautes autorités et les offices. »

Paragraphe 2. Droit applicable aux organismes publics

La loi 2022-08 n'a pas fait table rase de la réglementation de base des organismes publics. Ainsi, toutes les réglementations qui régissent les organismes publics demeurent. Il n'y a donc pas de grands chamboulements les concernant. Toutefois, la survivance pleine et entière de ces réglementations dépend de la conformité de leurs dispositions avec cette loi d'orientation de 2022 sur le secteur parapublic.

Aujourd'hui, on peut considérer que le texte de base des organismes publics est donc cette loi de 2022 dont les dispositions :

- contiennent les règles communes de création, d'organisation et de fonctionnement de toutes les entités du secteur parapublic,
- laissent subsister des règles répondant aux spécificités de chaque entité.

A- Application des règles communes de création, d'organisation et de fonctionnement de toutes les entités du secteur parapublic (article 15 de la loi 2022-08)

« La création, l'organisation et le fonctionnement des entités du secteur parapublic sont conformes aux règles particulières applicables à chaque type d'organisme.

Toutefois, les dispositions de la présente loi s'imposent dans tous les cas où elles sont en conflit avec ces règles particulières. »

Exemple des agences d'exécution : le droit applicable sera une combinaison des dispositions pertinentes de deux lois d'orientation (n° 2022-08 sur le secteur parapublic et n° 2009-20 sur les agences d'exécution) en sus des décrets de création de chaque agence, mais avec une primauté de la loi d'orientation de 2022 (article 15 de la loi d'orientation de 2022).

En effet, l'article 66 de cette dernière n'a abrogé de manière expresse que la loi n° 90-07 du 26 juin 1990. Concernant les autres textes relatifs aux organismes publics, elle laisse subsister, par son article 15, les règles particulières dès lors qu'elles sont compatibles avec ses propres dispositions. Par conséquent, les dispositions de la loi de 2022 s'imposeront dans tous les cas où elles seront en conflit avec les règles particulières qui gouvernent les agences.

De fait, il convient de retenir que les dispositions de la loi d'orientation n° 2022-08 sur le secteur parapublic s'imposent chaque fois qu'elles sont en conflit avec une règle particulière émanant des textes spéciaux applicables à un organisme public.

La loi d'orientation elle-même en fait une pertinente application avec les normes de création des organismes publics, ce qu'il convient de voir à présent.

B — Les règles spécifiques aux organismes publics

Exemple des règles de création. La loi exige dorénavant la création par décret (article 17 de la loi 2002-08) : « Les établissements publics, les agences et autres structures administratives similaires ou assimilées sont créés par décret.

Par exception à l'alinéa premier du présent article, les collectivités territoriales peuvent créer des établissements publics locaux, par délibération spéciale de leur conseil, approuvée par le représentant de l'État. Les établissements publics locaux respectent les règles d'organisation et de fonctionnement édictées par la présente loi. »

Cet article 17 est une application littérale de l'article 15 concernant les règles de création des organismes publics. Aujourd'hui, aucun organisme public ne peut être créé par un texte autre qu'un décret. L'ancienne loi de 1990 sur le secteur parapublic exigeait, dans son article 3 *in fine*, que la création de l'EPIC soit autorisée par une loi.

Désormais régis par un décret, la création, l'organisation et le fonctionnement de l'organisme public ne peuvent plus, par application du principe de la hiérarchie des normes, aller à l'encontre de la loi d'orientation de 2022 qui est donc le texte de base exclusivement applicable dans ce domaine.

Le cadre d'exercice de la gouvernance des organismes publics sera donc largement dépendant des dispositions de la loi d'orientation qui imposent un organe délibérant et un organe exécutif, ce qu'il convient de voir à présent.

Paragraphe 3 : Le cadre juridique de l'exercice de la gouvernance des organismes publics

Pour assurer leur gouvernance, conformément au texte de base qu'est la loi d'orientation dans son article 19, les organismes publics comme toutes les entités du secteur parapublic disposent de deux organes que sont : l'organe délibérant et l'organe exécutif.

À la différence des sociétés publiques dont le mode de gouvernance est inspiré par celui des sociétés privées dépendant de l'Acte uniforme sur le droit des sociétés commerciales, les règles permettant de préciser ou de compléter la loi d'orientation sur les organes de gouvernance des organismes publics trouvent leur source dans les textes spécifiques de création, organisation et fonctionnement desdits organismes. Ces textes, décrets et statuts régissant ces organismes n'ont pas pour objectif d'assurer un gouvernement d'entreprise indépendant et impartial comme cela peut s'envisager concernant les sociétés publiques. En effet, l'autonomie des organismes publics n'est pas totalement garantie dans les faits. Si cette autonomie de principe, proclamée en droit, est présumée par l'existence de la personnalité juridique, on peut considérer qu'elle n'existe de fait que sur le papier, à cause notamment de l'insuffisance des ressources propres et donc de la dépendance vis-à-vis des subventions de l'État qui peut ainsi accroître son autorité sur les organismes.

A — L'organe délibérant des organismes publics

Qu'on l'appelle Conseil de surveillance dans les agences d'exécution et structures assimilées ou Conseil d'administration dans les établissements publics, l'encadrement juridique que fait la loi 2022-08 soumet à la même réglementation de base l'organe délibérant de toutes les entités du secteur parapublic.

Des spécificités sont malgré tout apportées pour les organismes publics, ce qui justifie les développements ci-dessous consacrés à l'organisation, au fonctionnement et aux sanctions qui les concernent.

1- Organisation de l'organe délibérant des organismes publics (articles 20 et 21)

a) Composition et nombre de membres

Avec un président nommé par décret, l'organe délibérant doit comprendre au maximum 12 membres, dont des administrateurs indépendants et le représentant des salariés. Les conditions de nomination des membres sont fixées par décret.

Les administrateurs indépendants (article 20, alinéa 1)

Leur nombre ne saurait excéder le tiers de la totalité des membres de l'organe délibérant.

L'administrateur salarié (article 20, alinéas 6 et 7)

Chaque entité est tenue d'avoir un membre représentant ses propres salariés dans l'organe délibérant.

Ce représentant des salariés n'est pas désigné au hasard, car la loi exige que son statut soit prévu par décret : critères de compétence, conditions de nomination, incompatibilités.

Les administrateurs représentant l'État

Il leur est interdit de siéger dans plus de trois organes d'entités du secteur parapublic ; ils sont tenus à une obligation de discrétion à l'égard des informations confidentielles ou que le président aura déclarées comme telles (article 30, al. 1) ; ils doivent éviter les conflits d'intérêts (article 30, al. 2) ; leur rémunération se fait sous forme d'une indemnité de session dont le montant est fixé par décret (article 31).

b) Durée et fin du mandat

Le mandat est de trois ans. Il est renouvelable une fois.

Il prend fin automatiquement :

- lorsque la qualité en raison de laquelle la nomination était intervenue a pris fin,
- suite à trois absences consécutives aux réunions sans explication, sauf cas de force majeure.

Par application du parallélisme des formes, le prononcé de la cessation de plein droit du mandat est de la compétence de l'autorité de nomination.

Le mandat prend également fin lorsqu'il est révoqué à la suite d'une faute grave.

c) Attributions (article 21)

Une liste non limitative des mesures concernant la gestion et relatives au champ de compétence de l'organe délibérant est donnée par l'article 21 qui vise :

« notamment :

- le plan stratégique de développement ;

- le règlement intérieur ;

- le programme pluriannuel d'actions et d'investissements ;

- le contrat de performances ou contrat d'objectifs et de moyens ;

- le budget ;

- les acquisitions et aliénations de patrimoine ;

- les prises de participation ;

- les comptes de fin d'exercice ;

- le rapport annuel de performance ;

- les projets d'accord collectif d'établissement ;

- l'organigramme ;

- le programme de recrutement ;

- la grille de rémunération ;

- le manuel de procédures ;

- les plans de restructuration ou de redressement ;

- les accords et conventions internationaux ».

d) Les comités additionnels de l'organe délibérant

Une des préconisations essentielles du mouvement du gouvernement d'entreprise concerne la mise en place, auprès de l'organe délibérant, de comités permanents dotés d'attributions spéciales.

La loi d'orientation 2022-08 impose ces comités spécialisés (article 24) tout en maintenant le Comité de direction (article 23) qui existait dans la réglementation antérieure relative au secteur parapublic.

- *Le Comité de direction*

Ce comité n'est pas du tout une nouveauté. Il ne doit pas être rangé dans les apports des préconisations du mouvement du gouvernement d'entreprise. Il existait déjà dans la loi n° 90-07, aujourd'hui abrogée. Il est une initiative de l'organe délibérant auquel il doit rendre compte de ses travaux.

Comme sous l'empire de la loi de 1990, il est donc permis à l'organe délibérant, dans l'intervalle de ses réunions, de déléguer à un comité de direction une partie de ses attributions, à l'exception de celles énumérées à l'article 21 de la nouvelle loi d'orientation de 2022. C'est une faculté et non une obligation.

Ce comité, chargé de suppléer l'organe délibérant dans certaines de ses tâches, est composé du président, des représentants des deux ministères de tutelle et d'un membre élu par l'organe délibérant qui en sont tous membres de droit. Le contrôleur financier ou son représentant, de même que le chef de l'organe exécutif (DG), participent aux réunions dans lesquelles le DG assure le secrétariat.

- *Les comités spécialisés*

Au même titre que les structures de droit privé, l'organe délibérant de l'organisme public doit obligatoirement mettre en place un comité d'audit et un comité de rémunération chargés de l'éclairer à titre consultatif sur ces questions.

Il est loisible, selon ses besoins — c'est une faculté —, de mettre en place d'autres comités permanents : comité stratégique, comité des risques, comité des investissements, comité d'éthique, comité de l'environnement…

2- **Fonctionnement** (article 28 de la loi 2022-08)

a) Le président, chef d'une structure collégiale

L'organe délibérant fonctionne sous la direction de son président qui assure l'organisation et la coordination des travaux. Il doit aussi veiller à ce que l'organe délibérant et ses membres soient en mesure de remplir correctement leurs fonctions.

Pris isolément, aucun des membres de l'organe ne dispose d'un pouvoir dans l'organisme public. En effet, les pouvoirs s'expriment par des délibérations car ils appartiennent au collectif des membres, à l'organe collégial, et non aux membres individuellement.

Le principe de la collégialité est exprimé par l'alinéa premier de l'article 21 de la loi d'orientation qui invite à une délibération sur toutes les questions relatives à la gestion et surtout par l'alinéa 3 de l'article 28 de la même loi qui interdit les consultations à domicile à l'occasion des décisions à prendre par l'organe délibérant.

b) Les réunions de l'organe délibérant

Elles sont de quatre par an, au maximum. Les règles de quorum et de majorité doivent être prévues dans les propres textes de l'organisme public comme les statuts ou le décret portant organisation et fonctionnement de l'organisme public.

c) Le procès-verbal et la gestion post-réunion

Le chef de l'organe exécutif (DG) assurant le secrétariat de la réunion est tenu d'en dresser procès-verbal (PV) qui doit être signé par le président et le secrétaire de séance. Ce PV devra faire l'objet d'une validation lors de la réunion suivante de l'organe délibérant. Il sera ensuite transmis aux autorités de tutelle dans les quinze jours suivant son adoption.

Toutefois, dans le souci d'une information rapide des décideurs politiques, sans même attendre la validation du PV, la loi autorise que des extraits des délibérations signés par le président puissent leur parvenir au plus tard quinze jours après la réunion.

d) Les attributions spécifiques relatives au pouvoir de contrôle de l'organe délibérant

Contrôler l'activité du chef de l'organe exécutif (DG)

- Veiller à l'application par le chef de l'organe exécutif des décisions et délibérations de l'organe délibérant.
- Délibérer chaque année sur le rapport de gestion et le rapport social établi par le chef de l'organe exécutif, sur le compte de gestion de l'agent comptable et sur le compte administratif de l'ordonnateur.
- Arrêter, adopter ou approuver les états financiers de synthèse dans les délais légaux.
- Délibérer sur le rapport d'exécution des directives présidentielles par le chef de l'organe exécutif pour lesquelles il a auparavant reçu information de la part de ce dernier.

Contrôler l'activité du président et du commissaire aux comptes sur les questions de la gouvernance de l'organisme

- Délibérer sur le rapport annuel du président relatif à la mise en œuvre du Code de gouvernance.
- Délibérer sur le rapport annuel de gouvernance établi par le commissaire aux comptes.

3- Sanctions pour carences dans le fonctionnement (article 22)

a) Hypothèses de carences

Les carences prévues par la loi 2022-08 sont des irrégularités pour violation des dispositions légales et réglementaires, des blocages ou des manquements caractérisés constitués notamment par l'absence de réunions aux dates prévues par la loi ou de défaut de mise en place des comités spécialisés.

b) Sanctions

Lorsque ces cas de carence sont avérés, l'organe délibérant peut recevoir un avertissement, être suspendu ou dissout.

L'avertissement est prononcé par un arrêté conjoint des autorités en charge des tutelles technique et financière.

La suspension ou la dissolution sont prononcées par décret dans les conditions de l'article 53 de la loi 2022-08 qui exige du ministre en charge de la tutelle technique une mise en demeure infructueuse dans le délai des quinze jours qui suivent le constat de la carence, avant de faire un rapport au président de la République avec la proposition des sanctions visées.

Le décret de dissolution ou de suspension doit désigner un comité d'administration pour une durée maximale de six mois. Ce comité est autorisé à délibérer sur les affaires de l'organisme public sans toutefois avoir la possibilité de procéder à des actes de disposition risqués que sont les acquisitions et aliénations de patrimoine ou les prises de participations financières.

Au terme du délai de six mois, le provisoire doit céder la place, car il y a obligation de mettre en place un nouvel organe délibérant dans lequel, comme sanction à ses propres manquements, le président de l'organe dissout ne pourra pas siéger ès qualités.

B — L'organe exécutif

Comme dans toutes les entreprises, il y a un ensemble de services regroupant diverses fonctions toutes tournées vers la gestion, destinées à « l'administration générale de la structure », dénommée « organe exécutif », avec à sa tête un directeur général ou un directeur qui est le chef de l'organe exécutif, ainsi que l'exprime l'article 25 de la loi 2022-08 :

« L'organe exécutif assure l'administration générale de la structure.

Un directeur général ou directeur, chef de l'organisme exécutif, nommé par décret, est placé à la tête de chaque entité du secteur parapublic. »

En réalité, l'organe exécutif, quelle que soit la nature de l'organisme public, doit être organisé de manière à se mettre au service de son chef dont le statut est bien précisé dans les articles 32 à 34 de la loi d'orientation.

1- Organisation générale de l'organe exécutif : la Direction générale (article 25)

Déterminer l'organisation générale de l'organisme public revient à savoir quelle est la structuration la meilleure pour exercer la mission et les attributions de l'organe exécutif.

En ce sens, la loi assigne à l'organe exécutif la charge « d'assurer l'administration générale de la structure », qui consiste à prendre en charge la gestion au quotidien de l'organisme public, autrement dit, organiser et conduire la production et la commercialisation des biens et services de l'entreprise.

Pour arriver à assurer la gestion au quotidien, la loi confie des attributions spécifiques à un chef qui devra rassembler et coordonner les moyens financiers, matériels et humains nécessaires. En ce sens, il lui appartient de s'entourer de collaborateurs exerçant dans des services opérationnels pour lui permettre de remplir correctement ses missions en vue d'atteindre les objectifs qu'il s'est fixés pour son magistère. Il n'y a donc pas une, mais des formes d'organisation de l'organe exécutif avec une constante : un chef entouré de services techniques dont les responsables sont des salariés sous son autorité (finance, production, stratégie…).

2- Le chef de l'organe exécutif, le directeur général ou directeur (articles 32 à 34)

En sa qualité de chef, il est le responsable de la bonne marche de l'entité. En ce sens, il a été doté d'un statut avec des pouvoirs légaux et un mode de rémunération lui permettant de remplir ses fonctions sous peine de sanctions expressément prévues dans la loi.

a) Statut du chef de l'organe exécutif

Les éléments du statut sur lesquels la loi se prononce concernent son mode de nomination, ses attributions et ses rémunérations.

- *Désignation et rémunérations du chef de l'organe exécutif*

Un directeur général ou directeur, chef de l'organe exécutif, nommé par décret, est placé à la tête de l'organisme (article 25, al. 2 de la loi 2022-08). Il est obligatoirement une personne physique. Ses rémunérations et avantages en nature sont également fixés par décret (article 33 de la même loi).

- *Les attributions du chef de l'organe exécutif (article 32 de la loi 2022-08)*

Ayant accès à tous les documents comptables pour son information exhaustive, des fonctions essentielles lui sont confiées pour le bon fonctionnement de l'entité qu'il doit diriger :

- assurer l'administration générale de l'organisme ;
- veiller au respect des décisions de l'organe délibérant et des autorités de tutelle ;
- représenter l'organisme en justice ;

- exercer la qualité d'employeur pour le personnel sous contrat de travail ;

- élaborer, chaque année, le projet de budget et le soumettre, pour adoption, à l'organe délibérant ;

- veiller à l'exécution du budget et produire les états trimestriels d'exécution du budget à soumettre à l'organe délibérant pour validation ;

- soumettre, tous les ans, à l'organe délibérant, le rapport de gestion qui fait le point sur l'exécution du budget et des programmes d'investissements et d'action pluriannuels ;

- présenter, chaque année, les états financiers commentés à l'organe délibérant ;

- transmettre, dans les six mois de la clôture de l'exercice, à la Cour des comptes et à la Direction générale chargée de la comptabilité publique et du Trésor, les états financiers de synthèse, arrêtés, adoptés ou approuvés ;

- présenter à l'organe délibérant, chaque année avant le vote du budget, le rapport d'évaluation du contrat de performance ;

- présenter, à l'organe délibérant, le rapport social qui retrace l'évolution des effectifs et de la masse salariale, les contentieux en cours, le plan de formation et de carrière des agents, le programme de recrutement, la liste et le montant des primes et avantages de toute nature, accordés en cours d'année au personnel, y compris les siens.

b) Sanctions du chef de l'organe exécutif (article 34)

- *La révocation du chef de l'organe exécutif*

Elle peut intervenir, à tout moment, à la discrétion de l'autorité investie du pouvoir de nomination.

- *Les responsabilités pénales, civiles et disciplinaires*

Elles interviennent en cas de faute grave ou de mauvaise gestion comme les cas de manquement aux obligations énumérées à l'article 32 (voir ci-dessus la liste des attributions du chef de l'organe exécutif) et à l'article 37 qui organise l'inscription d'office de certaines dépenses avec, dans ses alinéas 6 et 7, une obligation particulière pour le chef de l'organe exécutif en ces termes :

« Le chef de l'organe exécutif doit, notamment, prévoir dans le budget de l'organisme les ressources financières permettant le paiement des charges obligatoires.

Le défaut d'exécution des dépenses inscrites d'office ou de paiement des charges obligatoires constitue une carence qui entraine sa responsabilité conformément à l'article 34. »

TITRE 2

LE CADRE JURIDIQUE DU CONTRÔLE DE LA GOUVERNANCE D'ENTREPRISE

À la faveur des différents scandales financiers de ces dernières années qui ont mis en évidence la très large liberté de manœuvre des dirigeants exécutifs face aux autres parties prenantes, les conditions d'exercice de la fonction contrôle dans l'entreprise ont subi de profondes mutations sous la poussée du mouvement de la *corporate governance* et de la montée en puissance du droit de la compliance : l'objectif est d'arriver à la transparence dans la gestion et à l'équité dans la répartition des richesses produites.

La fonction contrôle ne se délègue pas, elle doit être exercée par ceux qui détiennent le pouvoir soit en qualité de propriétaires, soit par les dispositions légales et réglementaires. En ce sens, ces « propriétaires » de l'entreprise privée (les actionnaires) ou publique (l'État) sont invités à une plus grande implication dans le contrôle du management à travers leur structure d'intervention dans la gouvernance qu'est l'organe délibérant (Conseil d'administration ou Conseil de surveillance).

Par ailleurs, l'idée d'une plus grande participation de l'acteur contrôlé au processus s'est imposée : grâce aux outils de la compliance introduits dans les réglementations récentes, on assiste à la naissance de normes obligeant les acteurs économiques à l'adoption, en leur sein, de mécanismes destinés à garantir la conformité de leurs activités au droit en vigueur.

Pour finir, dans le cadre du contrôle de la gouvernance, l'apport essentiel du mouvement de la *corporate governance* consiste en une plus grande implication des propriétaires par la reformulation du rôle décisif et l'implication effective de l'organe délibérant (chapitre premier), tandis que celui de la compliance est principalement la mise en place dans l'entreprise de pratiques et d'une culture de la « conformité » par les organes de gouvernance qui participent à leur propre processus de contrôle en étant au cœur de l'impulsion dudit processus (chapitre 2).

CHAPITRE 1

L'APPORT DU MOUVEMENT DE LA *CORPORATE GOVERNANCE* : UNE PLUS GRANDE IMPLICATION DE L'ORGANE DÉLIBÉRANT DANS LE CONTRÔLE DES ACTIVITÉS DE L'ENTREPRISE

Cela se vérifie aussi bien dans le droit commun des sociétés commerciales (OHADA) que dans les législations particulières comme la réglementation des activités bancaires et financières issue de l'UMOA, celle du marché des assurances issue du Code CIMA et celle du secteur parapublic sénégalais qu'organise la loi 2022-08.

L'entreprise, publique ou privée, est le siège de différents intérêts catégoriels de plus en plus actifs. Chez les apporteurs de capitaux, il y a une distinction très nette entre les majoritaires et les minoritaires, qui n'ont pas forcément les mêmes intérêts. De même chez les salariés, on trouve les permanents avec des contrats à durée indéterminée et des salariés précarisés par l'extériorisation de leur emploi. Les fournisseurs ne constituent pas une catégorie homogène, car il y a parmi eux les fournisseurs traditionnels d'argent, les banquiers, et une multitude d'apporteurs d'argent frais que sont les investisseurs en fonds propres (fonds souverain et fonds de pension). On trouve aussi les fournisseurs de produits et autres intrants nécessaires pour le produit final, sans compter les distributeurs et autres sous-traitants. Il faut aussi ajouter les intérêts publics comme l'État, les consommateurs et l'environnement.

Avec toutes ces parties prenantes, une gestion équilibrée de l'entreprise devient difficile à mettre en œuvre par des organes exécutifs qui sont eux-mêmes à la recherche de la sauvegarde de leurs propres intérêts par, notamment, des stratégies d'enracinement dans leur poste en vue d'accroître leurs pouvoirs et leurs rémunérations.

Au niveau mondial, derrière l'apparition de cet acteur des relations économiques et sociales contemporaines qu'est la société civile, les revendications d'équité et de transparence sonnent comme une nécessité rationnelle chez tous les citoyens. Ce que le droit moderne de l'entreprise a compris. Il décide en conséquence de redonner au propriétaire, via l'organe délibérant, son rôle de superviseur et de contrôleur des activités de l'entreprise.

L'entreprise n'est plus seulement la « chose » de ses fondateurs et propriétaires, lui sont assignées des finalités qui vont bien au-delà de la rentabilité financière : des préoccupations sociales et environnementales viennent s'ajouter aux buts traditionnellement dévolus par la loi aux acteurs des différents marchés économiques.[59]

---

[59] Pour la France : V. Sociétés commerciales, « Loi de 1966 et Gouvernance », étude par Irina Parachkévova, *Droit des sociétés* n° 2,

L'organe délibérant voit aussi ses fonctions élargies à l'obligation de rendre publiques ses pratiques en matière de gouvernement d'entreprise, pas seulement dans l'objectif d'assurer l'obligation traditionnelle d'informer ses membres (administrateurs) et les propriétaires (actionnaires), mais aussi dans celui de satisfaire une obligation de transparence devenue une exigence des citoyens et des investisseurs professionnels (fonds d'investissement publics ou privés).

Il existe bien sûr diverses modalités de contrôle de la gestion des dirigeants exécutifs, mais dans la perspective d'une approche axée sur les apports du mouvement du gouvernement d'entreprise, on n'envisagera ni le contrôle par le commissariat aux comptes (articles 694 et suivants[60]) ni le contrôle par le juge : recours à l'expertise (expertise générale et expertise de gestion : articles 159 et 160).[61] Il ne sera pas non plus envisagé le rôle assez classique en la matière que jouent les corps de contrôle comme l'Inspection Générale

février 2017, dossier 4 ; du même auteur, « Éthique environnementale et droit des sociétés », https://www.cairn.info/revue-internationale-de-droit-economique-2021-3-page-55.htm

[60] Abdoulaye Sakho, « Les attentes en matière de mission légale de commissariat aux comptes », *Revue sénégalaise de droit des affaires*, RSDA 5-8, pp. 93-112, 2006.

[61] Voir Abdoulaye Sakho, « Les groupes de sociétés en Afrique », *op. cit.*, n° 388 à 391, pp. 184 et 185. Sur les contrôles, voir Mounetaga Diouf, *Le contentieux sociétaire en droit OHADA*, Sire OHADA éditions, 2021.

d'Etat, la Cour des comptes, le Contrôle financier et l'Autorité de Régulation de la Commande Publique[62].

On va donc limiter l'étude à l'organe délibérant qui est le siège de l'expression des propriétaires de la structure et qui est l'outil de base pour le contrôle de l'activité de l'organe exécutif.

L'organe délibérant assure le contrôle de l'exécutif. Il doit à ce titre être éclairé par l'information que son chef est tenu de donner aux membres. Ce dernier doit aussi satisfaire l'obligation de transparence des activités de la structure en rendant public notamment son système de gouvernement d'entreprise.

[62] Voir les communications de ces corps de contrôle lors de la conférence organisée par la Présidence de la République en Janvier 2025 pour les administrateurs et manager publics. Pour le contrôle financier présentation de madame Marie Gaye Ndiaye, « La gouvernance des entités du secteur parapublic » ; pour la Cour des Comptes, Présentation de monsieur Papa Gallo Lakh, « La reddition des comptes, organisation et fonctionnement de la Cour des Comptes » ; pour l'Inspection Générale d'Etat, présentation de monsieur Lamine Diom, « Bonne gouvernance et contrôle de l'action publique » ; pour l'ARCOP, présentation de Dr Moustapha Djitté, « La commande publique : entre régularité et mperformance ». https://www.presidence.sn/fr/conference-des-administrateurs-et-managers-publics .

Section 1

L'ORGANE DÉLIBÉRANT SUPERVISEUR ET CONTRÔLEUR DES ACTIVITÉS DE L'ORGANE EXÉCUTIF

Pour les entités relevant du droit privé, il y a certes le maintien des attributions traditionnelles du Conseil d'administration, notamment celles relatives à la nomination du directeur exécutif, la fixation de ses rémunérations, la convocation des assemblées générales et la fixation des ordres du jour, de même que le pouvoir d'autorisation pour certaines opérations. Cependant, la réforme de 2014 a innové en introduisant une responsabilité supplémentaire du Conseil dans la définition des orientations stratégiques et le contrôle du fonctionnement général de l'entreprise.

Dans le droit commun des sociétés commerciales, la mission du Conseil est aujourd'hui précisée par les alinéas 2 et 3 de l'article 435 de l'Acte uniforme en ces termes :

« Le conseil d'administration détermine les orientations de l'activité de la société et veille à leur mise en œuvre. Sous réserve des pouvoirs expressément attribués aux assemblées d'actionnaires et dans la limite de l'objet social, il se saisit de toute question intéressant la bonne marche de la société et règle par ses délibérations. les affaires qui la concernent.

Le conseil d'administration procède aux contrôles et vérifications qu'il juge opportuns. »

Dans le droit spécial des établissements bancaires et financiers, « l'organe délibérant définit et approuve la stratégie globale de l'établissement, son cadre général de gouvernance, sa culture d'entreprise ainsi que ses principes et ses valeurs… » (article 6, al. 1 de la circulaire n° 01-2017/cb/c relative à la gouvernance des établissements de crédit et des compagnies financières de l'UMOA).

Concernant les organismes publics que sont des personnes morales de droit public :

- L'article 21 de la loi d'orientation liste, comme un relevé de tâches à effectuer, une série d'attributions qui donne à l'organe délibérant (Conseil de surveillance ou Conseil d'administration) des compétences dans la définition des grandes orientations stratégiques et dans le contrôle de sa mise en œuvre.

- L'article 28 de la loi d'orientation permet à l'organe délibérant d'étendre ses compétences au-delà de ses missions d'administration générale et de prise de position sur les opérations importantes, pour investir l'encadrement de la direction exécutive dans la mise en œuvre de ses propres délibérations et décisions.

On remarque ainsi que les missions générales de l'organe délibérant sont les mêmes, qu'on soit dans le public ou dans le privé : superviser et contrôler l'organe exécutif.

Paragraphe 1 : L'organe délibérant et l'orientation stratégique

A- Dans le secteur privé : article 435 de l'Acte uniforme

Pour superviser, encore faut-il savoir quelle est l'orientation globale de la société.

La première phrase de l'article 435 définit le rôle du Conseil dans la stratégie de l'entreprise : « Le conseil d'administration détermine les orientations de l'activité de la société et veille à leur mise en œuvre. »

Sans être dans la « définition » de la stratégie avec des objectifs détaillés, ce qui relèverait plutôt du rôle de la Direction générale, le Conseil d'administration participe à contribuer, en concertation avec les « propriétaires » de l'entreprise, aux grandes « orientations ».

C'est ce qui lui permet d'exprimer son rôle de supervision et, ainsi, de vérifier si les activités de la société sont conformes aux orientations que ledit propriétaire (État ou actionnaires) veut imprimer à son entreprise.

Le droit bancaire traduit très bien cette fonction lorsqu'il décide, dans l'article 10 de la circulaire n° 01-2017/cb/c relative à la gouvernance des établissements de crédit et des compagnies financières de l'UMOA, que l'organe délibérant « assume la responsabilité ultime de la solidité financière de l'établissement et de sa conformité aux dispositions légales et réglementaires régissant ses activités ; qu'il doit s'impliquer de manière effective dans les activités de l'établissement, conformément à ses attributions légales, réglementaires et statutaires et ; qu'il est tenu à cet effet, de s'informer des changements importants découlant de l'environnement économique ou opérationnel de l'établissement et d'agir en temps opportun pour protéger les intérêts à long terme de l'établissement ».

La notion d'orientation stratégique est variable d'une entreprise à une autre et dépend généralement d'un ensemble de facteurs, notamment le contexte dans lequel évolue l'entreprise, son marché, sa taille, son histoire, son projet d'avenir…

Les analystes citent certaines opérations susceptibles d'impacter de manière significative la situation de l'entreprise : certaines acquisitions, fusions ou cessions qui placent la société en dehors de la stratégie adoptée, ou bien les modalités d'exercice de l'activité qui peuvent entrainer des modifications dans l'organisation de la société.

La préconisation du mouvement du gouvernement d'entreprise recommandant de constituer un comité de stratégie auprès du Conseil, une recommandation forte du gouvernement d'entreprise peut se révéler fort utile ici.

B- Dans le secteur parapublic : article 21 de la loi 2022-08

Il s'agit d'une exigence forte assez bien prise en charge par la loi 2022-08. En effet, son article 21 donne à l'organe délibérant le pouvoir de statuer sur tout ce qui est stratégique pour l'entité (le plan stratégique de développement, le programme pluriannuel d'actions et d'investissements, le contrat de performance ou contrat d'objectifs et de moyens, les plans de restructuration ou de redressement…). Et son article 41 précise que :

« Les entités du secteur parapublic se dotent d'un plan stratégique de développement et d'un contrat de performance ou contrat d'objectifs et de moyens dont les modalités d'élaboration, de validation, d'exécution et d'évaluation sont fixées par décret.

Les organes délibérants évaluent, périodiquement, ces documents pour les adapter aux politiques publiques définies. »

Finalement, on peut remarquer qu'aussi bien pour le privé que pour le public, l'organe délibérant joue un rôle important dans la stratégie de l'entité et qu'en principe, une évaluation périodique de la stratégie est de sa compétence exclusive tandis que l'élaboration, la validation, l'exécution et l'évaluation ne sont pas expressément visées par la loi comme relevant de son ressort.

Il est plutôt dit dans la loi d'orientation que ce sont des tâches dont les modalités doivent être fixées par décret.

À notre avis, même si le décret confie à une structure de l'État central le soin, en aval, de valider le plan stratégique et le contrat de performance, l'organe délibérant sera toujours en amont du travail dans le cadre de l'élaboration, de l'adoption en interne du plan stratégique avant sa présentation à l'éventuel organe de validation. Concernant l'exécution de la stratégie, cela relève tout naturellement des missions de la Direction exécutive sous le contrôle bien évidemment de l'organe délibérant.

Paragraphe 2. Le Conseil d'administration et le contrôle de l'activité de la direction exécutive de la société

Il est essentiel de permettre à l'organe délibérant de remplir correctement sa fonction de contrôle de l'activité de la direction exécutive. C'est en effet à ce premier nommé que revient le soin de :

- veiller à ce que ses propres délibérations ne soient pas lettre morte aux yeux de l'organe exécutif ;
- superviser la gestion des activités de l'établissement effectuée par l'organe exécutif.

À ce propos, le droit commun des sociétés commerciales issu de l'Acte uniforme l'autorise à :

- « se saisir de toute question intéressant la bonne marche de la société et de régler par ses délibérations les affaires qui la concernent » ;
- « procéder aux vérifications et contrôles qu'il juge opportuns ».

Ce n'est pas donc pas une simple mission d'administration générale qui pèse sur l'organe délibérant, mais plutôt un véritable travail d'encadrement et de vigilance, pour ne pas dire de veille permanente sur la direction exécutive, en vue de s'assurer de l'application de ses propres délibérations et décisions par cette dernière.

De fait, il s'agit d'une vraie mission de contrôle que les préconisations du mouvement de la *corporate governance* ont permis d'introduire en réglementation malgré le fait que les défauts de surveillance, par les administrateurs, de l'activité de la Direction exécutive soient assez régulièrement sanctionnés par les juridictions.

Ces préconisations se sont retrouvées en bonne place dans l'Acte uniforme sur le droit des sociétés (article 435), dans la circulaire Gouvernance de la Commission bancaire qui oblige l'organe délibérant « à s'assurer que l'organe exécutif agit conformément à la stratégie et aux politiques qu'il a définies et approuvées », et dans la loi n° 2022-08 sur le secteur parapublic qui, dans l'alinéa 9 de l'article 28, dispose expressément :

« L'organe délibérant veille à l'application des décisions ou délibérations par le chef de l'organe exécutif et en assure le suivi. »

Section 2

LES CONDITIONS D'EXERCICE D'UN CONTRÔLE EFFICACE PAR L'ORGANE DÉLIBÉRANT

Pour l'efficacité d'un système de contrôle, il faut des moyens adéquats. Le mouvement du gouvernement d'entreprise préconise un renforcement de l'organe délibérant dans sa composition, qui doit être caractérisée par la diversité (représentant des salariés, administrateurs indépendants), ses moyens de compréhension des questions soumises (comités spécialisés, information des administrateurs avec un rôle primordial dévolu au président), le comportement éthique des membres (conflits d'intérêts, dissociation des fonctions de président de l'organe délibérant et de directeur dudit organe, loyauté, diligence…).

De fait, pour un contrôle efficace des activités de la direction exécutive, il faut un organe délibérant inclusif, éclairé et intègre.

Paragraphe 1. Un organe délibérant inclusif

La composition de l'organe délibérant n'est pas entièrement laissée à la libre appréciation des « propriétaires » de l'entité. Dans les structures privées comme publiques, une bonne partie du statut des membres est fixée dans les textes de base que sont l'Acte uniforme sur les sociétés commerciales et la loi 2022-08.

Dans le passé, les indications sur le choix des personnes n'étaient pas très souvent formulées dans la réglementation. Ce sont les préconisations du gouvernement d'entreprise qui sont venues combler cet écart. S'appuyant sur le constat que l'organisation de l'entreprise est une valeur au même titre que le produit mis sur le marché, le gouvernement d'entreprise a rendu prégnante l'idée que la première qualité d'un conseil d'administration se trouve dans sa composition, qui doit lui permettre, dans la conformité à l'orientation de l'entité, de bien remplir sa mission de contrôle de l'organe exécutif. En effet, la mise en place d'une organisation spécifique permet à l'entreprise de se différencier de ses concurrents en créant ainsi un avantage concurrentiel. De fait, l'organisation devient une valeur au même titre que les biens incorporels attractifs de clientèle et d'investissement externes que sont la notoriété d'une marque et le savoir-faire, ou *know-how*.

C'est ce qui est traduit de manière non équivoque dans le droit bancaire :

« L'organe délibérant doit être composé, de manière équilibrée, de membres dotés de compétences et d'expériences complémentaires dans les domaines d'intérêts de l'établissement » (article 10, al. 1 de la circulaire n° 01-2017/cb/c relative à la gouvernance des établissements de crédit et des compagnies financières de l'UMOA).

Sur cette base, les organes délibérants peuvent recevoir des membres dits indépendants, des salariés et des représentants des autres parties prenantes de l'entité en vue de prendre en considération les préoccupations économiques et sociales du moment (parité, environnement, transparence…).

En ce sens, ils sont incités par le mouvement du gouvernement d'entreprise à la mise en place de comités de sélection pour guider le choix des éventuels membres.

A- Participation des actionnaires minoritaires dans l'organe délibérant

L'article 26 de la loi 2022-08 dispose dans son alinéa premier :

« Le conseil d'administration des sociétés à participation publique majoritaire est composé d'administrateurs qui représentent l'État et des représentants des actionnaires minoritaires. »

B- Participation des salariés dans l'organe délibérant

S'il est reconnu que pour l'exercice d'un contrôle efficace de l'organe exécutif, il faut accueillir les salariés dans l'organe délibérant tout en limitant leur nombre, les réglementations modernes offrent, dans un souci d'inclusion, cette possibilité.

La loi d'orientation n'autorise qu'un seul salarié par entité du secteur parapublic et soumet, par ailleurs, sa désignation à des critères qui doivent être précisés par décret comme le dit l'article 20, alinéas 6 et 7 de la loi 2022-08 qui dispose :

« Au sein de chaque organe délibérant, les salariés de l'entité sont représentés par un administrateur qui bénéficie d'une voix délibérative.

Les critères de compétence des administrateurs représentant le personnel, leur condition de nomination ainsi que les règles d'incompatibilité auxquelles ils sont soumis sont fixés par décret. »

Dans les structures privées, le fait que la qualité d'associé ne soit pas une condition pour entrer dans l'organe délibérant a ouvert la porte à la possibilité de désignation de personnes extérieures au capital, dont des salariés administrateurs (article 417, al. 1) :

« Les statuts peuvent imposer que chaque administrateur soit propriétaire d'un nombre d'actions de la société qu'ils déterminent. Cette disposition ne s'applique pas dans le cas des salariés nommés administrateurs. »

Ainsi, dans le privé, l'article 426 de l'Acte uniforme sur les sociétés prévoit que « sauf clause contraire des statuts, un salarié de la société peut être nommé administrateur si son contrat de travail correspond à un emploi effectif ».

C- Participation de personnes indépendantes dans les organes délibérants

Dans la même veine, une très forte recommandation du gouvernement d'entreprise consiste à inclure des « indépendants » dans les organes délibérants. Elle a toujours fait l'objet de débats avec des controverses sur les critères de l'indépendance ou sur leur nombre optimal, ou encore sur le rôle exact attendu d'eux.

Mais plus qu'une simple préconisation, elle est aujourd'hui consacrée par le droit positif de la gouvernance d'entreprise à l'image du droit bancaire qui retient qu'est « administrateur indépendant : un administrateur qui n'entretient aucune relation de quelque nature que ce soit avec l'établissement ou son groupe, susceptible d'altérer son indépendance de jugement ou de le placer dans une situation de conflit d'intérêts apparent ou potentiel ».

Concernant leur nombre, le même droit bancaire le fixe au tiers du nombre total de membres :

« Pour renforcer l'impartialité et l'objectivité de ses décisions, le tiers des membres de l'organe délibérant doit être composé d'administrateurs indépendants » (article 10 in fine de la circulaire n° 01-2017/cb/c relative à la gouvernance des établissements de crédit et des compagnies financières de l'UMOA).

Dans les structures publiques, il est expressément prévu une possibilité d'inclure des membres indépendants dans l'organe délibérant avec un nombre qui ne peut excéder le tiers des membres en fonction. Ce constat résulte de la lecture de l'article 20, al. 1, qui dispose :

« À l'exception des établissements publics d'enseignement supérieur dont le nombre d'administrateurs est fixé par la loi sur les Universités, l'organe délibérant comprend, au plus, douze membres y compris les administrateurs indépendants dont le nombre ne peut excéder le tiers des membres. »

Paragraphe 2. Un organe délibérant éclairé

Contrairement à l'organe exécutif, l'organe délibérant ne travaille pas de manière continue. Il siège lors de réunions dans lesquelles il prend, par ses délibérations, les décisions relevant de ses compétences.

En tant qu'organe en charge de la supervision et du contrôle des activités de l'organe exécutif, il lui faut des moyens pour se prononcer en connaissance de cause et éviter de tomber sous le coup des responsabilités qui pèsent sur l'organe et ses membres.

En ce sens, la réglementation consolide le droit à l'information des membres de l'organe délibérant et, suite aux préconisations du mouvement du gouvernement d'entreprise, autorise la création de comités permanents auprès de l'organe délibérant en vue de l'aider dans ses prises de décision.

A- Information des administrateurs

Dans le droit commun de la société anonyme, puisqu'il appartient au président du Conseil de veiller à ce que l'organe délibérant assume le contrôle de la gestion confiée au directeur général, l'information des administrateurs pèsera sur lui à titre principal. L'article 435 prévoit expressément qu'il « est tenu de communiquer à chaque administrateur tous les documents et informations nécessaires à l'accomplissement de sa mission ».

D'ailleurs, le président lui-même disposant ès qualités de sa propre mission de contrôle qu'il peut exercer à toute époque de l'année, l'Acte uniforme (article 480, al. 2 in fine) l'oblige à communiquer aux membres du Conseil toutes les informations et les documents obtenus à l'occasion.

B- Comités spécialisés du Conseil

Dans le droit des sociétés, l'Acte uniforme autorise la « création par le conseil d'administration de comités composés d'administrateurs chargés d'étudier les questions que lui-même ou son président soumet, pour avis, à leur examen… ». Ces comités sont subordonnés au Conseil et ne sont composés que d'administrateurs même s'ils peuvent recueillir l'avis d'experts non administrateurs.

Dans le droit bancaire, il est aussi prévu que l'organe délibérant puisse déléguer certains de ses pouvoirs et compétences à des comités spécialisés.

Toutefois, cette délégation de pouvoirs ou l'externalisation de certaines activités de l'établissement ne doit nullement exonérer l'organe délibérant de ses obligations (article 9, circulaire n° 01-2017/cb/c relative à la gouvernance des établissements de crédit et des compagnies financières de l'UMOA).

Le droit du secteur parapublic n'est pas en reste, qui dispose dans l'article 30 de la loi d'orientation que « l'organe délibérant met en place des comités spécialisés chargés de l'éclairer, à titre consultatif, en matière d'audit et de rémunération et qu'en fonction des besoins spécifiques, l'organe délibérant peut créer d'autres comités spécialisés ».

En fin de compte, avec l'obligation d'information dont est débiteur le président au profit des administrateurs et la possibilité de s'appuyer sur les avis des comités spécialisés, le Conseil d'administration parait armé pour exécuter sa mission de supervision et de contrôle des activités de l'organe exécutif.

Paragraphe 3. Un organe délibérant éthique

Face aux limites des normes juridiques, il est fait appel aux normes éthiques et à la conscience individuelle pour un fonctionnement harmonieux entre humains.

A- Éthique et gouvernement d'entreprise

Le mouvement de la *corporate governance* n'a pas échappé à cette tendance lourde de la fin du 20e siècle. Il a été accompagné par une forte revendication en faveur de la moralisation de la vie des affaires.[63] En ce sens, il exige une très forte intégrité des membres des organes reposant sur des

[63] Voir J. Delga, « Éthique, éthique d'entreprise, éthique du gouvernement d'entreprise », *Revue Dalloz*, 1999, parie chronique, p. 397.

valeurs de comportement telles que la loyauté ou la diligence.[64]

En fait, le contenu de la *corporate governance* repose certes sur des principes fondés sur la création de structures additionnelles auprès de l'organe délibérant, mais dans son ADN, on trouve en bonne et due place des principes fondés sur une éthique du comportement des dirigeants.

La *corporate governance* postule une relation de confiance entre les dirigeants et les différentes parties prenantes. En contrepartie de cette confiance, les dirigeants et administrateurs ont un devoir de bien gérer (*duty to manage*) qui comprend une obligation de diligence consistant, pour les dirigeants, à agir avec bonne foi, compétence et attention dans l'exécution de leurs fonctions (*duty to care*) et une obligation de loyauté leur interdisant de créer un conflit d'intérêts personnels avec ceux de la société (*duty of loyalty or duty of fair dealing*).

B- Introduction de l'éthique en réglementation

L'introduction de l'éthique dans la réglementation sur la gouvernance d'entreprise s'opère aujourd'hui dans le but de lui imprimer une marque vertueuse.

Les codes d'éthique, de déontologie, de conduite ou de gouvernance sont devenus le moyen privilégié des

---

[64] D'où la naissance ou l'apparition des documents intitulés **« Charte de l'administrateur »**. Voir celui de l'ISA reproduit en annexe de cet ouvrage.

entreprises soucieuses de moraliser ou de normaliser leurs pratiques professionnelles.

Dans le système OHADA, l'Acte uniforme sur le droit des sociétés a depuis longtemps ouvert la porte à la prise en compte de l'éthique dans le fonctionnement des sociétés. On sait que les infractions pénales des dirigeants ont un soubassement moral, voire éthique. Il en est ainsi pour tout ce qui est poursuite par un dirigeant de son intérêt personnel au détriment de l'intérêt de la société, comme le fameux délit d'abus de biens sociaux[65]. Il en est de même de la réglementation des conventions entre les dirigeants et la société, destinée à limiter le mauvais usage des situations de conflits d'intérêts.

Au Sénégal, outre les documents internes à certaines entreprises, il existe un **Code de gouvernance** initié par l'Institut sénégalais des administrateurs qui fait largement appel à l'éthique. Dans le secteur parapublic, la loi d'orientation contient plusieurs dispositions allant dans le sens d'imposer un comportement éthique, comme l'article 53

[65] Article 891 de l'Acte uniforme relatif aux sociétés commerciales : « Encourent une sanction pénale le gérant de la société à responsabilité limitée, les administrateurs, le président-directeur général, le directeur général, le directeur général adjoint, le président de la société par actions simplifiée, l'administrateur général ou l'administrateur général adjoint qui, de mauvaise foi, font des biens ou du crédit de la société, un usage qu'ils savent contraire à l'intérêt de celle-ci, à des fins personnelles, matérielles ou morales, ou pour favoriser une autre personne morale dans laquelle ils sont intéressés, directement ou indirectement. »

qui vise parmi les cas de carence des dirigeants « l'octroi de primes ou avantages indus ». Dans le même ordre d'idées, elle a institué, par son article 30, des dispositions spécifiques dans le but d'un encadrement éthique de l'activité des dirigeants siégeant dans l'organe délibérant. À leur endroit sont créées, sous peine de révocation pour les membres représentant l'État, une obligation de discrétion et une interdiction de conflit d'intérêts :

« Les administrateurs représentant l'État ainsi que toute personne autorisée à assister aux réunions des organes délibérants des entités du secteur parapublic sont tenus à la discrétion à l'égard des informations présentant un caractère confidentiel ou données comme telles par le président de l'organe délibérant.

Interdiction est faite aux membres des organes délibérants de prendre ou de conserver un intérêt direct ou indirect dans une opération effectuée par la structure pour son compte ou pour un organisme dans lequel celui-ci aurait une participation financière. »

Dans le secteur bancaire, l'article 39 de la circulaire Gouvernance de la Commission bancaire de la BCEAO consacré aux politiques en matière de conflits d'intérêts va dans le même sens en des termes non équivoques :

« Les membres des organes de gouvernance doivent éviter de se placer dans une situation susceptible d'engendrer des conflits d'intérêts.

L'organe délibérant doit s'assurer que l'organe exécutif élabore et met en place une politique ainsi que des procédures visant à détecter les conflits d'intérêts apparents et potentiels et, lorsqu'ils ne peuvent être prévenus, à les gérer de manière appropriée. Il doit également se doter d'un processus de contrôle de la conformité avec cette politique. »

Par l'exigence de la mise en place en interne d'un processus de contrôle de la conformité avec la politique de conflit d'intérêts, la dernière phrase de cet article fait appel au droit de la compliance.

Section 3

L'ORGANE DÉLIBÉRANT ET L'OBLIGATION DE TRANSPARENCE SUR LA GOUVERNANCE

La transparence est un concept qui a toujours été au cœur des principales revendications relatives au fonctionnement des entreprises, en particulier des sociétés par actions.[66] En pleine mutation, ses évolutions semblent encore en cours. La transparence concerne progressivement les obligations non financières.

À l'origine cantonnée à l'information imposée par le droit des sociétés en faveur des actionnaires et autres parties prenantes, la transparence a vu son assiette s'élargir avec

---

[66] Yves de Cordt, Gaëtane Schaeken Willemaers, *La transparence en droit des sociétés et en droit financier*, Éditions Larcier, Bruxelles, 2008.

l'obligation d'information qui pèse sur les émetteurs de titres en faveur des investisseurs dans les marchés financiers.

Aujourd'hui, l'objet de l'obligation de transparence va plus loin. Il porte sur les aspects non financiers du fonctionnement de l'entreprise, en particulier la gouvernance de l'entreprise. Ce qui permet de considérer que, dans le droit positif sénégalais, cet aspect de la transparence consistant à rendre publiques les pratiques de gouvernement d'entreprise est en passe de devenir une exigence commune à toutes les entreprises, celles du privé et comme celles du secteur parapublic. Bien que le commissaire aux comptes soit tenu dans les entités du secteur parapublic de produire un rapport sur la gouvernance, le débiteur de cette obligation de transparence est, à titre principal, le président de l'organe délibérant qui doit exposer dans un rapport spécial les pratiques de gouvernance de son entreprise. C'est cet aspect de l'obligation de transparence, résultant de l'influence directe du mouvement de la *corporate governance*, qui retiendra l'attention dans les développements qui suivent.

Voyons quelques-unes des sources de ce compte rendu non financier avant d'examiner son contenu.

Paragraphe 1. Sources du rapport du président relatif à l'obligation de transparence sur la gouvernance d'entreprise

Pour confirmer qu'il s'agit bien d'une obligation fondamentale du gouvernement d'entreprise qui est en voie de généralisation, on peut noter qu'on la retrouve, expressément formulée en législation, dans le droit OHADA des sociétés faisant appel public à l'épargne, dans les réglementations particulières comme le droit bancaire et financier, le droit des assurances de la CIMA et dans la loi d'orientation 2022-08 sur le secteur parapublic.

A- Son siège dans le droit OHADA est l'article 831-2 de l'Acte uniforme sur le droit des sociétés

Dans un rapport approuvé par le Conseil d'administration, joint à ceux du commissaire aux comptes et du Conseil d'administration (article 525, 2°) à l'assemblée générale et, le cas échéant, à celui du Conseil d'administration rendant compte à l'assemblée annuelle de l'état de la participation des salariés au capital social au dernier jour de l'exercice (article 547-1), le président du Conseil d'administration doit informer le public sur les pratiques de gouvernance de l'entreprise notamment.

B- Son siège dans le droit bancaire UMOA est l'article 47 de la circulaire n° 01-2017/CB/C relative à la gouvernance des établissements de crédit et des compagnies financières de l'UMOA

« Les organes de gouvernance doivent assurer la diffusion en temps opportun d'informations exactes sur tous les sujets significatifs concernant l'établissement, notamment son actionnariat et sa gouvernance

Les actionnaires, les déposants, les investisseurs ainsi que les autres parties prenantes doivent disposer de toutes les informations pertinentes et utiles qui leur permettent d'évaluer l'efficacité avec laquelle les organes de gouvernance administrent et gèrent l'établissement. »

C- Dans le droit des assurances, le siège de cette obligation de transparence est dans le Code CIMA qui contient toute une section consacrée à la gouvernance et au contrôle interne des sociétés assujetties (articles 331-14 à 331-18)

L'article 333-16 prévoit un rapport approuvé par le CA, au moins annuellement, et transmis au ministre en charge du secteur des Assurances dans l'État membre et à la Commission régionale de contrôle des assurances. Dans ce rapport on doit retrouver, outre les conditions du contrôle interne, tous les éléments relatifs à la gouvernance et au fonctionnement de l'organe délibérant, notamment les conditions de préparation et d'organisation des travaux du Conseil d'administration, le taux de présence des administrateurs lors des réunions, les indemnités de session des administrateurs, les rémunérations exceptionnelles et avantages en nature accordés à certains administrateurs et, le cas échéant, les limitations apportées par le Conseil d'administration aux pouvoirs du directeur général dans l'exercice de ses fonctions.

On doit également retrouver dans ledit rapport des informations sur le cumul des mandats d'administrateurs, notamment l'appartenance des administrateurs aux conseils d'administration d'autres sociétés en précisant ces sociétés.

D- Dans le droit du secteur parapublic, c'est l'alinéa 11 de l'article 28 de la loi 2022-08

Ce texte autorise l'organe délibérant à statuer « sur le rapport annuel de son président relatif à la mise en œuvre du Code de gouvernance des entreprises dans les entités du secteur parapublic et sur le rapport annuel de gouvernance établi par le commissaire aux comptes ». Il y a donc ici explicitement formulé un rapport sur la gouvernance que le commissaire aux comptes doit établir (alinéa 4 de l'article 56 de la loi 2022-08).

Paragraphe 2. Contenu du rapport sur l'obligation de transparence (objet de la transparence) : rendre publiques les pratiques de l'organe délibérant

A- La règle du « *comply or explain* »

Pour donner confiance à l'investisseur professionnel dans les marchés financiers, le mouvement du gouvernement d'entreprise préconise l'information sur les pratiques de gouvernance de l'entreprise. En ce sens, il recommande l'application du principe « *comply or explain* » consistant, pour l'entreprise, à informer sur le Code de gouvernance de référence qu'elle choisit pour mener ses activités.

Aujourd'hui, l'habitude est désormais bien ancrée d'élaborer des codes de gouvernement d'entreprise en vue de soumettre les acteurs économiques d'une même place financière aux mêmes normes de gouvernance.

Dans notre pays, l'Institut sénégalais des administrateurs a élaboré un code datant de décembre 2011. Bien après, la BRVM, au niveau UEMOA, s'est également dotée d'un Code de gouvernance validé par son CA en octobre 2020.

Globalement, et en s'appuyant sur le Code de la place de Dakar, le contenu traite du rôle et des missions du Conseil, de sa composition, de son fonctionnement et de ses relations tant avec les actionnaires qu'avec la Direction générale et les autres parties prenantes. Il insiste sur l'engagement que prennent les administrateurs à exercer leur rôle, en particulier en étant vigilants, disponibles et loyaux à l'entreprise. Il rappelle que chaque Conseil organise son fonctionnement selon le mandat qui lui est confié par les actionnaires et la charge de travail correspondante. Il précise les bonnes pratiques, notamment sur le fonctionnement du Conseil, la création du comité d'audit, d'autres comités, la définition des domaines réservés au Conseil, la formation des administrateurs, et l'évaluation de son fonctionnement. Enfin, il rappelle que le Conseil doit rendre compte de l'exercice de son mandat aux actionnaires avec pertinence et transparence, clés de la confiance indispensable entre les différents acteurs de la gouvernance pour que l'entreprise soit performante et pérenne.

Dans l'hypothèse où une société s'est volontairement référée à un code de gouvernement d'entreprise, le rapport doit préciser l'ensemble des préconisations de ce code qu'elle entend appliquer, de même que celles qu'elle ne compte pas appliquer, en expliquant pourquoi elle les écarte.

Dans l'hypothèse où elle ne se réfère pas à un tel code de gouvernement d'entreprise, le rapport du président doit indiquer les règles retenues en complément des exigences requises par la loi et expliquer les raisons pour lesquelles la société a décidé de n'appliquer aucune disposition du code de gouvernement d'entreprise.

B- Les points d'attention dans le rapport du président de l'organe délibérant (combinaison des articles 831-1 et 831-2)

Le rapport du président de l'organe délibérant, outre les indications sur le code de référence, doit aussi informer sur plusieurs points particuliers que nous allons lister :

- la composition du Conseil ;
- les conditions de préparation et d'organisation des travaux du Conseil ;
- les procédures de contrôle interne et de gestion des risques mises en place par la société, en détaillant notamment celles qui sont relatives à l'élaboration et au traitement de l'information comptable et financière pour les comptes sociaux et, le cas échéant, pour les comptes consolidés ;

- les éventuelles limitations que le Conseil d'administration apporte aux pouvoirs du directeur général ;

- les modalités particulières relatives à la participation des actionnaires à l'assemblée générale ou un renvoi aux clauses des statuts qui prévoient ces modalités ;

- les principes et les règles arrêtés par le Conseil d'administration pour déterminer les rémunérations et avantages de toute nature accordés aux mandataires sociaux ;

- la rémunération totale et les avantages de toute nature versés, durant l'exercice, à chaque mandataire social, y compris sous forme d'attribution de titres de capital, de titres de créances ou de titres donnant accès au capital ou donnant droit à l'attribution de titres de créances ;

- le montant des rémunérations et des avantages de toute nature que chacun de ces mandataires a reçus durant l'exercice ;

- la description, en les distinguant, des éléments fixes, variables et exceptionnels composant ces rémunérations et avantages ainsi que les critères en application desquels ils ont été calculés ou les circonstances en vertu desquelles ils ont été établis ;

- sous peine de nullité de versements effectués, sauf pour ceux de bonne foi, les engagements de toutes natures, en précisant leurs modalités de détermination, pris par la société au bénéfice de ses mandataires sociaux, correspondant à des éléments de rémunération, à des indemnités ou à des avantages dus ou susceptibles d'être dus à raison de la prise, de la cessation ou du changement de ces fonctions ou postérieurement à celles-ci ;
- la liste de l'ensemble des mandats et fonctions exercés dans toute société par chacun de ces mandataires durant l'exercice.

CHAPITRE 2

L'APPORT DE LA COMPLIANCE FAIRE PARTICIPER L'AGENT ÉCONOMIQUE À SON PROPRE CONTRÔLE GRÂCE AUX OBLIGATIONS DE COMPLIANCE

D'origine anglo-américaine, la compliance se présente comme un système achevé de normes et procédures destinées à assurer le respect volontaire par les agents économiques de la conformité de leurs activités au droit et à l'éthique.[67]

La compliance fait de l'agent économique l'acteur principal de son propre contrôle relativement aux questions liées à la gouvernance. De ce point de vue, elle peut certainement contribuer à l'amélioration de la fonction de contrôle dans les entreprises de notre pays. Mais cela suppose une bonne compréhension de la logique qu'elle charrie, car elle repose sur une cohérence qui lui est propre. En effet, une bonne application de la compliance nécessite de ne surtout pas

---

[67] Sur la compliance, V. l'importante et impressionnante production intellectuelle de Marie-Anne Frison-Roche qui a beaucoup inspiré ce chapitre : www.thejournalofregulation.com ; spécialement sur les origines de la compliance, M.-A. Frison-Roche, « Du droit de la régulation au droit de la compliance », *in* M.-A. Frison-Roche (dir.), *Régulation, supervision, compliance*, Série *Régulations*, Dalloz, 2017, pp. 1-14.

l'appréhender avec les yeux de la culture juridique française dans laquelle la fonction de contrôle est essentiellement une simple vérification de la conformité des comportements avec le droit préexistant.[68]

C'est tout l'opposé de la compliance qui milite pour prévenir le risque d'infraction et va même jusqu'à exiger l'aménagement d'un « milieu au sein de l'entreprise » en vue de faire diminuer le risque de non-conformité aux règles en question. Pour cette raison, la compliance devient un atout supplémentaire pour l'efficacité du contrôle sur la gouvernance d'entreprise jusqu'à présent essentiellement orientée vers l'*ex post,* notamment la sanction des acteurs en défaut de régularité.

Aujourd'hui, pour une efficacité maximale, le contrôle sur la gouvernance doit muer vers l'intégration des outils de la

[68]Marie-Anne Frison-Roche soutient que la compliance est bien plus qu'une simple conformité aux règles. La compliance implique un ensemble de principes, de règles et de mécanismes qui prennent leur sens et sont interprétés par les régulateurs et les juges au regard de buts plus vastes, tels que la lutte contre la corruption ou la protection des données. La conformité, en revanche, se limite à l'obéissance à la réglementation sans se poser de question sur son sens ou son objectif. Voir, Dictionnaire bilingue du Droit de la Régulation et de la Compliance, https://mafr.fr/fr/article/compliance-conformite/ ; Adde, Abdoulaye Sakho, « La compliance, un nouvel outil pour la fonction contrôle », Guest Editorial Journal *Le Témoin*, 4 septembre 2018 ; https://www.seneplus.com/opinions/la-compliance-nouvel-outil-pour-la-fonction-controle.

compliance et se focaliser, à titre principal, sur l'*ex ante.*[69] Une telle évolution, accompagnée par la diffusion d'une véritable culture de la compliance dans l'entreprise, permettra un contrôle s'exerçant non pas uniquement sur la violation de la norme, mais aussi et surtout sur l'effectivité des instruments et outils de compliance élaborés par l'entreprise. On est ainsi face à un changement de rôle pour tous les préposés au contrôle de la gouvernance et de l'activité de l'entreprise[70].

Aujourd'hui, les préoccupations liées à la compliance sont devenues partie intégrante du droit des activités économiques au Sénégal. La compliance est de droit positif : on trouve ses marques aussi bien dans le droit privé des sociétés issu du système OHADA que dans la loi issue de notre système juridique interne qui réglemente les entités du secteur parapublic. Par ailleurs, les réglementations spéciales inspirées du système juridique international et intégrées dans notre droit interne comportent toutes des obligations de compliance (banque, assurance, blanchiment et financement du terrorisme). Avant d'en parler (section 2), il faudra exposer la méthodologie très pragmatique de la compliance à travers ses techniques, outils et procédures qui permettent

[69] M.-A. Frison-Roche, « La responsabilité ex ante, pilier du droit de la compliance », D.2022, chronique *MAFR —Droit de la Compliance,* Recueil Dalloz, 2022, pp. 621-624.

[70] V. en droit de l'environnement, « Le droit international de l'environnement : la difficile responsabilité des États », https://www.actu-juridique.fr/administratif/le-droit-international-de-lenvironnement-la-difficile-responsabilite-des-etats/

l'internalisation par l'entreprise, en son sein et à ses frais, de son propre contrôle et qui contribuent ainsi à faire de la compliance un nouvel outil pour la fonction contrôle (section 1).

Section 1

LA COMPLIANCE : UN NOUVEL INSTRUMENT POUR LA FONCTION CONTRÔLE DANS L'ENTREPRISE

Très pragmatique, la compliance est caractérisée par les techniques qu'elle met en œuvre pour obtenir le résultat escompté : l'internalisation, par l'entreprise, de son propre contrôle. Elle fait certes appel à plusieurs disciplines juridiques, mais au regard de ses finalités, il convient de ne pas trop s'attarder sur cette pluridisciplinarité et de mettre l'accent sur les différents moyens permettant d'assurer le respect, par l'agent économique, de l'engagement de ne pas violer la norme qui lui est applicable.

La compliance permet en effet à l'entreprise de mettre en œuvre des stratégies ciblées destinées, en interne, à prévenir, voire à juguler les risques de manquements susceptibles de l'entrainer dans des contentieux généralement très coûteux et souvent nuisibles à son image.

Ce sont donc les techniques qui définissent le mieux la compliance ; comme l'écrivait un auteur au début des réflexions sur ce concept, c'est un « ensemble de techniques, juridiques et de gestion, dont la mise en œuvre est imposée aux entreprises (...) dans le but de contrôler l'application effective des règles juridiques et éthiques qui leur sont applicables et de diminuer le risque de violation de ces règles »[71].

C'est en effet dans les techniques de droit comme de gestion imposées aux entreprises que se trouve toute l'originalité de la compliance qui exige de ces entreprises la mise en œuvre d'un processus incluant divers outils pour garantir l'application effective des règles de droit qui leur sont applicables.

Ainsi, ces entreprises deviennent à la fois objets et actrices du contrôle.

Mais, avant d'exposer les **techniques** et la **stratégie de gestion** sur lesquelles repose la compliance, quelques mots sur l'**élargissement** de son champ d'application à toutes les catégories d'entreprises seront utiles pour une meilleure compréhension de sa réception par le droit positif sénégalais.

Paragraphe 1. Extension du champ d'application de la compliance

Au départ, la compliance s'adressait aux grandes entreprises de niveau mondial dans l'objectif de la concrétisation des

---

[71] A. Gaudemet, Conclusion, in Nicolas Borga, Jean-Claude Marin et Jean-Christophe Roda (dir.), *Compliance : l'entreprise, le régulateur et le juge*, *op. cit.*

buts monumentaux que poursuit l'humanité, notamment faire progresser le respect des droits humains, la lutte contre les agressions au climat, la fraude fiscale, la corruption et le financement du terrorisme.

Aujourd'hui, puisqu'il s'agit d'appliquer une méthode d'approche qui repose sur l'idée « d'anticiper l'avenir proche, dans ce qu'il ne faut pas qu'il soit et dans ce qu'il devrait être », la généralisation de la compliance aux entreprises de toutes dimensions est effectivement devenue réalité dans le quotidien d'entreprises de toutes sortes, de toutes dimensions et dans tous les secteurs d'activité.

A- Au commencement : une nouvelle méthode de régulation des activités mondialisées

Plus personne ne conteste aujourd'hui les difficultés des États, dépassés par des acteurs économiques qui évoluent dans cet espace dépourvu de frontières qu'est le « village planétaire ». Les soumettre au droit devenait presque impossible.

Pour éviter que ces entreprises s'affranchissent définitivement des règles de droit, il y a eu quelques réactions consistant en des tentatives d'élaboration d'une réglementation de la mondialisation que certains États, malgré la ratification des textes internationaux pris pour la circonstance, mettaient une mauvaise volonté notoire à appliquer.

Prenant prétexte du « vouloir vivre en commun », de la nécessité de la pérennisation du genre humain et sur la base de l'affirmation de certaines valeurs morales universelles, la justice des États-Unis d'Amérique, par application extraterritoriale de certaines de ses propres lois, a condamné plusieurs entreprises européennes pour des manquements à des obligations de compliance.

Cette stratégie américaine a certainement facilité l'accélération de la mise en œuvre de moyens juridiques et judiciaires au service de l'humanité dans le cadre d'une stratégie mondiale de lutte contre la corruption, pour la protection de l'environnement ou la défense des droits de l'homme…

Les réglementations issues de cette stratégie sont implémentées sur les cinq continents.[72]

C'est ce processus qui a facilité l'irruption de la compliance dans les droits en Afrique avec, dans certains secteurs d'activité comme la banque et la finance, les mêmes mécanismes que ceux utilisés en Europe ou en Amérique.

C'est cela qui a également facilité, malgré de sérieux obstacles comme le principe de la souveraineté des États, une conjonction réglementaire de dispositions nationales entre les

[72] Un des piliers pour « L'émergence d'une discipline : le droit global », Benoit Frydman, *Working Paper*, n° 2015/6, Centre Perelman de philosophie du droit, www.philodroit.be, Université Libre de Bruxelles ; Adde J.-B. Racine, « Approches de droit global », étude 6, *Journal du Droit International*, 2019.

différents pays qui mettent en œuvre des politiques identiques dans certains domaines (rapprochement entre le Foreign Corrupt Practices Act qui incrimine depuis 1977 la corruption de fonctionnaires ou d'agents publics à l'étranger, le UK Bribery Act entré en vigueur le 1er juillet 2011, et la loi française dite loi Sapin 2).

C'est finalement cela qui a aussi facilité, malgré l'écran de la personnalité juridique, le fait que même les nébuleuses juridiques que constituent les groupes de sociétés ne sont plus un obstacle dans la mise en cause du « décideur », car pour s'imposer, la réglementation se focalise sur la tête de la société mère du groupe. En effet, grâce à la compliance, on assiste à l'émergence d'un devoir général de vigilance à la charge de toute structure économique et en particulier de ses dirigeants. Ce devoir de vigilance rend possible la responsabilité de la société tête de file du groupe pour les faits dommageables de la filiale malgré l'indépendance juridique des deux structures.[73]

Au final, ce processus a conduit à une profonde mutation dans notre rapport au droit, car les États, dans l'incapacité de contrôler les activités des grandes entreprises multilocalisées

---

[73] Mustapha Mekki, « Peut-on repenser la responsabilité à l'aune du devoir de vigilance, pointe avancée de la compliance ? », *in* M.-A. Frison-Roche (dir.), *L'obligation de compliance*, Journal of Regulation & Compliance (JoRC) et Dalloz, coll. « Régulations & Compliance », 2024. Irina Parachkévova-Racine, « Mise en place de la vigilance en droit des sociétés », *La Semaine juridique. Entreprise et affaires*, 2023, n° 31-35 (1239).

à travers le monde, les chargent d'assurer elles-mêmes la politique de régulation et de contrôle. Ils demandent à ces mêmes entreprises d'organiser en leur sein un dispositif propre à assurer la transparence et la vigilance en vue de diminuer les risques notamment de violation des normes juridiques et éthiques qui les régissent. Et si une infraction à ces règles survenait, les États se réservent le droit de sanctionner fortement (sanction contre BNP Paribas)[74].

B- Ensuite, du fait qu'elle repose sur une « philosophie nouvelle » consécutive à la montée en puissance de valeurs universelles, la compliance devient généralisable

La finalité de l'entreprise n'étant plus cantonnée à la recherche de bénéfices et à l'accroissement de la valeur actionnariale, il devient aisé de lui assigner d'autres finalités à vocation sociale et éthique.[75] C'est ce qui ouvre la porte à la généralisation des techniques de la compliance au-delà des seules entreprises de niveau mondial et les met ainsi à la disposition de toute structure publique ou privée à vocation

[74] « La BNP paiera une amende de près de 9 milliards de dollars aux États-Unis », Stéphane Lauer, *Le Monde*, publié le 30 juin 2014 à 22 h 51, modifié le 31 mars 2022 à 17 h 22. La banque française, qui a exprimé ses « regrets » pour les « erreurs passées », a accepté de plaider coupable pour avoir violé l'embargo américain sur certains pays. En fait, il s'agissait de la violation de ses obligations de compliance.

[75] Irina Parachkévova-Racine, « Pourquoi l'essor de la gouvernance d'entreprise soutenable est-il inévitable ? », *Revue internationale de droit économique*, 2021/2 t. XXXV, Association internationale de droit économique.

économique, mais soucieuse d'intégrer ces préoccupations sociales et éthiques dans les objectifs de sa gouvernance.

Cette philosophie, dans laquelle les règles éthiques et déontologiques sont légion, est aujourd'hui adoptée par un nombre croissant d'entreprises.

Dans le pays, la plupart des entreprises significatives, y compris les structures du secteur parapublic sénégalais, sont nombreuses à promouvoir une démarche éthique et de gestion des risques qui semble s'inscrire dans une politique globale de compliance et de responsabilité sociétale.[76]

Aujourd'hui, c'est la totalité du système juridique qui est pénétré par la compliance.

Paragraphe 2. Les techniques de la compliance

A- Nécessité d'une vision d'ensemble

Mettre l'accent sur le but poursuivi par la compliance est certainement le meilleur moyen pour une approche unitaire

[76] Ailleurs, et à titre comparatif, la compliance extrafinancière s'est développée à la faveur de l'intervention des législateurs à l'image de la directive n° 2014/34 de l'Union européenne (UE) relative à la publication d'informations non financières et à la diversité et des lois françaises n° 2016-1691 du 9 décembre 2016 (Sapin 2) et n° 2017-399 du 27 mars 2017 instituant un devoir de vigilance des sociétés détentrices du pouvoir de décision dans les groupes de sociétés (sociétés mères ou entreprises donneuses d'ordre).

de la notion malgré la diversité des techniques qu'elle emploie[77].

Dans la logique de la compliance, la démarche est de prévention. L'adage « mieux vaut prévenir que guérir » est tout à fait adapté au but poursuivi par le processus de la compliance. Il est en effet avéré qu'en toute chose, il est préférable de prendre des précautions afin d'éviter les désagréments futurs. D'aucuns considèrent d'ailleurs qu'il est plus facile d'agir en amont pour prévenir la survenance d'un problème que d'attendre qu'il se manifeste pour mener des actions dans le but de trouver des solutions.

Les outils de la compliance sont aujourd'hui, malgré leur grande diversité, appréhendés sous le sceau de leur unité de but : prendre les devants pour éviter les catastrophes, agir avant que cela ne dégénère. Un air de déjà-vu. Ce n'est en réalité pas du tout original pour ceux qui s'intéressent à la régulation et qui savent qu'elle a aussi et surtout pour objectif de prévenir les déséquilibres dans un marché donné (régulation *ex ante*).

Aussi, l'unité des techniques de la compliance réside dans leur nature préventive qui permet de mettre de la cohérence dans l'approche de l'analyste et dans la stratégie de mise en œuvre au sein de l'entreprise en vue du choix de l'outil

[77] Marie Anne Frison Roche, **Pour maîtriser la masse réglementaire de la Compliance, la penser comme un puzzle**, 31 mai 2025, https://www.linkedin.com/pulse/pour-ma%C3%AEtriser-la-masse-r%C3%A9glementaire-de-compliance-marie-anne-xnbye/

adapté aux besoins du moment. Sur le plan fonctionnel, il est possible de regrouper plusieurs de ces techniques dans un document appelé « plan de compliance » ou « programme de conformité ».

B- La diversité des techniques de compliance

À la fois véritable culture et système normatif d'entreprise, et dans la même occurrence, programme volontaire de comportement *ex ante*, la compliance utilise plusieurs mécanismes pour éviter les risques de non-conformité.[78]

Cette diversité n'est point un obstacle. Il est possible d'en avoir, dans un souci didactique, une approche globale, car ces mécanismes, appréhendés sous le nom d'« outils de la compliance », peuvent être regroupés sous deux grandes rubriques. D'une part, les techniques préventives qui se présentent sous la forme d'un programme ou plan de compliance intégrant notamment la cartographie des risques, les audits et les enquêtes internes ainsi que les plans de formation, d'autre part, bien que conservant un lien avec la démarche de prévention, les techniques d'évitement du droit processuel de la répression qui s'en remettent au traditionnel accord de volonté du droit des contrats, avec des formes originales de transaction sans reconnaissance de culpabilité pénale qui permettent de coupler une sanction pécuniaire

[78] « Loi "Sapin 2" et devoir de vigilance : l'entreprise face aux nouveaux défis de la compliance », Xavier Boucobza et Yves-Marie Serinet, professeurs à l'Université Paris-Sud (Paris-Saclay), Recueil Dalloz, 2017, p. 1619.

(non pénale) avec une sanction préventive consistant en l'obligation pour l'entreprise sanctionnée d'élaborer un programme de compliance pour l'avenir.

1- **Les techniques préventives :** le programme de conformité ou de compliance

Un programme de conformité est un outil de gestion de l'entreprise visant à diminuer ses risques de non-conformité avec les règles applicables. Une approche de synthèse permet de voir qu'il se base sur une stratégie bien définie et qu'il contient des normes et des actions.

Le plan repose sur une cohérence propre destinée à garantir le respect par l'entreprise d'un processus intègre dans le déploiement de ses activités. Il est défini comme « l'ensemble des mesures stratégiques, organisationnelles et procédurales visant à établir un comportement éthique et conforme au droit dans l'entreprise ».

En matière de **contenu**, on peut y trouver divers documents.

- *D'abord, dans la perspective de prendre en charge* ***les questions éthiques***

Un code de conduite. Dénommé aussi **charte éthique**, c'est un document qui cristallise l'ensemble du système normatif destiné à la promotion et à la sauvegarde des valeurs éthiques et déontologiques dans l'entreprise. Il décrit les comportements à proscrire (corruption, trafic d'influence, atteinte à l'environnement, hygiène, santé et sécurité des travailleurs, loyauté et concurrence dans les relations commerciales) et prévoit les sanctions à la violation de leur contenu. Il est rédigé par l'entreprise pour refléter ses valeurs, assurer le respect des réglementations applicables par l'ensemble de ses ressources humaines et promouvoir leur conduite éthique. Il arrive qu'il ne serve que comme outil de communication pour l'entreprise du fait qu'il peut ne comporter que des normes sans aucun caractère obligatoire. Mais il garde malgré tout une réelle utilité du fait qu'il peut jouer un rôle pédagogique de rappel des normes obligatoires applicables à l'entreprise. Enfin, il peut aussi servir de véritable de source de droit interne à l'entreprise dès lors qu'il contient des règles non prévues par le droit positif.

- *Puis, **la cartographie des risques***

C'est le document qui résulte de la mise en place d'un système fonctionnel comportant des processus et des actions de prévention et de gestion des risques en fonction des secteurs d'activités et des zones géographiques. Il doit être adopté de force par l'entreprise lorsqu'il s'agit des établissements de crédit (cinq circulaires de 2017 de la Commission bancaire de l'UMOA), d'anti-blanchiment de capitaux et de lutte contre la corruption (loi n° 2024-08 du 14 février 2024 relative à la lutte contre le blanchiment de capitaux, le financement du terrorisme et de la prolifération des armes de destruction massive), de sauvegarde de l'environnement (un plan de vigilance de la nature exigé par la Responsabilité Sociale d'Entreprise —RSE—, qui est devenu partie intégrante des programmes de compliance ou de conformité) et dans les structures du secteur parapublic (article 57 de la loi 2022-08).

L'objectif principal de la cartographie des risques est de permettre aux organes de gouvernance d'avoir des informations précises sur le niveau d'exposition de l'entreprise, de prendre les mesures idoines pour contourner les risques et surtout, de dégager une véritable stratégie de gestion de ces risques en vue de leur maîtrise, et que toutes les parties prenantes doivent s'approprier.

La cartographie des risques est bien un outil central de la compliance. Ce n'est pas une fin en soi, mais elle parait indispensable dans la mise en place d'une culture partagée de la gestion des risques dans l'entreprise.

- *Ensuite, un **dispositif d'alerte** interne*

Ce dispositif est concrétisé par les **« lanceurs d'alerte »** qui disposent de la faculté d'informer qui de droit sur les éventuels comportements non conformes ou attentatoires aux intérêts de la structure, en particulier ceux concernant la corruption.

Les lanceurs d'alerte bénéficient d'une protection dont le premier aspect est l'assurance de la sauvegarde de leur anonymat.

Cela dit, le lanceur d'alerte ne doit pas être animé par l'intention de nuire ou par l'esprit de vengeance. Il doit agir avec bonne foi.

- *Un* ***dispositif de formation***

Ce dispositif est destiné en priorité aux membres du personnel les plus exposés aux risques, notamment de corruption et de trafic d'influence. Mais en général, la formation s'adresse à toutes les lignes de défense de l'entreprise.

En première ligne, les dirigeants, décideurs et membres des organes de gouvernance qui ont la charge des activités de gestion. La deuxième ligne est composée du personnel en charge des activités de compliance (Service compliance et gestion des risques). La troisième ligne de défense est constituée de ceux qui ont la charge de l'audit des activités de l'entreprise (audit interne et contrôle des activités de compliance).

- *Enfin, un dispositif* ***de contrôle et d'évaluation périodique de toutes les mesures***

C'est un dispositif qui regroupe les procédures d'évaluation de toutes les parties prenantes (clients, fournisseurs et intermédiaires).

2- Les techniques procédurales de répression : la transaction pénale sans reconnaissance de culpabilité

Aujourd'hui, la tendance lourde sur le plan mondial, en matière de répression, est de s'éloigner du procès.

À ce propos, la compliance est dans l'air du temps, car elle crée une véritable alternative aux poursuites pénales. Par exemple, sur le modèle des *deferred prosecution agreement*, ou accord de poursuite différée du droit américain, le droit français, par la loi Sapin 2 (9 décembre 2016), a introduit dans le droit pénal et la procédure pénale française **« la convention judiciaire d'intérêt public »**. Il s'agit d'une technique par laquelle le procureur propose au dirigeant de l'entreprise en cause de signer un accord par lequel, sans accepter sa culpabilité, il reconnaît quand même des faits susceptibles de recevoir des qualifications pénales. Pour ces faits, le procureur ne demandera pourtant pas au juge de condamner, mais en échange, l'entreprise doit payer une amende. L'accord doit être validé par le juge judiciaire.

La transaction intervient avant toute mise en œuvre de l'action publique par le procureur qui est maître de l'opportunité des poursuites au pénal. On peut considérer qu'elle est à la fois répressive par le prononcé d'une sanction pécuniaire non pénale homologuée par le juge et préventive par la soumission de l'entreprise sanctionnée à un programme de compliance pour l'avenir.

Pour conclure sur la compliance comme instrument pour la fonction contrôle dans l'entreprise, il est primordial de retenir qu'elle relève aussi de la gestion et de la science des organisations et que sa réussite dépend en grande partie de la mise en place d'une culture de la compliance.

Pour rappel en effet, dans la logique de la compliance, ce qui importe est moins de savoir si les entreprises enfreignent les règles qui s'appliquent à elles que de savoir si elles mettent en œuvre en leur sein un dispositif efficace pour prévenir le risque d'infraction à ces règles. Elle exige donc l'aménagement d'un « milieu au sein de l'entreprise » qui puisse faire diminuer tendanciellement le risque d'infraction aux règles.

On voit ainsi que l'objectif est d'amener les entreprises à assurer elles-mêmes, en leur sein et à leurs frais, le contrôle des règles qui leur sont applicables et à internaliser le contrôle de ces règles, en décrivant les manquements dont elles peuvent faire l'objet, en facilitant l'identification puis la dénonciation de ces manquements et en organisant leur sanction au sein même de l'entreprise.

Mettre en place et dérouler toutes ces tâches implique **une stratégie de diffusion d'une culture et de pratiques de la compliance dans l'entreprise** elle-même, et **cela relève de la gestion,** car c'est un changement de culture dans la manière de gérer. Changement qui passe par de nouvelles logiques portées par les dirigeants et assimilés, par les collaborateurs à tous les niveaux (formation) : c'est une réformation du comportement des acteurs de l'entreprise qui est recherchée. Pour toutes ces raisons, la compliance implique de nouveaux métiers qui ont en charge la gestion et la prévention des risques de tous ordres ainsi que la déontologie et l'éthique.

Section 2

LA COMPLIANCE DANS LE DROIT POSITIF SÉNÉGALAIS

Presque partout dans le monde, l'introduction de préoccupations liées à la compliance dans le système juridique, aussi bien en réglementation que dans les processus judiciaires, s'est réalisée par une contrainte.

Au Sénégal, l'origine de la compliance se trouve dans les textes du droit économique communautaire, en particulier ceux relatifs au système bancaire et financier.

Par la suite, la pratique aidant, il y eut une dissémination et un essaimage des techniques de la compliance à un point tel que même la réglementation purement nationale des activités économiques du secteur public n'a pas pu en faire l'impasse.[79]

---

[79] À titre de comparaison, en France, la compliance est aussi entrée par la contrainte : c'est dans l'objectif de contourner le débordement de la puissance judiciaire américaine résultant de la menace réelle et avérée de l'application extraterritoriale de certaines lois américaines qu'il y a

Aussi, la très importante et très stratégique loi d'orientation du secteur parapublic, en consolidant le processus d'introduction des paramètres relevant du secteur privé dans la gouvernance des structures publiques, **entamée depuis bien avant la loi 90-07,** a également consacré certains des outils de la compliance dans la perspective d'un meilleur contrôle de l'activité des organes de gouvernance des structures du secteur parapublic.

Dans les lignes qui suivent, nous allons d'abord passer en revue les différentes sources du droit qui contiennent des éléments de compliance applicables au Sénégal (paragraphe 1er). Puis, dans un second temps, pour être complet sur le contenu d'un droit sénégalais de la compliance au Sénégal, des indications seront données pour ceux qui veulent mettre en place le système de compliance dans leur entreprise (paragraphe 2).

Paragraphe 1. Les sources du droit de la compliance au Sénégal

Les raisons de l'irruption de la compliance peuvent être considérées comme les sources « réelles » de la compliance par opposition aux sources formelles.

---

d'abord eu une réaction des entreprises qui se sont conformées aux obligations de compliance du droit américain. Par la suite, des textes français spécifiques sont venus réglementer la compliance en droit français.

A- Les sources « réelles »

Au niveau mondial, il fallait trouver des parades aux nombreux défis qui interpellent l'humanité et qui constituaient des risques pour le genre humain. La communauté internationale a réagi par la compliance. Sur le continent africain, il y avait aussi une forte demande de compliance qui se retrouvait ainsi comme la seule alternative ou réponse face à la globalisation de certains risques. Trois éléments peuvent être retenus comme sources « réelles ».

Premier élément, l'internalisation dans notre pays de l'importante production normative inspirée par la lutte contre les comportements déviants (corruption et blanchiment) et les actions pour la préservation de la planète. Le siège de ces normes se trouve dans le système onusien et ses organes de lutte contre la corruption, comme l'Office des Nations unies contre la drogue et le crime (ONUDC), au cœur de la réglementation sur le blanchiment de capitaux et le financement du terrorisme. On le trouve aussi dans les institutions de Bretton Woods, nos « partenaires au développement », essentiellement la Banque mondiale et le Fonds monétaire international, chantre de la « bonne gouvernance » considérée comme incompatible avec les pratiques de corruption et de blanchiment d'argent. Il est également dans le dispositif de lutte pour le climat.

Deuxième élément, cette production normative que nous avons internalisée provient aussi, mais de manière beaucoup plus directe au regard de notre ordonnancement juridique, de deux mouvements. D'une part, la très forte tendance à l'harmonisation des législations de nos différents pays en ce qui concerne les activités économiques, donc la production et la distribution des richesses. C'est le rôle de l'Organisation pour l'harmonisation en Afrique du droit des affaires (OHADA). D'autre part, le processus tendant à faciliter et accélérer la construction des marchés communs économiques que sont l'Union économique et monétaire ouest-africaine (UEMOA), la Communauté économique des États de l'Afrique de l'Ouest (CEDEAO), ou des marchés sectoriels que sont le marché financier et bancaire issu du traité de l'Union monétaire ouest-africaine (UMOA) et la Conférence interafricaine des marchés d'assurance (CIMA).

Enfin, troisième élément, c'est ce qui permet de retenir que la compliance est devenue une réalité bien sénégalaise ; notre droit du secteur parapublic, dans sa dernière version de 2022, a intégré des préoccupations de compliance en vue du contrôle de la gouvernance dans les entités du secteur parapublic.

B- Les sources formelles

Du point de vue formel, à savoir, les supports techniques, les sources de la compliance sont aujourd'hui nombreuses.[80]

---

[80] La compliance s'exprime par le biais des structures d'affectation patrimoniale, siège de l'exercice des activités économiques que sont les groupements d'affaires et dont les plus connues sont les sociétés

Elles regroupent tous les supports techniques contenant des normes avec des obligations de compliance à destination des décideurs, dont les organes dirigeants des groupements économiques publics ou privés.

Ces supports concernent certaines matières juridiques : droit des sociétés, droit bancaire, droit des assurances, droit des entités du secteur parapublic. On les trouve aussi dans les réglementations transversales relatives à la satisfaction des buts monumentaux que poursuit l'humanité : la lutte contre la corruption, la dégradation de la nature, le blanchiment de capitaux et le financement du terrorisme…

1- Les réglementations transversales

Elles sont transversales parce qu'elles ne se limitent ni à un seul secteur d'activités ou à des acteurs précis, ni à une matière juridique définie. En effet, du point de vue *ratione materiæ*, elles couvrent les buts monumentaux communs à toute l'humanité que sont la lutte contre la corruption, le blanchiment de capitaux, le financement du terrorisme et la dégradation du climat. Du point de vue *ratione personæ,* en principe, tous les agents économiques sont visés par les obligations de compliance dans l'objectif de prévenir les risques d'atteinte à ces buts monumentaux. Il ne s'agit pas uniquement des sociétés et de leurs dirigeants. C'est ce qui justifie l'emploi du terme « assujetti », beaucoup plus

---

commerciales. Qu'elles soient publiques ou privées, ces structures et leurs organes de gouvernance en sont effectivement le siège.

englobant, dans ce genre de réglementation internalisée dans le droit positif sénégalais par des textes de loi de droit interne souvent pris en application de nos engagements dans les traités d'intégration économique (UMOA/UEMOA, CEDEAO).

a) La loi n° 2024-08 du 14 février 2024 relative à la lutte contre le blanchiment de capitaux, le financement du terrorisme et de la prolifération des armes de destruction massive (LBC/FT/PADM)

Depuis les attentats du 11 septembre 2001 perpétrés aux États-Unis, la communauté internationale s'est résolue à prendre à bras le corps la question du terrorisme. Un dispositif a été élaboré dans le but de pallier toute récidive de ce drame rendu possible par les circuits financiers et bancaires. Le blanchiment de capitaux[81] est le processus par lequel des actifs issus d'une activité illégale sont déplacés ou dissimulés pour masquer leurs liens avec l'infraction. On sait également aujourd'hui que des activités terroristes peuvent être financées par les ressources d'activités illégales et que les auteurs doivent trouver des moyens de blanchir ces capitaux, c'est-à-dire, les utiliser sans attirer l'attention.

Suite aux recommandations du Groupe d'action financière sur le blanchiment des capitaux (GAFI, créé au sommet du G-7 de Paris en 1989), des mesures de lutte contre ces deux fléaux sont apparues au niveau mondial sous la forme d'un

[81] Exhaustivement défini à l'article 9 de la loi.

cadre de référence, d'application universelle, pour les systèmes juridiques et réglementaires, les services de répression et les organismes de surveillance et de réglementation de chaque pays. Les autorités nationales doivent s'y référer dans le but d'appliquer des programmes efficaces de lutte contre ces fléaux.

Ce cadre de référence s'appuie sur la méthodologie et les moyens destinés à faire vivre un dispositif de compliance chez les personnes assujetties à la réglementation dont le champ d'application a été étendu à « notamment, les compagnies financières, les entreprises de technologie financière (FinTech), les vendeurs de véhicules neufs et d'occasion, les agents de location de véhicules, les promoteurs d'événements culturels et les clubs sportifs professionnels, les fédérations sportives, les agents sportifs et les promoteurs d'événements sportifs, conformément aux Recommandations du GAFI »[82].

On trouve dans la loi un important dispositif de mise en place de la compliance et tous ses mécanismes généralement utilisés par l'ensemble des pays du monde.[83]

---

[82] Exposé des motifs de la loi sénégalaise n° 2024-08 du 14 février 2024 relative au blanchiment et au financement du terrorisme.

[83] Confirmé par **l'instruction du gouverneur de la BCEAO n° 001-03-2025** portant modalités de mise en œuvre par les institutions financières de leurs obligations en matière de contrôle interne et de conformité aux exigences de lutte contre le blanchiment de capitaux, le financement du terrorisme et de la prolifération des armes de destruction massive.

Du point de vue de la **méthodologie**, la loi exige une démarche de compliance et de prévention en recommandant une approche par les risques.[84]

Elle introduit une **institutionnalisation de la démarche de compliance** en exigeant une politique, des procédures et différentes autres mesures. Parmi ces dernières, l'obligation d'instaurer une fonction compliance par la désignation d'un ou plusieurs *compliance officer*, ou la mise en place d'un véritable service compliance doté de moyens appropriés pour remplir sa mission et instaurer une culture de la compliance dans l'entité.[85]

[84] Article 6 : « Sauf dispositions contraires expresses, les autorités compétentes ainsi que les personnes assujetties s'assurent que les mesures de prévention, d'atténuation et de contrôle prévues aux Titres II (obligations des personnes assujetties) et III (pouvoirs et responsabilités des autorités compétentes) de la présente loi sont mises en œuvre de manière adaptée, en fonction de leur évaluation des risques de BC/FT/FP. Les autorités compétentes et les personnes assujetties affectent leurs ressources disponibles, en priorité, aux domaines, activités et secteurs à hauts risques identifiés dans le cadre des évaluations des risques. »

[85] Article 12 : « Les personnes assujetties se dotent de politiques, de procédures et de mesures de contrôle formalisées permettant d'identifier, d'atténuer et de gérer efficacement les risques de blanchiment de capitaux, de financement du terrorisme et de la prolifération identifiés à leur niveau ainsi qu'aux plans national, régional et international. Ces politiques, procédures et mesures de contrôle sont mises à jour régulièrement… Les politiques, procédures et mesures de contrôle doivent être approuvées par la haute direction.

Les personnes assujetties désignent en leur sein, une ou plusieurs personnes chargées de veiller à la mise en œuvre adéquate des politiques, procédures et mesures de contrôle de BC/FT/FP. Lorsque cela est

L'article 13[86], intitulé « Exigences de contrôle interne applicable aux institutions financières », consacre dans notre

approprié, eu égard à la taille et à la nature des activités, les personnes assujetties mettent en place une fonction conformité permanente et indépendante, responsable de l'animation du dispositif de LBC/FT/FP et de la mise en œuvre adéquate des politiques, procédures et mesures de contrôle.
Les personnes assujetties s'assurent notamment : a) de la capacité de leur dispositif de contrôle interne à vérifier de manière efficace la conformité, l'observance et l'efficience des mesures adoptées pour la LBC/FT/FP ; b) de la connaissance des dispositions de la présente loi et des textes pris pour son application par les membres de leur personnel concernés ; c) de la formation continue des membres de leur personnel concernés en vue de les doter des aptitudes nécessaires pour détecter et appliquer les mesures requises pour les opérations et les agissements susceptibles d'être liés au blanchiment de capitaux, au financement du terrorisme et de la prolifération. »

[86] « Les institutions financières : a) élaborent une classification des risques de blanchiment de capitaux, de financement du terrorisme et de la prolifération présentés par leurs activités, selon le degré d'exposition à ces risques apprécié en fonction notamment des caractéristiques des clients, de la nature des produits ou des services offerts, des conditions d'exécution des transactions, des systèmes d'information et canaux de distribution utilisés ainsi que des pays de provenance ou de destination des biens et autres ressources économiques et financières ; b) déterminent, si besoin est, un profil de la relation d'affaires avec le client, permettant de détecter des anomalies dans cette relation, au regard des risques de blanchiment de capitaux, de financement du terrorisme et de la prolifération ; c) définissent les procédures à appliquer pour l'identification des clients et des bénéficiaires effectifs, la maîtrise des risques, la mise en œuvre des mesures de vigilance relatives à la clientèle, la détection des transactions inhabituelles ou suspectes, le respect de l'obligation de déclaration de soupçon ou d'autres informations à la CENTIF et la conservation des documents ; d) mettent en œuvre des procédures de contrôle, périodique et permanent, du respect des

droit positif **l'obligation générale de vigilance** qu'on retrouve dans toutes les réglementations anti-blanchiment de capitaux. C'est une obligation spécifique aux banques et établissements financiers. Elle exige une **cartographie des risques** adaptée au contexte dans lequel évolue l'entreprise et des éléments de connaissance de la clientèle (ou KYC, détaillée dans les articles 16 à 38). La loi prévoit également des dispositions permettant une application adaptée de la **réglementation aux groupes de sociétés**[87] et aux

---

dispositions légales et réglementaires relatives à la LBC/FT/FP ; e) procèdent à la centralisation des informations sur l'identité des clients, des donneurs d'ordre, des bénéficiaires effectifs, des bénéficiaires et titulaires de procuration, des mandataires ainsi que sur les transactions suspectes ; f) effectuent une analyse des transactions atypiques et signalent celles jugées suspectes ; g) appliquent des procédures de sélection garantissant le recrutement de leur personnel selon des critères exigeants tenant compte de leur profil de risque de blanchiment de capitaux, de financement du terrorisme et de la prolifération. »

[87] Article 14 : « Les personnes assujetties qui font partie d'un groupe mettent en œuvre, à l'échelle du groupe, des programmes de LBC/FT/FP. Ces programmes sont adaptés à l'ensemble des entités composant le groupe.

En plus des mesures prévues aux articles 16 et 17 de la présente loi, ces programmes incluent : a) des politiques et des procédures de partage des informations requises aux fins de mise en œuvre du devoir de vigilance relatif à la clientèle et de la gestion du risque de blanchiment de capitaux, de financement du terrorisme et de la prolifération ; b) la mise à disposition d'informations relatives aux clients, aux comptes et aux opérations provenant des entités composant le groupe, notamment les succursales et les filiales, aux fonctions de conformité, d'audit et de LBC/FT/FP au niveau du groupe lorsqu'elles sont nécessaires aux fins de LBC/FT/FP. Ces informations incluent les données et analyses des transactions ou des activités qui apparaissent inhabituelles, y compris les

innovations introduites par les nouveaux produits et les nouvelles pratiques commerciales. En effet, l'article 15 prévoit un **système d'évaluation préalable des risques nouveaux,** ce qui est essentiel pour l'efficacité du système de compliance dont la mise à jour au regard des évolutions technologiques, économiques et sociales est impérative.[88]

---

déclarations d'opérations suspectes et les informations s'y rapportant ou le fait qu'elles aient été réalisées, sans préjudice des dispositions de l'article 63 de la présente loi. De même, lorsque cela est pertinent et approprié pour la gestion des risques, les entités composant le groupe, notamment les succursales et les filiales, reçoivent ces informations des fonctions de conformité du groupe ; c) des garanties satisfaisantes en matière de confidentialité et d'utilisation des informations échangées, y compris des garanties pour prévenir la divulgation des données.
Les succursales et filiales nationales d'entités étrangères appliquent les mesures de LBC/FT/FP du pays d'origine lorsqu'elles les jugent plus contraignantes.
Les personnes assujetties s'assurent que leurs succursales et filiales étrangères appliquent des mesures de LBC/FT/FP conformes à celles du pays d'origine, lorsque les obligations minimales en matière de LBC/FT/FP du pays d'accueil sont moins contraignantes que celles du pays d'origine.
Dans le cas où la législation du pays d'accueil ne permet pas aux succursales ou filiales de mettre en œuvre l'exigence visée à l'alinéa précédent, les groupes appliquent des mesures supplémentaires appropriées afin de gérer les risques de blanchiment de capitaux, de financement du terrorisme et de la prolifération. Ils en informent les autorités de contrôle du pays d'origine. »

[88] « Les personnes assujetties identifient et évaluent les risques de BC/FT/FP auxquels elles sont exposées, en tenant compte de tous les facteurs de risques pertinents, notamment ceux liés à leurs clients, aux pays ou zones géographiques d'intervention, aux produits, services, ou

L'article 199[89] institutionnalise la **responsabilité pénale des personnes morales** tandis que les articles 200 et 201, qui organisent une exemption ou l'atténuation des sanctions pénales pour ceux qui coopèrent ou alertent, sont dans la lignée de la réglementation liée à la mise en place du **statut du lanceur d'alerte**.

opérations qu'elles proposent ainsi qu'aux canaux de distribution utilisés. Ces mesures sont proportionnées à la nature et à la taille des personnes assujetties ainsi qu'au volume de leurs activités. Elles doivent être renforcées lorsque des risques plus élevés sont identifiés.

Les personnes assujetties identifient et évaluent les risques de BC/FT/FP inhérents : a) aux nouveaux produits et aux nouvelles pratiques commerciales, y compris les nouveaux mécanismes de distribution ; b) à l'utilisation de technologies nouvelles ou en développement en lien avec de nouveaux produits ou les produits préexistants.

Cette évaluation des risques est réalisée préalablement au lancement ou à l'utilisation de ces produits, pratiques et technologies. Les personnes assujetties instaurent des mesures appropriées pour gérer et atténuer ces risques. Elles prennent en compte dans leurs évaluations des risques visées dans le présent article, les informations sur les risques contenues dans l'évaluation nationale des risques ou celles communiquées par les autorités de contrôle.

Les évaluations des risques sont documentées, tenues à jour et mises à la disposition des autorités compétentes concernées énoncées au titre III de la présente loi. »

[89] « Les personnes morales autres que l'État, pour le compte ou au bénéfice desquelles une infraction de blanchiment de capitaux, de financement du terrorisme ou de la prolifération, ou l'une des infractions prévues par la présente loi, a été commise par l'un de leurs organes ou représentants, sont punies d'une amende d'un taux égal au quintuple de celles encourues par les personnes physiques, sans préjudice de la condamnation de ces dernières comme auteurs ou complices des mêmes faits… »

b) La loi n° 2023-15 du 2 août 2023 portant Code de l'environnement

S'il est avéré que la compliance a fait son lit dans les activités financières et bancaires, il existe aujourd'hui une **compliance « extrafinancière »** par opposition à la compliance financière. L'expression « extrafinancière » joue un double rôle. Elle permet de rendre compte de l'extension du domaine d'application de la compliance au-delà de son espace originel qu'est le domaine bancaire et financier. Elle est également une des conséquences de l'élargissement des finalités de la gouvernance qui n'est plus cantonnée à l'accroissement de la valeur de la société et à la recherche de bénéfices à partager.

Aujourd'hui, les activités non financières de l'entreprise prennent autant d'importance que les activités financières, obligeant les législateurs contemporains à exiger, de la part des autorités en charge de la gouvernance de l'entreprise, des mesures relatives aux questions d'environnement[90], et aux

[90] Clément Grenier, « Le droit international de l'environnement : la difficile responsabilité des États » : https://www.actu-juridique.fr/administratif/le-droit-international-de-lenvironnement-la-difficile-responsabilite-des-etats/. « Le droit international de l'environnement est une composante de nombreux droits qui voient leur applicabilité limitée, venant à rendre difficile la possibilité de retenir une responsabilité envers les États qui ne respectent pas les règles. En matière de ventes internationales d'armement, des clauses environnementales pourraient, selon la puissance des États parties, être une solution pour protéger l'environnement de la fin de vie des aéronefs, navires ou véhicules par le démantèlement et le recyclage des matériaux. La recherche d'alternatives

questions sociales, de personnel, de respect des droits de l'homme et de lutte contre la corruption.

Pour illustrer l'irruption de ce mouvement dans le droit positif sénégalais, l'exemple du Code de l'environnement est largement suffisant. Ce Code, consacré à titre principal à la sauvegarde de la nature et des êtres humains, s'intéresse naturellement aux nouveaux enjeux environnementaux, sociaux et sécuritaires. À ce propos, il ne pouvait passer à côté des risques dans les industries extractives, notamment les mines, le pétrole et le gaz. Il prête une attention particulière à l'émergence d'activités de prospection, d'exploration et de production d'hydrocarbures en offshore et à leur impact sur l'environnement et les ressources naturelles.

Toutes ces préoccupations sont à l'origine du renforcement des mécanismes de prévention et de suivi des activités susceptibles de contribuer à la dégradation de l'environnement.

La démarche du Code est quasiment la même que celle de la plupart des pays du globe :

- d'une part, l'assujetti doit montrer qu'il connait et maîtrise les risques de son activité grâce à une cartographie bien documentée et régulièrement mise à jour permettant une identification des principaux risques et leur hiérarchisation ;

doit être privilégiée sur le sabordage d'un porte-avions, envoyant par le fond dix tonnes d'amiante. »

- d'autre part, il doit mettre en œuvre des mesures de compliance comprenant un dispositif de contrôle et d'évaluation de ces mêmes mesures pour éviter la survenance des risques (article 14, Comité technique de suivi et de validation des évaluations environnementales).

Le dispositif préventif (articles 20 et suivants)

Prévention par un processus d'évaluation environnementale que la loi définit comme « une étape préalable et obligatoirement réalisée avant toutes procédures d'autorisation, d'approbation et d'octroi de permis ».

Le processus comprend des études environnementales préalables pour connaitre les risques.[91] Cela se fait par : des évaluations environnementales, aux frais des promoteurs et entreprises[92] et qui nécessitent une étude de danger, par la participation du public, condition de validité de la procédure, ainsi que par la validation par le Comité technique de

[91] Article 20 du Code de l'environnement : « L'évaluation environnementale est un préalable à tout processus de conception, de développement et de mise en œuvre des programmes et projets de développement susceptibles de porter atteinte à l'Environnement. L'évaluation environnementale comprend l'évaluation environnementale stratégique, l'étude d'impact environnemental et social, l'analyse environnementale initiale et l'audit environnemental. » Elle est aussi préalable et obligatoire à toute procédure d'autorisation, d'approbation et d'octroi de tout permis (article 27 du même Code).

[92] Article 26 du Code de l'environnement : « Les frais liés à l'évaluation environnementale et au suivi des mesures environnementales et sociales sont supportés par le promoteur. »

validation et de suivi des évaluations environnementales. L'évaluation donne lieu à la délivrance d'une attestation de conformité environnementale par le service chargé de l'Environnement.

Les mesures de prévention (articles 44 et suivants) :

- incitations par des instruments financiers avec des exonérations ou exemptions fiscales (articles 16 et suivants) ou par la RSE (article 15) ;

- l'audit de conformité environnementale et juridique (articles 42 et 43) doit permettre de prendre une photo instantanée à un moment donné, dans le but de mesurer les risques éventuels auxquels l'entreprise est confrontée du fait de l'insuffisance du respect de la réglementation. Il s'agit d'un véritable instrument de compliance auquel la loi exige de « déterminer si les activités, produits, équipements, sites et services sont conformes à la réglementation environnementale et aux autres dispositions juridiques en vigueur » (article 43) ;

- contrôle administratif préalable via des autorisations et des déclarations selon le type d'installation avec une procédure définie dans les articles 44 et suivants ;

- même pour gérer les urgences (articles 94 et suivants), il est prévu un outil de compliance sous la forme d'un « plan d'urgence environnementale découlant de l'étude de danger et intégré au plan de gestion environnementale et sociale ». Il est en effet exigé des exploitants qu'ils soient soumis à autorisation ou à déclaration, d'être prévenants et « d'établir un plan d'opération interne propre à assurer l'alerte et les secours, en cas de sinistre ou de menace de sinistre, l'évacuation du personnel et les moyens de circonscrire les causes du sinistre ».

Dans le traitement du contentieux, les articles 243 et 246 prévoient une possibilité de transaction avant jugement devant le ministre en charge de l'Environnement. Cet accord possède la vertu d'éteindre l'action publique contre l'auteur de l'infraction[93] et rappelle les accords de poursuite de différé sans reconnaissance de culpabilité que l'on trouve dans le droit américain sous la forme des *deferrred prosecution agreement* et dans le droit français sous la forme de la Convention judiciaire d'intérêt public consacrée dans la loi Sapin 2.

---

[93] Article 243 du Code de l'environnement : « En cas d'infraction aux dispositions de la présente loi, le ministre chargé de l'Environnement ou son représentant a le pouvoir de transiger. La procédure de transaction est exercée avant ou après le jugement selon les règles en vigueur, sur proposition ou avec l'accord du département ministériel compétent. » Article 246 du même Code : « Si la transaction intervient avant le jugement, l'action publique est éteinte. Si elle intervient après le jugement, elle ne peut porter que sur les confiscations et pénalités pécuniaires et non sur la peine privative de liberté. Toutefois, l'auteur de l'infraction reste tenu à la réparation des dommages causés du fait de la pollution engendrée par sa faute. »

2 — Le droit des sociétés

Les sources du droit des sociétés sont dans l'Acte uniforme, qui ouvre lui-même la voie à un droit spécial des sociétés contenant les textes spécifiques aux sociétés particulières. Ces textes, surtout ceux d'origine internationale relatifs à l'organisation et à la régulation des activités boursières, financières, bancaires et d'assurance, sont le siège d'un véritable droit de la compliance pour les acteurs économiques des secteurs en cause.

a) Le droit commun des sociétés

Le texte de l'Acte uniforme relatif au droit des sociétés n'a pas expressément prévu une disposition consacrée à la compliance, mais on peut inférer de sa flexibilité, des possibilités pour les associés et les dirigeants d'introduire des obligations de compliance dans la marche de leur société.

- *Dans les règles applicables à toutes les sociétés* :

Deux dispositions méritent de retenir l'attention.

D'une part, la dérogation de l'article 916 qui admet les réglementations spéciales.[94]

Cela peut permettre d'introduire la compliance dans des sociétés spécifiques poursuivant des buts d'intérêt général ou

[94] Article 916, alinéa premier, de l'Acte uniforme sur les sociétés : « Le présent acte uniforme s'applique aux sociétés soumises à un régime particulier, sous réserve des dispositions législatives ou réglementaires auxquelles elles sont assujetties. »

de service public. Il y a donc possibilité pour une société, de manière spontanée, d'adopter des mesures relevant de la compliance et les dirigeants en seront les maîtres d'œuvre. Les investisseurs professionnels (fonds d'investissement) obligent souvent à l'adoption de ce genre de mesures.

D'autre part, les possibilités ouvertes par l'article 2-1 qui a consacré les pactes d'associés.

Ces pactes peuvent permettre l'introduction en toute régularité d'obligations de compliance dans la conduite des affaires sociales par des aménagements contractuels. Il est en effet prévu dans l'article 2-1 que « sous réserve du respect des dispositions du présent acte uniforme auxquels il ne peut être dérogé et des clauses statutaires, les associés peuvent conclure des conventions extrastatutaires en vue notamment d'organiser, selon des modalités qu'ils ont librement arrêtées : les relations entre associés ; la composition des organes sociaux ; la conduite des affaires de la société ; l'accès au capital social ; la transmission des titres sociaux ».

- *Dans le droit spécial de la société anonyme*

La mise en place de mesures relevant de la compliance peut provenir de l'initiative spontanée de la société elle-même. Le cas échéant, ses dirigeants seront les maîtres d'œuvre du développement en interne, de la politique de compliance. L'organe exécutif (DG) et l'organe délibérant (CA) peuvent prendre des initiatives en ce sens.

- L'organe exécutif : le DG

L'organisation interne de la société relève des prérogatives du DG. En conséquence, dès lors qu'il est en charge de la « direction générale de la société » (article 485 de l'Acte uniforme), il peut donc proposer des mesures de compliance à l'approbation de l'organe délibérant qu'est le Conseil d'administration.

- L'organe délibérant : le CA

Le développement d'une politique de compliance est dans les compétences du CA qui a le pouvoir de se « saisir de toutes les questions intéressant la bonne marche de la société et de régler par ses délibérations les affaires qui la concernent » (article 435 de l'Acte uniforme sur les sociétés commerciales).

b) Le droit spécial des sociétés

Il s'agit essentiellement des sociétés opérant dans les secteurs des assurances, de la banque et des finances. C'est la résultante du fait que le domaine d'application de la compliance a pendant longtemps été cantonné à ces secteurs des opérations financières même si aujourd'hui, il s'étend aux entreprises de tous domaines d'activités au point de générer le concept de « compliance extrafinancière » par opposition à la compliance financière.

- Les sociétés du marché financier : société avec appel public à l'épargne ou dont les titres sont inscrits à la Bourse (articles 823 et suivants)

Dans le droit des sociétés cotées en Bourse (textes du droit boursier), il est prévu dans les principes déontologiques du Règlement général de l'AMF/UMOA, précisément à l'article 6, que « les intervenants commerciaux doivent (…) se conformer à toutes les réglementations applicables à l'exercice de leurs activités ». Ainsi, on doit pouvoir retenir que le régulateur, dans l'exercice de son pouvoir de contrôle et de sanction, doit veiller à l'effectivité des règles et procédures de compliance chez les intermédiaires et les sociétés intervenant en Bourse. Cette fonction de veille du régulateur du marché financier est certainement à l'origine de l'internalisation de la fonction conformité dans ces sociétés et de la création des services compliance et des *compliance officers*.

Cette internalisation a pour support formel une série d'instructions datant de 2023, qui sont destinées à préciser les dispositions du règlement général et dans lesquelles l'AMF/UMOA a défini les principes et règles de compliance applicables en matière financière.

Il s'agit de dispositifs de conformité et de contrôle dont le but principal est, au-delà de la détection des irrégularités comptables et financières, l'amélioration des actions des opérateurs du marché dans le sens d'une meilleure prise en charge de la protection de l'épargne et de la mise en place d'une réelle culture de la compliance chez les acteurs.

Dans le droit des sociétés faisant appel public à l'épargne (Acte uniforme sur les sociétés), le Comité d'audit, rattaché au Conseil d'administration auquel il rend compte, est obligatoire et il « doit assurer le suivi de l'efficacité des systèmes de contrôle interne et de gestion des risques » (article 829-1). En outre, selon l'article 831-2, le président du Conseil d'administration doit rendre compte dans son rapport sur la gouvernance « des procédures de contrôle interne et de gestion des risques mises en place par la société, en détaillant notamment celles de ces procédures qui sont relatives à l'élaboration et au traitement de l'information comptable et financière pour les comptes sociaux et les comptes consolidés ».

- Les sociétés du secteur des assurances

Le droit des assurances connait depuis bien longtemps les mécanismes de compliance, au moins depuis la décision du Conseil des ministres du 28 septembre 2009 qui a ajouté dans le Code CIMA des dispositions précises sur la gouvernance de sociétés d'assurance et sur son mode de contrôle.[95] Leur intégration dans le cadre global de ce que le Code CIMA appelle « contrôle interne » a certainement empêché de les appréhender comme partie intégrante du système global de contrôle, mais avec une indépendance et une cohérence

[95] Articles 331-14 et suivants du Code CIMA.

propres qui permettent de les distinguer des autres formes de contrôle, notamment les classiques contrôle et audit internes. Par ailleurs, le secteur des assurances a adopté son propre règlement spécifique pour la lutte contre le blanchiment d'argent.[96]

Ces deux instruments, le Code et le règlement, peuvent être considérés comme la source formelle du dispositif de compliance dans le secteur des assurances.

L'article 334-14 du Code CIMA exige des entreprises d'assurances qu'elles soient dotées par leur Conseil d'administration d'un système permanent, approprié et efficace de contrôle permettant de garantir le respect des règles de gestion et de déontologie à l'attention des administrateurs, de la Direction et de l'ensemble du personnel.

Le Code impose un important volet « *ex ante* » à ce système de contrôle qui est un des dispositifs du « contrôle interne » tel qu'exigé par l'article 334-15 en des termes non équivoques : « toute entreprise d'un État membre mentionnée à l'article 300 du Code des assurances est tenue de mettre en place un dispositif permanent de contrôle interne adapté à la nature, à l'importance et à la complexité de ses activités ». Ce dispositif « doit faire l'objet d'un suivi périodique en vue de

[96] Règlement n° 0004/CIMA/PCMA/PCE/SG/08 du 4 octobre 2008 définissant les procédures applicables par les organismes d'assurances dans les États membres de la CIMA dans le cadre de la lutte contre le blanchiment des capitaux et le financement du terrorisme.

vérifier l'application constante des procédures de la société, l'efficacité de ces procédures et de relever les manquements éventuels ».

D'une part, puisque le système de contrôle doit être approuvé par le Conseil d'administration, il doit donc veiller à ce qu'il contienne des mesures susceptibles de contribuer à décourager les comportements imprudents de la part des dirigeants. À ce propos, le dernier alinéa de l'article 331-14 du Code des assurances est très éloquent : « Le Conseil d'Administration doit veiller à ce que le système de rémunération des administrateurs et des cadres dirigeants soit raisonnable au regard des ressources de la société et exclut des primes ou avantages exceptionnels susceptibles d'encourager des comportements imprudents. »

D'autre part, au regard de son contenu, tel que détaillé par l'article 331-16 consacré au rapport sur le contrôle interne destiné au ministre en charge du secteur des Assurances (rapport sur la gouvernance en droit des sociétés), on peut retenir que le dispositif émarge dans la famille des mécanismes de la compliance. Il est en effet prévu qu'il doit contenir « les procédures permettant de vérifier que les activités de l'entreprise sont menées selon les politiques et stratégies établies par les organes dirigeants et les procédures permettant de vérifier la conformité des opérations d'assurance aux dispositions législatives et réglementaires ».

On voit qu'il s'agit bien d'un contrôle de conformité car incluant une bonne partie des outils de la compliance qu'on trouve aujourd'hui, dans les plans de conformité notamment, la gestion et la maîtrise préalables des risques à travers :

- « les procédures et dispositifs permettant d'identifier, d'évaluer, de gérer et de contrôler les risques liés aux engagements de l'entreprise, ainsi que les méthodes utilisées pour vérifier la conformité des pratiques en matière d'acceptation et de tarification du risque, de cession en réassurance et de provisionnement des engagements réglementés aux normes de l'entreprise dans ces domaines et,

- les mesures prises pour assurer le suivi de la gestion des sinistres, le suivi des filiales, la maîtrise des activités externalisées et des modes de commercialisation des produits de l'entreprise ainsi que les risques qui pourraient en résulter ».

Le règlement n° 0004/CIMA/PCMA/PCE/SG/08 définissant les procédures applicables par les organismes d'assurance dans les États membres de la CIMA dans le cadre de la lutte contre le blanchiment de capitaux et le financement du terrorisme exige des assureurs la création d'un service spécifique, la mise en place d'un programme dédié et institue une obligation spécifique de vigilance, dont le KYC et le contrôle de conformité des procédures à l'embauche.

D'abord, les compagnies d'assurance doivent, en conformité avec les textes en vigueur en matière de blanchiment de capitaux et de lutte contre le financement du terrorisme, désigner des responsables internes chargés de l'application des programmes de lutte contre le blanchiment de capitaux et s'assurer qu'ils ont des pouvoirs suffisants et un accès facile à toutes les informations utiles. Pour des raisons de commodité, et parce que la culture de la compliance était relativement méconnue et ne s'imposait pas encore en entreprise, le Code a suggéré que la fonction soit confiée au responsable de l'audit interne ou du contrôle de gestion. Aujourd'hui, il faudrait plutôt la confier au *compliance officier* ou en faire un service à part entière.

Ensuite, les entreprises d'assurance doivent mettre au point des dispositifs de contrôle de la conformité et des procédures appropriées lors de l'embauche des employés pour s'assurer qu'elle s'effectue selon des critères exigeants.

Enfin, on retrouve la création d'une obligation de vigilance spécifique au travers du KYC, déjà familier aux banques et établissements financiers. Les organismes d'assurance doivent, avant de nouer une relation contractuelle ou d'assister un client dans la préparation ou la réalisation d'une transaction, s'assurer de l'identité de leur contractant. À cet effet, leur programme interne de lutte contre le blanchiment de capitaux doit, à tout moment, permettre de fournir des renseignements précis sur leurs relations et clients.

- *Les sociétés de banque et les établissements financiers*

Au regard des textes applicables au secteur bancaire et financier, il ne fait plus l'ombre d'un doute que la compliance est une fonction spécifique du système de contrôle global de l'entreprise. Elle est même une des conditions pour obtenir l'autorisation d'exercer l'activité de banque. En effet, dans son instruction relative à la demande d'agrément, la loi bancaire exige de la Banque centrale qu'elle s'assure de « l'existence d'un système approprié de gouvernance, de gestion des risques, de contrôle interne et de gestion de la conformité »[97].

Le droit bancaire considère que les fonctions de contrôle dans l'entreprise sont celles qui sont « indépendantes de la gestion opérationnelle, dont le rôle est de fournir des évaluations objectives de la situation de l'établissement dans leur domaine de compétence et qui comprennent notamment la fonction d'audit interne, la fonction gestion des risques et la fonction conformité »[98].

La circulaire n° 05-2017/cb/c relative à la gestion de la conformité aux normes en vigueur par les établissements de crédit et les compagnies financières de l'UMOA consacre l'achèvement du processus de mise en place de la compliance dans les pays de l'Ouest africain, membres de l'union monétaire. Elle fait partie d'une série de circulaires prises par la Commission bancaire en application du droit

---

[97] Article 39, alinéa 2 (4), de la loi n° 2025-03 du 19 février 2025 portant réglementation bancaire.

[98] Définition donnée dans les circulaires de la Commission bancaire, au nombre de cinq, datant de 2017 et relatives au système de gouvernance et de contrôle dans les établissements de crédit et les compagnies financières de l'UMOA.

communautaire issu du traité UMOA et de son droit dérivé (loi bancaire uniforme). Elle « fixe les règles régissant la gestion de la conformité aux normes en vigueur par les établissements en activité dans l'UMOA ». En ce sens, elle fait de la compliance une fonction à part entière dans l'entreprise avec pour objectif « d'aider l'organe exécutif à identifier et à gérer avec diligence tout risque d'inobservation, par l'établissement, des obligations que lui imposent les normes en vigueur régissant l'exercice de ses activités »[99].

Cette fonction repose sur une **« politique de conformité »** dont les principes fondamentaux sont définis par l'organe délibérant qui doit aussi favoriser une **« culture de la conformité »** dans l'entreprise et veiller à ce que l'entreprise dispose d'une **« fonction conformité permanente »**.

Une fois les grandes orientations et la conception bien définies et approuvées par l'organe délibérant, il appartient à l'organe exécutif d'assurer la mise en œuvre par la diffusion de la politique et de la **« charte de conformité »**[100] qui concrétise le positionnement effectif de la fonction compliance dans l'entreprise. Cette fonction doit être

[99] Article 13 de la circulaire relative à la gestion de la conformité aux normes en vigueur par les établissements de crédit et les compagnies financières de l'UMOA.

[100] Document approuvé par l'organe délibérant qui définit le positionnement de la fonction conformité au sein de l'établissement et précise sa mission, ses pouvoirs, ses responsabilités, son rattachement hiérarchique ainsi que ses modalités de fonctionnement.

indépendante des unités qu'elle contrôle, disposer de ressources suffisantes dont un capital humain de qualité et être sous la coupe d'un responsable chargé de la supervision des activités. Elle est tenue de faire rapport aux organes de gouvernance de l'entreprise et à la Commission bancaire.

Ses missions tournent essentiellement autour de l'idée de base de la compliance consistant à montrer, d'une part, que la réglementation en vigueur est connue, et que, d'autre part, tout sera fait pour ne pas la violer.

La circulaire (article 14) retient les tâches suivantes que la fonction conformité doit assurer dans l'entreprise bancaire :

- recenser les normes en vigueur ;
- identifier, évaluer et gérer les risques de non-conformité ;
- vérifier la pertinence de la politique de conformité ;
- veiller à une mise en œuvre diligente de la politique de conformité en jouant le rôle de conseiller pour l'organe exécutif, et pour le personnel, il est attendu de la mission une sensibilisation sur l'importance de la compliance et un programme de formation.

La fonction conformité ne pouvant fonctionner en électron libre dans l'entreprise, elle doit également faire l'objet d'une évaluation périodique que la circulaire de la Commission bancaire confie à la fonction audit avec la précision de taille que la fonction conformité ne doit en aucune façon faire partie de la fonction audit interne.

3 —Le droit des entités du secteur parapublic

Dans un titre III intitulé « Du contrôle des personnes morales de droit public et privé et du suivi du portefeuille de l'État » et contenant les articles 46 à 64, la loi d'orientation relative au secteur parapublic a prévu de mettre en exergue la fonction contrôle dans les entités dudit secteur. On y trouve une reproduction du système classique de contrôle qui existait déjà dans la loi n° 90-07. Pour cette raison, nous en ferons un bref rappel (1). Puis nous mettrons l'accent sur la très discrète introduction du système de compliance dans la loi n° 2022-08 (2).

1 — Le système classique de contrôle des entités du secteur parapublic[101]

Il s'agit du contrôle, par les tutelles, du contrôle externe, du contrôle financier et du commissariat aux comptes.

[101] Sur ce contrôle, voir op.cit., les communications des corps de contrôle lors de la conférence organisée par la Présidence de la République en Janvier 2025 pour les administrateurs et manager publics. Pour le contrôle financier présentation de madame Marie Gaye Ndiaye, « La gouvernance des entités du secteur parapublic » ; pour la Cour des Comptes, Présentation de monsieur Papa Gallo Lakh, « La reddition des comptes, organisation et fonctionnement de la Cour des Comptes » ; pour l'Inspection Générale d'Etat, présentation de monsieur Lamine Diom, « Bonne gouvernance et contrôle de l'action publique » ; pour l'ARCOP, présentation de Dr Moustapha Djitté, « La commande publique : entre régularité et performance ». https://www.presidence.sn/fr/conference-des-administrateurs-et-managers-publics.

- Le contrôle par les tutelles administratives

Outre le contrôle exercé par l'État à travers la tutelle financière du ministère des Finances couplée à celle du ministère technique concerné, comme le prévoit l'alinéa premier de l'article 46 de la loi d'orientation[102], il est prévu, à l'article 48 de la même loi, que les administrateurs représentant l'État dans les structures en cause soient tenus informés de ce que veut l'État par les autorités en charge de la tutelle qui doivent, à ce propos, assurer une coordination des activités de ces administrateurs par notamment des « préconseils » d'administration.[103] Il s'y ajoute les réunions exceptionnelles organisées convoquées au sein du Comité de suivi du secteur parapublic présidées par le Ministre des Finances et du Budget, voire le Premier Ministre, afin de partager avec les administrateurs publics, les orientations de l'Etat en matière de gestion du portefeuille.

[102] « Les entités du secteur parapublic sont placées sous la tutelle financière du ministre chargé des Finances et sous la tutelle technique du ministre ou de l'autorité administrative désignée par décret. »

[103] « L'autorité administrative chargée de la tutelle technique tient les réunions de préconseil pour transmettre les orientations de l'État aux administrateurs le représentant.
Le ministre chargé des Finances préside, chaque année, au moins deux réunions du Comité de suivi du secteur parapublic élargies et consacrées aux administrateurs représentant l'État. »

- Le contrôle externe

Après avoir, par son article 49, exclu tout contrôle a priori sur les entités du secteur parapublic, sauf exception[104], le texte de la loi d'orientation prévoit aussi les conditions du **contrôle a posteriori** des entités du secteur parapublic selon l'article 50 du texte de loi.[105]

- Le contrôle financier et le commissariat aux comptes

Au contrôle financier, la loi d'orientation consacre les articles 51 et 52.[106]

[104] « Les entités du secteur parapublic ne sont soumises à aucun contrôle a priori, à l'exception de certaines opérations particulières visées par les lois et règlements. »

[105] « Les entités du secteur parapublic sont soumises au contrôle des organes de l'État dans les conditions prévues par les lois et règlements.
Pour éviter les dédoublements de contrôle sur une même entité, en temps et en lieu, les organes de contrôle communiquent mutuellement leurs programmes annuels de contrôle a posteriori dans les entités du secteur parapublic.
Ces dispositions ne visent toutefois pas les enquêtes spécifiques confiées par l'autorité à un organe de contrôle. »

[106] Article 51 : « Le Contrôleur financier est chargé du suivi des activités et du contrôle permanent de la gestion administrative et financière des entités du secteur parapublic.
Il assure ce contrôle soit par lui-même, soit par un agent exerçant les fonctions de contrôleur d'État, désigné par lui auprès de chaque organe délibérant d'une entité du secteur parapublic contrôlée.
Il veille au respect, par l'organisme, de la réglementation qui lui est applicable, en particulier de celle relative aux marchés publics, à l'acquisition ou à l'aliénation de patrimoine, aux conditions de

Le commissariat aux comptes est organisé par les articles 55 et 56 de la loi d'orientation.[107]

2- La compliance dans la loi 2022-08

La loi d'orientation est en plein dans la compliance. Mais le dispositif relatif à la compliance a été noyé dans les normes du contrôle interne qui contiennent les procédés classiques comme l'audit interne[108] et le contrôle de gestion.[109]

---

recrutement et de rémunération du personnel, y compris les avantages en nature.

Il formule un avis motivé sur les programmes d'investissement des entités et sur leurs projets de budgets pendant leur présentation à l'organe délibérant.

Il élabore des rapports périodiques sur les activités et sur la situation financière et administrative de l'organisme qu'il contrôle. Ces rapports sont communiqués au Président de la République.

Il tient régulièrement informé le Président de la République de la situation des entités du secteur parapublic. »

[107] Article 55 : « Les entités du secteur parapublic sont tenues de désigner un commissaire aux comptes et son suppléant.

Le commissaire aux comptes et son suppléant sont désignés par l'organe délibérant pour les organismes publics et par l'assemblée générale pour les sociétés publiques. Cette désignation se fait conformément aux dispositions du Code des marchés publics pour les organismes publics.

La durée du mandat du commissaire aux comptes, pour les entités du secteur parapublic, est conforme à celle prévue par les dispositions de l'OHADA. »

[108] Article 59 : « Chaque entité du secteur parapublic conçoit et met en œuvre une politique d'audit interne pour apprécier la bonne maîtrise des risques et mener des actions aptes à améliorer le dispositif de contrôle interne. »

C'est par l'article 57 que la loi d'orientation a introduit la compliance dans le droit des entités du secteur parapublic.

Cet article demande la mise en place d'un dispositif exigeant de chaque entité relevant au secteur parapublic une politique d'audit interne destinée à :

- apprécier les risques,

- lancer l'alerte de façon précoce,

- formuler des recommandations en vue d'en améliorer le fonctionnement.

Elle a aussi exigé la mise en place d'un dispositif de contrôle de gestion pour vérifier l'adéquation entre les moyens dégagés et les résultats obtenus (articles 58 et 59).

De manière plus concrète sur le dispositif de compliance, pour se conformer aux bonnes pratiques, l'article 57 de la loi exige que les entreprises publiques adoptent et mettent en place un dispositif de contrôle interne destiné à fournir une assurance raisonnable quant à la réalisation, entre autres, des objectifs suivants :

[109] Article 58, alinéas 1 et 2 : « Le contrôle de gestion est un système de pilotage mis en œuvre par les dirigeants en vue d'améliorer le rapport entre les moyens engagés, l'activité développée et les résultats obtenus, notamment par le biais d'outils comptables ou statistiques.
Il est institué une cellule de contrôle de gestion dans chaque entité du secteur parapublic. »

- la conformité des procédures internes aux lois et règlements en vigueur notamment sur l'environnement, sur la parité… ;
- le respect de la réglementation en vigueur ;
- la cartographie des risques.

On est bien dans la compliance telle que nous la concevons, telle que nous l'avons exposée dans ce livre et telle que le secteur bancaire et financier l'a introduite en premier dans notre ordonnancement juridique.

Paragraphe 2. Conseils pour la mise en place d'un dispositif de compliance dans une entreprise

S'il n'existe pas de code de la compliance permettant le regroupement de toutes les règles y relatives, il y a dans le droit bancaire la circulaire n° 05-2017/cb/c relative à la gestion de la conformité aux normes en vigueur par les établissements de crédit et les compagnies financières de l'UMOA qui peut servir de référence pour établir le contenu d'un système de compliance dans les pays de l'Afrique de l'Ouest, dont le Sénégal.

Au regard de ce texte, on constate que, pour les autorités monétaires, pionnières dans l'instauration de la compliance en Afrique de l'Ouest :

- la compliance s'exprime dans les structures que sont les établissements bancaires et financiers qui en sont le support (titre premier de la circulaire) ;

- la matérialisation de la compliance est du ressort et donc de la responsabilité des dirigeants (titre II de la circulaire) ;

- il appartient à ces derniers d'impulser dans l'entreprise une politique de conformité et d'élaborer une charte de conformité (titre III de la circulaire) ;

- enfin, ces mêmes dirigeants doivent proposer une organisation efficace de la fonction conformité dans l'entreprise (titres IV à VIII de la circulaire).

Ainsi, il est clair que la compliance, ou tout au moins son implémentation, dans l'entreprise relève des organes de gouvernance que sont l'organe délibérant et l'organe exécutif qui sont les forces d'impulsion de la compliance. À ce titre, il leur est demandé par le droit bancaire de s'appuyer sur l'instauration d'une « culture de la compliance »[110] et sur la mise en place des pratiques[111] de la compliance dans l'entreprise. En conséquence, les principaux leviers sur

[110] L'article 4 de la circulaire assigne à l'organe délibérant les tâches suivantes : « définir les principes fondamentaux de la politique de conformité que l'établissement doit exercer dans l'exercice de ses activités… ; favoriser **la diffusion à tous les niveaux de l'établissement d'une culture de conformité**, afin qu'elle se traduise formellement, par une attention accrue portée à ce risque qui concerne chaque membre de l'établissement… »

[111] La mise en place de ces pratiques est du ressort de l'organe exécutif sous la supervision et le contrôle de l'organe délibérant. L'article 5 de la circulaire précise que l'organe exécutif est chargé « **de mettre en place une fonction conformité permanente** dont les activités sont exécutées conformément aux dispositions de la circulaire ».

lesquels tout dirigeant devra s'appuyer sont la diffusion d'une culture de la compliance (A) et la mise en place des techniques appropriées dans une fonction conformité permanente (B).

A- La diffusion d'une culture de la compliance dans les entreprises

Certes, les organes de gouvernance sont les responsables au premier chef de l'introduction de la compliance dans l'entreprise. Mais c'est une question qui concerne toutes les parties prenantes, dont les associés et les salariés, voire les partenaires contractuels.

En conséquence, le succès du dispositif dépend en grande partie de son appropriation par tous.

C'est l'une des raisons qui conduisent les différentes réglementations à faire des dirigeants les promoteurs de la compliance.[112]

---

[112] Outre le texte de la circulaire de la Commission bancaire ci-dessus mentionné, on peut citer, à la suite de Cécile Granier, pour la France, le document-cadre du 10 février 2012 de l'Autorité française de la concurrence sur les programmes de conformité aux règles de concurrence qui considère que l'efficacité de ces programmes est tributaire « d'une prise de position claire, ferme et publique des organes de direction et plus généralement de l'ensemble de dirigeants et mandataires sociaux » ; pour la Grande-Bretagne et dans le cadre de la mise en œuvre du UK Bribery Act adopté en 2010, le gouvernement britannique a diffusé un document intitulé « Guidance Rules » qui liste à la deuxième place des principes tendant à la prévention efficace de la corruption, « l'implication des

On perçoit l'intérêt de cet outil essentiel de la compliance qu'est la formation. C'est l'un des plus puissants vecteurs de dissémination et de diffusion de la culture de la compliance dans une structure donnée.[113] C'est aussi l'un des principaux outils grâce auxquels il est possible d'entretenir une tension permanente de mise à jour auprès des personnes concernées.

Retenir ici que « la compliance est appréhendée comme un processus dont l'impulsion provient du sommet de la société pour ensuite se propager, selon une dynamique verticale, à chacune de ses composantes »[114].

L'idée de l'existence d'une culture de compliance qui se caractérise « par la prise de conscience de la part des entreprises et de leurs salariés que certains comportements ne

---

dirigeants dans la prévention de la compliance ». Cécile Granier, « Dirigeants, associés et compliance », in Nicolas Borga, Jean-Claude Marin et Jean-Christophe Roda (dir.), *Compliance : l'entreprise, le régulateur et le juge*, *op. cit.*, p. 228.

[113] Marie-Anne Frison-Roche considère la formation comme l'alpha et l'oméga de la compliance dès lors qu'elle permet d'articuler l'*ex ante* et l'*ex post* : « La formation est souvent une exigence majeure des programmes de compliance infligés comme sanction, mais constitue la meilleure prévention par l'insertion d'une culture de compliance dans l'entreprise », dans « Décrire, concevoir et corréler les outils de la compliance pour en faire un usage adéquat », Introduction, in Marie-Anne Frison-Roche (dir.), *Les outils de la compliance*, Journal of Regulation and compliance et Dalloz, 2021, p. 16.

[114] Cécile Granier, « Dirigeants, associés et compliance », *op. cit.*, p. 228.

peuvent plus être tolérés » est partie des États-Unis, selon Jean-Christophe Roda[115].

Dans le même article, cet auteur cite une représentante de la Securities and Exchange Commission (SEC) qui donne une idée de ce que recoupe la notion de « culture de compliance ». Citation relativement longue mais qu'il ne serait pas sans intérêt de reprendre dans la perspective de cet ouvrage qui se veut didactique :

> « Tout d'abord, qu'est-ce qu'une culture de compliance ? Au sein de la SEC, nous avons parlé de la nécessité d'instaurer une solide culture de compliance au sein des entreprises, ce qui signifie établir, depuis le sommet de l'organisation jusqu'en bas, un environnement global qui favorise le comportement éthique et la prise de décision. En termes simples, cela signifie qu'il faut inculquer à chaque employé l'obligation de faire ce qui est juste. Cette culture sous-tendra tout ce que fait l'entreprise et doit faire partie de l'éthos essentiel de l'entreprise, de sorte que lorsque les employés prennent des décisions, grandes et petites, peu importe qui est dans la salle au moment où ils les prennent et que ce soient des avocats, des organismes de réglementation ou des clients ou n'importe qui d'autre, ils sont guidés par une

---

[115] Jean-Christophe Roda, « La compliance en droit américain : le régulateur, l'entreprise et le juge », in *Compliance : l'entreprise, le régulateur et le juge*, *op. cit.*, p. 238.

culture qui les aide à faire ce qu'il faut. Il est important de souligner que la culture de conformité d'une entreprise existe à l'extérieur du service de compliance, elle existe dans toute l'entreprise. »[116]

B- L'introduction de pratiques de compliance dans les entreprises

Instaurer les pratiques de compliance dans l'entreprise revient à la mise en place de tous les outils adéquats, notamment les programmes de compliance ou plans de conformité.[117] C'est une tâche qui incombe aux organes de gouvernance comme le prévoit le droit bancaire dans la circulaire de la Commission bancaire ci-dessus citée. Mais même lorsque la réglementation ne le précise pas, il appartient aux organes de gouvernance, du fait de leurs prérogatives légales, de mettre en œuvre les programmes de compliance. En effet, l'organe délibérant, notamment le Conseil d'administration dans la société anonyme, peut se « saisir de toutes les questions intéressant la bonne marche de l'entreprise » ; de la même manière, l'organe exécutif, le directeur général, peut, dans l'organisation interne de l'entreprise qui est de son ressort, mettre en place le dispositif de la compliance.

---

[116] *Idem*, p. 238.

[117] Xavier Boucobza et Yves-Marie Serinet, « Loi "Sapin 2" et devoir de vigilance : l'entreprise face aux nouveaux défis de la compliance », Recueil Dalloz, 2017, p. 1619.

Aujourd'hui, une fonction nouvelle s'est ajoutée aux fonctions traditionnelles de l'entreprise : il s'agit de la « **fonction conformité** » telle que qualifiée par le droit bancaire qui considère qu'elle fait partie des fonctions contrôle.[118]

Pour ce qui est de la réglementation bancaire spécialement, il est prévu :

- que cette fonction conformité soit « indépendante des unités qu'elle contrôle » ;
- qu'elle « dispose de ressources humaines nécessaires à la réalisation de ses missions » ;
- que ces ressources humaines possèdent « un niveau élevé de connaissance des activités de l'établissement et des normes qui lui sont applicables » ;
- et qu'en tout état de cause, l'entreprise prenne « les dispositions pour que ces ressources humaines maintiennent à jour leurs connaissances desdites normes. »[119]

---

[118] « **Fonctions de contrôle** : les fonctions indépendantes de la gestion opérationnelle, dont le rôle est de fournir des évaluations objectives de la situation de l'établissement dans leur domaine de compétence. Elles comprennent notamment la fonction d'audit interne, la fonction gestion des risques et la **fonction conformité.** » Définitions tirées de la circulaire n° 5 de la Commission bancaire précitée.

[119] Articles 8 et suivants de la circulaire précitée.

Les pratiques de compliance dans l'entreprise passent donc par un service dédié avec un personnel compétent dont les connaissances sont régulièrement mises à jour par la formation en vue d'une correcte prise en charge des programmes de conformité et d'éthique. Mais l'impulsion devant venir d'en haut, la compliance est donc de l'ordre des organes de gouvernance.

L'intérêt pour l'État et ses fonctions de contrôle est que les entreprises ne seront plus responsables seulement d'avoir enfreint les règles qui s'appliquent à elles, mais aussi et surtout, de ne pas avoir mis en place un dispositif efficace pour prévenir le risque d'infraction à ces règles. On voit qu'avec le dispositif de la compliance, il s'agit bien d'une véritable mutation dans les fonctions de contrôle.

BIBLIOGRAPHIE SOMMAIRE

Outre les références en notes de bas de page.

Sur le Gouvernement d'entreprise (Corporate Governance)

- Charreaux, G. (1997). Le gouvernement des entreprises: Corporate Governance – Théories et faits. Économica.
- OCDE (2015). Lignes directrices de l'OCDE sur la gouvernance des entreprises publiques.
- Banque Africaine de Développement (BAD) – Divers rapports annuels sur la gouvernance.
- Les documents de la Commission de l'UEMOA sur la gouvernance économique et les entreprises stratégiques.

Sur la Compliance / Conformité.

- L'important travail de Marie Anne Frison Roche in https://www.mafr.fr/fr/
- Mazars Afrique (2022). Panorama de la compliance en Afrique francophone.
- Banque Mondiale & BAD (2017). Renforcement des mécanismes de contrôle interne et de conformité dans les entreprises publiques africaines.

- UEMOA – Rapport sur la gouvernance et la lutte contre la corruption (édition annuelle, notamment celle de 2020 et 2022).

- Le Code UEMOA de transparence des finances publiques (revu en 2014).

- Les règles prudentielles de la Commission Bancaire de la BCEAO/UMOA qui intègrent des exigences de conformité pour les institutions financières.

- CENTIF (Cellules nationales de traitement des informations financières) des pays membres (ex : Sénégal, Côte d'Ivoire, Bénin)

- Les rapports pays du GAFI/GIABA sur la conformité aux normes anti-blanchiment (AML/CFT) en Afrique de l'Ouest.

ANNEXES

ANNEXE 1 : EXTRAITS DU ROSC

Évaluation du gouvernement d'entreprise des entreprises publiques du Sénégal

15 septembre 2006

Pratique de la mise en application du gouvernement d'entreprise

Vice-présidence au Développement des finances et du secteur privé

Banque mondiale

Pour la Mission « ROSC » (Report on the Observance of Standards and Codes) organisée par la BM et le ministère des Finances (2006) pour l'évaluation des normes en vigueur au Sénégal, l'Institut sénégalais des administrateurs (ISA) a activement collaboré.

L'évaluation, qui reprend les lignes directrices de l'OCDE, qualifie d'« entreprise publique » toute société dont l'État détient des parts, à statut juridique distinct (soit séparé de l'administration publique), qui réalise un chiffre d'affaires et des recettes. Une définition qui englobe les banques et les établissements financiers ainsi que les entreprises industrielles et les entreprises de service public. Elle s'étend aussi aux sociétés privatisées au sein desquelles l'État reste un actionnaire minoritaire. L'évaluation a été entreprise à l'invitation du ministère de l'Économie et des Finances, en parallèle du Rapport sur l'observation des normes et codes (ROSC) du gouvernement d'entreprise. Le rapport a été préparé par Alex Berg du département chargé de la mise en application du gouvernement d'entreprise à la Banque mondiale et est basé sur un questionnaire rempli par Africa Investment and Business Advisers. La mission de vérification des règles a eu lieu en mai 2006. Le projet a bénéficié d'un soutien marqué du bureau du représentant de la SFI à Dakar (Mme Aïda der Hovanessian) et du Forum mondial sur le gouvernement d'entreprise. Au nombre des homologues ayant révisé l'avant-projet, citons M. Mazen Bouri (AFTPS, Banque mondiale), Ghita Alderman (Forum mondial sur le gouvernement d'entreprise, SFI) et Fily Sissoko (AFTFM, Banque mondiale).

Évaluation, ligne directrice par ligne directrice, du gouvernement d'entreprise dans les entreprises publiques du Sénégal

SECTION I : GARANTIR AUX ENTREPRISES PUBLIQUES UN CADRE JURIDIQUE ET RÉGLEMENTAIRE EFFICACE **Le cadre juridique et réglementaire dans lequel les entreprises publiques exercent leurs activités doit garantir des règles du jeu équitables sur les marchés où les entreprises publiques et celles du secteur privé sont en concurrence, afin d'éviter les distorsions du marché. Ce cadre doit s'inspirer des Principes de gouvernement d'entreprise de l'OCDE, avec lesquels il doit être parfaitement compatible.**
Ligne directrice IA : Il convient d'opérer une distinction claire entre la fonction d'actionnaire et les autres missions qui incombent à l'État et qui sont susceptibles d'influencer les conditions dans lesquelles les entreprises publiques exercent leurs activités, en particulier en matière de réglementation du marché.
Dans beaucoup d'entreprises publiques, l'État a séparé, le plus souvent, les fonctions d'actionnaire et de réglementation. À titre indicatif, des services indépendants de réglementation ont été institués dans les secteurs de l'électricité et des télécommunications.

La politique industrielle est, depuis bien des années, au point mort. La politique déclarée applicable à toutes les sociétés d'État est la privatisation. Certaines entreprises publiques sont le fruit d'une stratégie de privatisation et sont des actifs de l'État dont la gestion est confiée à une compagnie distincte (par exemple, la SONES).

Aucune entreprise publique n'appartient à une autre entreprise publique.

Ligne directrice IB. Les pouvoirs publics doivent s'efforcer de simplifier et de rationaliser les pratiques opérationnelles des entreprises publiques, ainsi que la forme juridique sous laquelle elles exercent leurs activités. Leur forme juridique doit permettre aux créanciers de faire valoir leurs créances et d'engager des procédures d'insolvabilité.

En général, les entreprises publiques sont assujetties aux mêmes lois et règlements que les autres sociétés. Toutes les entreprises publiques à vocation commerciale opèrent en qualité de sociétés anonymes. Ce portefeuille d'entreprises comprend 19 sociétés commerciales à participation publique majoritaire. Ces entreprises sont régies par la loi 90-07 relative aux entreprises publiques, laquelle définit trois types d'entreprises publiques [120]:

[120] Article 2, loi 90-07 du 26 juin 1990 relative à l'organisation et au contrôle des entreprises du secteur parapublic et au contrôle des personnes morales de droit privé bénéficiant du concours financier de la puissance publique.

1. Les *sociétés nationales.* Il s'agit de sociétés anonymes standard dans lesquelles l'État (ou d'autres organes de la puissance publique) détient la totalité (100 %) du capital. Les statuts de ces sociétés sont établis par décret.

2. Les *sociétés anonymes à participation publique majoritaire.* Ce sont aussi des sociétés anonymes au sein desquelles un ou plusieurs organismes de l'État détiennent, directement ou indirectement, plus de la moitié (50 %) du capital.

3. Les *Établissements publics à caractère industriel et commercial, ou EPIC.* Il s'agit « de personnes morales spécialisées jouissant d'autonomie financière » mais dépourvues de capital de départ privé. Elles ne sont pas régies par le droit standard des sociétés et leurs statuts sont établis par décret. Dans la pratique, il semble que les EPIC englobent tout un éventail d'entités non commerciales, ce qui les place hors de notre présent cadre d'analyse.

Les entreprises publiques affichent bien quelques différences notables dans leur structure de gouvernement d'entreprise, particulièrement en ce qui concerne le mode de nomination des membres du conseil d'administration et du directeur général. Ces points sont développés ci-après.

Ligne directrice IC : Toutes les obligations et responsabilités incombant à une entreprise publique en matière de services publics allant au-delà des normes généralement admises doivent être clairement prescrites par la législation ou la réglementation. Ces obligations et

responsabilités doivent être portées à la connaissance du public et les coûts correspondants doivent être couverts de façon transparente.
La réalité est très contrastée. Quelques entreprises publiques (la SENELEC, par exemple) semblent avoir défini des buts de politique relativement clairs (même en opposition avec la rentabilité de la société). Pour autant, les obligations et les responsabilités de l'entreprise ne sont pas divulguées de manière explicite. Certaines subventions semblent abordées de manière assez transparente (la subvention publique à SENELEC visant à compenser l'augmentation du cours du pétrole a été budgétisée et largement portée à la connaissance du public).
Ligne directrice ID : Les entreprises publiques ne doivent pas être dispensées de respecter la législation et la réglementation générale. Les parties prenantes, y compris les concurrents, doivent pouvoir bénéficier de mécanismes de recours efficaces et équitables s'ils estiment que leurs droits n'ont pas été respectés.
Les entreprises publiques sont constituées en sociétés anonymes et ne sont dispensées de respecter aucune législation et réglementation. Elles n'échappent ni au droit du travail, ni aux lois sur les faillites, et ne jouissent d'aucune immunité juridique particulière ni d'immunité souveraine contre l'action en justice.

Les entreprises régies par la loi 90-07 (*sociétés nationales* et *sociétés à participation publique majoritaire)* suivent des procédures particulières en cas de liquidation ; la CGCPE supervise les activités de l'agent de liquidation.[121] La CGCPE a procédé à la liquidation de 32 entreprises depuis le début du programme de privatisation et cinq sociétés de plus ont engagé ces procédures. La liquidation des entreprises restantes doit être terminée d'ici juillet 2006.

Ligne directrice IE : Le cadre juridique et réglementaire doit être suffisamment souple pour qu'il soit possible de procéder à des modifications de la structure du capital des entreprises publiques lorsque celles-ci sont nécessaires à la réalisation de leurs objectifs.

Il n'y a pas d'entité actionnaire ou de structure de société de holding qui offre une flexibilité de capital (la capacité de réinvestir les dividendes d'une entreprise publique dans une autre, par exemple). Tout dividende appartient au Trésor public. La source de tout nouveau crédit public mobilisé par ces entreprises serait le ministère de l'Économie et des Finances.

Ligne directrice IF : Les entreprises publiques doivent se soumettre aux conditions de concurrence pour ce qui est de l'accès aux financements. Les relations qu'elles entretiennent avec les banques et autres institutions

121 Les règles et procédures de liquidation relatives aux entreprises publiques sont établies par la loi n° 84-64 du 16/08/1984 et par l'AUSGIE.

financières du secteur public, ainsi qu'avec toute autre entreprise publique, doivent être fondées sur des règles purement commerciales.

Le secteur bancaire commercial est la principale source de crédit pour les entreprises publiques. Deux entreprises publiques et une société à participation publique minoritaire (le Port Autonome de Dakar et l'ICS) ont émis des obligations destinées au public.

Un problème traditionnel au Sénégal a été la détention par les banques d'État de dettes non recouvrables auprès des entreprises publiques par les banques. Des créances perdues (dont des prêts aux entreprises publiques qui ont provoqué la crise bancaire au début des années 90. Pour autant, ces dernières années, le programme de privatisation des banques sénégalaises a été mené à bien. Il s'ensuit que les banques commerciales contrôlées par l'État ont cessé d'exister et que la collusion avec les banques publiques n'est plus, désormais, une possibilité.

De l'avis de plusieurs observateurs, bien des banques commerciales privées estimaient (jusqu'à une date tout à fait récente) que les grandes entreprises publiques (y compris les grosses sociétés à participation publique minoritaire comme l'ICS) étaient d'une « trop grande envergure pour échouer », profitant d'une garantie implicite de l'État, et leur ont donc octroyé des prêts à des conditions plus favorables.

SECTION II : L'ÉTAT ACTIONNAIRE

L'État doit se comporter en actionnaire éclairé et actif et

définir une stratégie actionnariale claire et cohérente de manière à garantir que le gouvernement des entreprises publiques est exercé de façon transparente et responsable, avec tout le professionnalisme et l'efficacité nécessaires.

Ligne directrice IIA : Les pouvoirs publics doivent élaborer et publier une stratégie actionnariale définissant les objectifs globaux de l'actionnariat de l'État, son rôle dans le gouvernement d'entreprise des entreprises publiques, ainsi que la manière dont il met en œuvre cette stratégie actionnariale.

L'État n'a pas officiellement posé l'objectif d'être actionnaire. Depuis vingt ans, la politique officielle de l'État est le désinvestissement et la privatisation (dont la liquidation des entreprises non viables). Une politique qui a fait reculer le nombre des entreprises publiques de 87, vers 1985, à 24, fin 2005 (sans compter les EPIC). L'organisation qui joue, au plus près, le rôle « d'entité actionnaire » (la CGCPE) s'est surtout consacrée à sa mission de privatisation. La politique actionnariale de l'État pour bien des entreprises publiques reste la privatisation à un certain point dans le temps ; à l'heure actuelle, la privatisation de SENELEC, de LONASE et de la CICES est prévue pour 2007.

Dans le passé, le Sénégal a essayé divers moyens de fixer des buts spécifiques pour les entreprises publiques, notamment les contrats de performance et de gestion. De 1981 à 1988, neuf contrats de performance (dénommés « lettres de

mission ») ont été signés entre l'État et des entreprises publiques de caractère stratégique. Les résultats de ces tentatives n'ont pas été jugés satisfaisants. De nos jours, le contrat de performance ne concerne plus que le secteur agricole, et deux entreprises (la SAED et la SODAGRI). Cf. la partie précédente intitulée « Survol sur le gouvernement d'entreprise des entreprises publiques au Sénégal » pour une description du cadre en vigueur.
Ligne directrice IIB : Les pouvoirs publics ne doivent pas être impliqués dans la gestion quotidienne des entreprises publiques et doivent leur laisser une complète autonomie pour atteindre les objectifs qui leur ont été assignés.
Il semble que les pouvoirs publics au Sénégal ne s'impliquent que de manière assez limitée dans la gestion quotidienne des entreprises publiques. On ne signale aucune société placée sous le contrôle opérationnel direct d'un ministère ou d'un autre service de l'administration. Le ministère de l'Économie et des Finances exerce bien toutefois, et de manière systématique, ses droits d'actionnaire. Le ministère de l'Économie et des Finances est, de par les fonctions qu'il assume, exposé à un risque de conflit d'intérêts. Quelques observateurs ont relevé que, dans certains cas, le ministère cherche davantage à augmenter les rentrées fiscales qu'à créer des entreprises génératrices de richesse.

Ligne directrice IIC : L'État doit laisser les conseils d'administration des entreprises publiques exercer les responsabilités qui leur incombent et respecter leur indépendance.

Les pouvoirs publics interviennent dans le gouvernement des entreprises publiques au-delà du degré jugé approprié dans les lignes directrices.

- Il n'y a pas de politique ou de stratégie claire en matière d'actionnariat et le processus de nomination des membres du conseil d'administration n'est pas optimal.
- Il y a des consultations fréquentes entre les ministres et autres fonctionnaires de haut rang, d'une part, et les membres de conseils d'administration, d'autre part — et, de fait, nombreux sont les membres de conseils d'administration qui sont aussi des agents de la fonction publique de haut niveau. Par conséquent, le pouvoir de l'État à transmettre des consignes aux entreprises publiques ou à leurs conseils d'administration ne se limite pas aux questions et à l'orientation stratégique ; il n'est pas non plus rendu public.
- La présence d'un *contrôleur financier* au conseil d'administration (sans droit de vote), chargé de rendre compte au cabinet du président, confère au chef d'État le pouvoir (ou en véhicule la perception) d'intervenir directement, si besoin est, dans les affaires de l'entreprise.
- Le président-directeur général (P.D.G.) d'une entreprise

publique est nommé et agréé par le *Cabinet du président*, ce qui renforce l'influence de l'État et affaiblit le pouvoir du conseil d'administration.

Les Principes de l'OCDE recommandent aux pouvoirs publics de s'abstenir de nommer « un nombre excessif » de membres des conseils d'administration issus de la fonction publique. Des fonctionnaires issus de l'administration ou de partis politiques ne doivent siéger au Conseil d'une entreprise publique que s'ils ont un haut niveau de compétence et « sous réserve qu'ils ne se comportent pas en instruments d'exercice d'une influence politique inopportune ». Il reste que, en règle générale, les conditions d'administration des entreprises publiques ne respectent pas ces critères.

- **Seuls des fonctionnaires siègent aux conseils d'administration.** Dans la plupart des entreprises publiques, la moitié des membres est nommée par le ministère de l'Économie et des Finances et l'autre, par le ministère de tutelle.
- **Bon nombre de membres de conseils d'administration n'ont vraisemblablement pas les qualifications professionnelles requises.** Il n'existe ni règle ni ligne directrice sur les qualifications professionnelles exigées d'un membre de conseil d'administration d'une entreprise publique. Il ressort d'entretiens informels que, concrètement, l'on nomme des membres provenant d'horizons très différents, parfois sans expérience auprès du secteur privé ou sans antécédents de gestion financière.

- **Il n'y a pas de tradition de membres de conseils d'administration agissant dans le sens des intérêts de l'entreprise et de tous les actionnaires.** Comme dans bien des pays et des entreprises, les membres des conseils d'administration semblent œuvrer dans l'intérêt des pouvoirs publics ou de la personne qui les a nommés, et non au profit de l'entreprise. Certains ministères auraient des entretiens « avant une réunion du conseil d'administration » de certaines entreprises qui s'apprêtent à discuter de questions importantes, dans le but de transmettre des instructions.
- **Aucune ligne directrice n'a été élaborée à l'intention des membres des conseils d'administration des entreprises publiques pour les aider à accomplir leurs fonctions, et aucune formation n'est dispensée.** Nombreux ont été les observateurs à estimer que les membres des conseils d'administration des entreprises publiques ignorent bien des aspects du rôle qui leur incombe et que l'élaboration de lignes directrices et l'organisation d'une formation seraient une étape appréciée pour les aider à accomplir leurs fonctions. Certaines entreprises (la SENELEC, par exemple) se sont dotées d'un code de déontologie.

Ligne directrice IID : L'exercice des droits attachés à la qualité d'actionnaire doit être clairement identifié au sein de l'administration. Pour faciliter cette identification, il pourra être utile de mettre en place une instance de

coordination ou, mieux encore, de regrouper toutes les fonctions actionnariales.
Les droits d'actionnaire (dont le droit de vote aux assemblées générales et la nomination des membres des conseils d'administration) sont répartis entre le ministère de l'Économie et des Finances — la Cellule de gestion et de contrôle de portefeuille de l'État, qui vote au prorata des parts de l'État et nomme la moitié environ des membres d'administration (dans la plupart des entreprises) — et le ministère de tutelle, qui choisit l'autre moitié des membres du conseil. Aux assemblées générales, c'est soit le directeur de la CGCPE, soit un administrateur désigné par les pouvoirs publics qui vote au nom de l'État.
Ligne directrice IIE : L'entité coordinatrice ou actionnaire doit rendre compte aux instances représentatives, comme le Parlement, et entretenir des relations clairement définies avec les organes publics concernés, notamment les institutions supérieures de contrôle des finances publiques.
Comme nous l'avons relevé, en décrivant le cadre institutionnel, il n'existe pas, dans la pratique, d'entité coordinatrice ou actionnaire clairement définie. Le droit fait obligation à la CGCPE, qui est un directoire du ministère de l'Économie et des Finances, de superviser le portefeuille d'État. Cette cellule de gestion reçoit les rapports des entreprises publiques, rédige un rapport annuel sur le portefeuille d'État à l'adresse des pouvoirs publics et vote

pour le compte de l'État aux réunions annuelles des actionnaires. Elle endosse aussi le rôle important d'agir en tant que secrétariat du gouvernement dans le processus de privatisation et supervise les liquidations d'entreprises. Pour autant, dans la pratique, le ministère de tutelle et le cabinet du président se partagent les responsabilités et l'imputabilité de fait. Le manque de moyens et la petitesse des effectifs (quatre professionnels) viennent entraver le travail de la CGCPE.	
Ligne directrice IIF : En tant qu'actionnaire actif, l'État doit exercer les droits attachés aux participations qu'il détient de façon adaptée à la structure juridique de chaque société. Ses responsabilités principales consistent à :	
(1) Être représenté aux assemblées générales des actionnaires et exercer les droits de vote attachés à la participation de l'État.	Aux assemblées générales des actionnaires, c'est le ministère de l'Économie et des Finances qui représente l'État et vote effectivement au prorata des actions détenues.
(2) Instaurer des procédures méthodiques et	Les procédures de nomination des membres des conseils d'administration ne

transparentes de nomination au conseil d'administration des entreprises publiques intégralement ou majoritairement détenues par l'État, et participer activement à la désignation des conseils d'administration de toutes les entreprises publiques.	sont ni claires, ni bien structurées. En général, le nombre de sièges détenus par l'État au conseil d'administration est proportionnel à la part d'actions détenues par les pouvoirs publics. Le plus souvent, le ministère de l'Économie et des Finances et le ministère de tutelle nomment le même nombre de membres au conseil. Dans quelques grandes entreprises de poids, le bureau du Premier ministre désigne aussi des membres du conseil d'administration. Ces membres sont désignés selon des procédures propres à chaque ministère qui ne sont pas transparentes. Bien des observateurs extérieurs ont signalé que nombreux sont les membres de conseils d'administration (tout particulièrement ceux que désignent les ministères de tutelle et ceux qui siègent dans des entreprises publiques de plus petite taille) n'étaient pas hautement qualifiés, que certains avaient une expérience limitée dans les domaines des finances, des affaires ou secteurs connexes, que d'autres avaient été nommés pour des raisons de relations politiques.

(3) Mettre sur pied des systèmes de diffusion d'informations permettant de suivre et d'évaluer régulièrement la performance des entreprises publiques.	La CGCPE reçoit des rapports annuels de la part des entreprises à participation publique majoritaire ou appartenant en totalité à l'État et prépare un compte rendu interne qui résume la situation de chaque entreprise publique. Pour autant, le champ de l'analyse est limité, il met l'accent sur l'endettement de l'entreprise et ne dresse pas le bilan complet des prestations de la société.
(4) Lorsque le système juridique et le niveau de participation de l'État le permettent, entretenir un dialogue permanent avec les auditeurs externes et les organes spécifiques de contrôle de	Les entités actionnaires (ministère de tutelle/ministère de l'Économie et des Finances —CGCPE) ont des contacts limités avec les auditeurs extérieurs ou des organismes publics chargés de la vérification des comptes. Ils n'approuvent ni ne communiquent avec les auditeurs extérieurs des entreprises publiques. Deux organismes de vérification (le contrôleur financier, ou CF, et l'Inspection générale d'État, ou IGE) se chargent des inspections. Le cabinet du président peut ensuite prendre des mesures (même si l'ampleur et le caractère officiel de ces mesures restent

l'État.	flous). Il ne semble pas que ce processus mette la CGCPE à contribution.
(5) Veiller à ce que, pour les membres du conseil d'administration des entreprises publiques, les mécanismes de rémunération tiennent compte des intérêts à long terme de la société et puissent attirer et retenir des professionnels qualifiés.	À l'heure actuelle, l'État ne veille pas à ce que les membres des conseils d'administration soient suffisamment rémunérés, ce que la plupart d'entre eux ne sont pas. Traditionnellement, les émoluments versés aux membres des conseils d'administration sont de 25 000 CFA (50 $ US) par réunion, somme qui, jugée dérisoire par le secteur privé, n'est pas de nature à attirer des professionnels qualifiés.
SECTION III : ÉGALITÉ DE TRAITEMENT ENTRE LES ACTIONNAIRES **L'État et les entreprises publiques doivent reconnaître les droits de tous les actionnaires et, conformément aux Principes de gouvernement d'entreprise de l'OCDE, veiller à ce qu'ils bénéficient d'un traitement équitable et d'un accès équivalent aux informations sur l'entreprise.**	

Ligne directrice IIIA : L'entité coordinatrice ou actionnaire et les entreprises publiques elles-mêmes doivent veiller à ce que tous les actionnaires bénéficient d'un traitement équitable.

La prise de conscience du gouvernement d'entreprise au Sénégal n'en est encore qu'à ses débuts. La plupart des intervenants sur le marché et des membres des conseils d'administration (secteurs privé et public confondus) ont tendance à appréhender le gouvernement d'entreprise de manière traditionnelle, les membres du conseil d'administration servent les intérêts de la personne qui les a nommés et pas nécessairement ceux de l'entreprise dans son ensemble. En outre, les entreprises à participation publique majoritaire ne comptent qu'une poignée d'actionnaires qui, le plus souvent, sont représentés au conseil d'administration.

Si les effectifs de la CGCPE ont bien au fait des principes modernes de gouvernement d'entreprise, la cellule de gestion ne dispose pas d'un pouvoir suffisant pour arrêter la politique applicable aux entreprises publiques dans leur ensemble. De plus, la CGCPE a fait office de service de privatisation et, dans bien des pays, les buts de privatisation sont entrés en contradiction avec les droits des actionnaires internationalement reconnus.

Ligne directrice IIIB : Les entreprises publiques doivent assurer à tous les actionnaires une très grande transparence.

En général, les entreprises publiques (à participation publique majoritaire et minoritaire) ont une très mauvaise pratique de la diffusion publique d'informations. Dans la seule entreprise cotée (la SONATEL dont 28 % environ des actions appartiennent à l'État), la société divulgue les informations conformément à la réglementation ; il n'y a pas de plaintes en matière de transparence. Dans les entreprises non cotées, la seule source d'informations publiques est le greffe du tribunal, où toutes les sociétés sont tenues de déposer leurs états financiers. Dans la pratique, il est fréquent que ces informations ne soient pas disponibles. Traditionnellement, les entreprises publiques tardent beaucoup à déposer leurs états financiers au greffe, même si des améliorations ont été constatées ces dernières années.

Concrètement, les actionnaires extérieurs sont représentés au conseil d'administration au prorata du nombre d'actions détenues, ce qui leur fournit une source importante d'informations.

Ligne directrice IIIC : Les entreprises publiques doivent élaborer une stratégie active de communication et de consultation de tous les actionnaires.

En général, rares sont les entreprises qui se sont engagées à suivre une politique soutenue de communication et de consultation avec tous les actionnaires. La pratique est rare dans les entreprises publiques à participation publique majoritaire ou intégrale.

La SENELEC publie bien un rapport annuel. La SONATEL,

qui a un service de relations avec les investisseurs, prône une politique d'information et de divulgation complètes. La SENELEC rédige aussi un rapport annuel assorti de recommandations sur son engagement à maintenir une transparence pleine et entière.

Ligne directrice IIID : La participation des actionnaires minoritaires aux assemblées générales doit être facilitée pour leur permettre d'être associés aux décisions fondamentales de la société comme l'élection aux conseils d'administration.

Les réunions des actionnaires se tiennent conformément au droit standard des sociétés. Aucun problème dans ce domaine n'a été signalé.

SECTION IV : RELATIONS AVEC LES PARTIES PRENANTES

L'État doit conduire une politique actionnariale prenant pleinement en compte les responsabilités des entreprises publiques vis-à-vis des parties prenantes et obliger les entreprises publiques à rendre compte des relations qu'elles entretiennent avec les parties prenantes.

Ligne directrice IVA : Les pouvoirs publics, l'entité coordinatrice ou actionnaire et les entreprises publiques elles-mêmes doivent reconnaître et respecter les droits des parties prenantes définis par la loi ou par des accords mutuels et se référer aux Principes de gouvernement d'entreprise de l'OCDE à cet égard.

Les salariés jouissent de solides droits au Sénégal, particulièrement dans les entreprises publiques. La plupart des grandes sociétés comptent des syndicats qui œuvrent à la défense des intérêts de leurs adhérents.

Au conseil d'administration de la SONATEL siège un représentant syndical élu au nom des employés. Pour autant, il y siège en sa qualité de représentant des actionnaires (10 % environ au moment de la privatisation en 1997, chiffre désormais ramené à quelque 8 %), et non comme porte-parole des employés.

Ligne directrice IVB : Les grandes entreprises publiques et celles qui sont cotées doivent rendre compte de leurs relations avec les parties prenantes, de même que celles auxquelles ont été confiés une mission ou des objectifs importants de politique publique.

La plupart des grandes entreprises publiques n'ont pas institué de système de compte rendu public ou de rapport particulier concernant les relations avec les actionnaires. Dans les rapports annuels de sociétés (comme la SENELEC ou la SONATEL) figurent effectivement des paragraphes consacrés aux responsabilités sociales de l'entreprise, dont des informations sur les contributions destinées à améliorer la santé du personnel et les clubs de sport.

Ligne directrice IVC : Les conseils d'administration des entreprises publiques doivent être tenus d'élaborer, d'appliquer et de faire connaître des programmes de

respect des codes de déontologie internes. Ces codes doivent s'inspirer des normes nationales en vigueur, être conformes aux engagements internationaux, et s'appliquer aux entreprises publiques elles-mêmes et à leurs filiales.
Les entreprises n'ont qu'une pratique limitée en matière d'élaboration de codes de déontologie.
SECTION V : TRANSPARENCE ET DIFFUSION DE L'INFORMATION **Les entreprises publiques doivent observer des normes de transparence rigoureuses conformément aux Principes de gouvernement d'entreprise de l'OCDE.**
Ligne directrice VA : L'entité coordinatrice ou actionnaire doit diffuser des informations régulières et consolidées sur les entreprises publiques et publier un rapport annuel consolidé sur ces entreprises.
Il n'y a pas de compte rendu public standardisé au sujet des entreprises publiques. La CGCPE prépare bien un rapport récapitulant les activités des entreprises publiques, mais il n'est pas publié. La *Cour des comptes* prépare bien un compte rendu ad hoc sur les conclusions des investigations entreprises par la *Commission de Vérification des Comptes* concernant les entreprises publiques. Dans ce rapport figure l'analyse déterminée d'une entreprise ou d'une transaction commerciale. Les entreprises sont incluses dans ce compte

rendu au gré des impératifs de calendrier de la CVCCEP. Ce rapport, qui est rendu public, constitue un moyen de contrôle précieux et indépendant des activités des entreprises publiques.

Ligne directrice VB : Les entreprises publiques doivent se doter de procédures efficaces de contrôle interne et mettre en place un organe de contrôle de gestion, placé sous la surveillance du conseil d'administration et du comité d'audit, ou de l'organe équivalent de la société, auxquels il devra rendre compte.

Aux termes de la loi 90-07, chaque entreprise publique doit avoir « un manuel de procédures » et un *contrôleur interne* auquel il incombe de vérifier le respect des dispositions du manuel.[122] La loi fait aussi obligation à l'entreprise de mettre sur pied une *cellule de contrôle de gestion*). Cette unité est chargée de définir un jeu d'indicateurs pour l'entreprise, de suivre le budget et la trésorerie, de rédiger un rapport de gestion tous les trimestres et de suivre l'évolution des effectifs de la société.

Dans la pratique, les grandes entreprises publiques ont bien établi un service d'audit interne. Néanmoins, ces contrôleurs intra-muros, qui font rapport à la direction et non au conseil d'administration, ne sont pas jugés particulièrement efficaces, de la part de nombreux observateurs.

[122] Article 36, loi 90-07.

Ligne directrice VC : Les entreprises publiques, en particulier les grandes, doivent être chaque année soumises à une vérification externe indépendante de leurs comptes conformément aux normes internationales. L'existence de procédures spécifiques de contrôle par l'État ne remplace pas le recours à des auditeurs externes indépendants.
Les entreprises publiques sont soumises à une vérification externe. Néanmoins, le processus d'audit au Sénégal ne cadre pas toujours avec les bonnes pratiques internationales (cf. le ROSC sur la comptabilité et l'audit). En outre, ces bonnes pratiques exigent la création d'un comité d'audit rattaché au conseil d'administration qui supervise le processus de vérification des comptes.
Ligne directrice VD : Les entreprises publiques doivent être soumises aux mêmes normes exigeantes de comptabilité et de vérification des comptes que les sociétés cotées. Les grandes entreprises publiques et celles qui sont cotées doivent diffuser des informations financières et non financières en se conformant à des normes exigeantes internationalement admises.
Cf. le ROSC sur la comptabilité et l'audit pour une description complète des normes comptables pertinentes.[123] Les entreprises publiques (qui sont des *sociétés anonymes)* sont soumises aux mêmes normes comptables que les

[123] http://www.worldbank.org/ifa/rosc_aa_sen_fre.pdf

sociétés cotées en bourse.

Ligne directrice VE : Les entreprises publiques doivent publier des informations significatives sur toutes les questions décrites dans les Principes de gouvernement d'entreprise de l'OCDE et doivent en outre s'attacher à celles qui concernent plus spécifiquement l'État actionnaire et le grand public. À titre d'exemple, il conviendra de rendre publics :

1. **une déclaration claire sur les objectifs de l'entreprise et un rapport sur leur réalisation ;**
2. **la structure du capital et la répartition des droits de vote de chaque entreprise ;**
3. **les facteurs de risque significatifs, ainsi que les mesures prises pour y faire face ;**
4. **les aides financières éventuelles, notamment les garanties reçues de l'État et les engagements pris par l'État pour le compte des entreprises publiques ;**
5. **toute transaction significative avec des parties apparentées.**

À l'instar de toute autre société privée, l'entreprise publique est tenue de déposer ses états financiers au registre du commerce. Ces états financiers ne contiennent pas les informations décrites dans la ligne directrice. Les entreprises publiques tardaient autrefois à dresser leurs états financiers, bien que, depuis peu, cette disposition soit mieux respectée.

SECTION VI : RESPONSABILITÉS DU CONSEIL D'ADMINISTRATION D'UNE ENTREPRISE PUBLIQUE

Le conseil d'administration d'une entreprise publique doit avoir les pouvoirs, les compétences et l'objectivité nécessaires pour assurer sa fonction de pilotage stratégique et de surveillance de la direction. Le conseil d'administration doit agir en toute intégrité, et être responsable des décisions qu'il prend.

Ligne directrice VIA : Le conseil d'administration d'une entreprise publique doit se voir attribuer un mandat clair et assumer en dernier ressort la responsabilité des résultats de l'entreprise publique. Il doit être soumis à l'obligation de rendre pleinement compte aux propriétaires de l'entreprise, agir au mieux des intérêts de la société et traiter équitablement tous les actionnaires.

Le mandat des administrateurs n'est pas particulièrement clair. Globalement, cette responsabilité semble être répartie entre les ministères et le cabinet du président (voir l'analyse séparée ci-après).

Les administrateurs des sociétés anonymes (notamment ceux des entreprises publiques) ont le devoir, envers la société et les tiers, d'observer la loi et la réglementation applicable ainsi que les dispositions de l'acte de constitution en société.[124] Il existe un devoir général d'attention ; les agents

[124] AUSCGIE, § 740.

doivent agir en « bon père » vis-à-vis de l'entreprise (en vertu du Code civil). Il n'y a pas d'obligation générale pour les membres des conseils d'administration d'agir dans le sens des intérêts de l'entreprise et de tous les actionnaires (à savoir, pas de devoir de loyauté). Quelques devoirs spécifiques ad hoc sont établis en droit : la direction et les administrateurs engagent leur responsabilité en cas de divulgation d'informations erronées ou insuffisantes lorsqu'ils mobilisent une nouvelle tranche de capital[125], et en cas d'irrégularités en rapport avec l'émission d'actions, tout particulièrement en cas de remise de certificats d'actions avant leur paiement intégral, et en cas de non-octroi de droits de préemption à tous les actionnaires ou de présentation d'informations fausses ou susceptibles d'induire en erreur à la réunion annuelle des actionnaires lorsqu'il y a renoncement aux droits de préemption.[126] La direction et le conseil d'administration engagent leur responsabilité conjointe et individuelle en cas de distribution de dividendes sans disposer des éléments sous-jacents de santé financière pour ce faire, de fausse déclaration figurant dans les rapports financiers ayant été rendus publics, d'usage des instruments de crédits de l'entreprise allant à l'encontre de ses intérêts, à des fins de gains personnels.[127]

Il n'y a pas de précédents de recours en justice pour imposer le respect de n'importe lequel de ces devoirs, et même lors de

[125] AUSCGIE, § 905.

[126] AUSCGIE, § 893, 894, 895.

[127] AUSCGIE, § 161, 889, 890, 891.

cas récents d'entorses graves au gouvernement d'entreprise, aucune action judiciaire n'a été intentée à l'encontre de la direction ou des administrateurs d'une entreprise.

Il semble que les membres des conseils d'administration soient encore moins responsables de leurs actes que leurs homologues du secteur privé. La plupart des représentants de l'État sont nommés au conseil d'administration par leur ministère de tutelle, dont ils défendent les intérêts. La tradition d'œuvrer dans les intérêts de tous les actionnaires n'existe pas.

Ligne directrice VIB : Le conseil d'administration d'une entreprise publique doit exercer sa fonction de surveillance de la direction et de pilotage stratégique, dans le cadre des objectifs définis par le gouvernement et l'entité actionnaire. Il doit avoir le pouvoir de nommer et de révoquer le directeur général.

Aux termes de l'Acte uniforme de l'OHADA (AUSGIE), tous les conseils d'administration « disposent des pouvoirs les plus larges d'agir en toutes circonstances au nom de la société… Le conseil d'administration… arrête les objectifs de la société ainsi que les principes de son administration ». Il incombe au conseil d'administration de définir les objectifs de l'entreprise ainsi que les principes que la direction doit suivre et les modalités de sa surveillance.

Dans la pratique, les responsabilités du conseil d'administration de l'entreprise publique sont mal définies et bien des administrateurs ne comprennent pas leurs fonctions.

Il n'y a ni règlement, ni recommandation en matière de bonnes pratiques conférant au conseil d'administration la responsabilité explicite du suivi des pratiques de gouvernement d'entreprise ou de l'évaluation de leur performance. Les conseils d'administration ne procèdent pas à leur propre autoévaluation.

Aux termes de l'Acte, « le conseil d'administration… contrôle, à titre permanent, la direction ». Le conseil d'administration est l'organe formel qui nomme, rémunère et limoge le directeur général (§462 AUSCGIE). Concrètement, dans bien des entreprises publiques, le directeur général est nommé par le cabinet du président, un choix que le conseil d'administration entérine. Il s'agit d'une pratique qui affaiblit considérablement le conseil d'administration de ces entreprises.

Le conseil d'administration « adopte » les états financiers annuels. Il ne semble pas, toutefois, que le conseil d'administration ait adopté une pratique quelconque de surveillance ou de gestion des processus de contrôles internes. Bien des entreprises disposent d'auditeurs propres, mais ils font rapport au directeur général et non au conseil d'administration. Ni les administrateurs, ni le directeur général ne sont tenus de certifier les états financiers.

Ligne directrice VIC : Les conseils d'administration doivent être composés de manière à pouvoir exercer leur jugement en toute objectivité et indépendance. La bonne pratique veut que le président du conseil

d'administration n'appartienne pas à la direction générale.

Composition du conseil d'administration. En général, la composition du conseil d'administration dans la plupart des sociétés (particulièrement dans les entreprises publiques) repose sur le modèle « parlementaire », à savoir que la répartition des sièges au conseil s'effectue en fonction des parts détenues dans la société, parfois sous forme d'accord formel avec les actionnaires. Dans bien des cas, le ministère de l'Économie et des Finances et le ministère de tutelle se partagent les sièges au sein du conseil (50/50), même si, dans les grandes entreprises publiques d'autres ministères et instances du gouvernement peuvent être représentés.

Membres indépendants du conseil d'administration. En général, l'indépendance du conseil d'administration est une notion nouvelle, qui n'est pas mise en pratique au Sénégal. La loi ne définit pas le mot « indépendance » et le concept est nouveau un peu partout. La SONATEL a eu deux administrateurs indépendants depuis sa privatisation en 1997 et la plupart des observateurs ont jugé l'expérience réussie. D'autres sociétés sont aujourd'hui en train d'évaluer le concept dans le cadre d'une réforme globale de leur gouvernement d'entreprise.

Séparation des fonctions de président du conseil d'administration et de président-directeur général. Les deux postes sont distincts dans les entreprises publiques. Ils sont sujets à une réglementation distincte en vertu du droit standard des sociétés.

Rémunération. Dans les faits, la rémunération d'un membre du conseil d'administration est très faible, tout particulièrement lorsqu'on la compare aux émoluments du président du conseil d'administration et du président-directeur général. Cette rémunération ne suffit pas pour attirer de nouveaux candidats qualifiés qui seront exposés à des responsabilités professionnelles et civiles accrues.

Ligne directrice VID : Si la représentation des salariés au conseil d'administration est obligatoire, il convient de prévoir des mécanismes permettant de garantir que cette représentation est effectivement exercée et qu'elle renforce les compétences, l'information et l'indépendance du conseil d'administration.

La représentation des employés au conseil d'administration de n'importe quelle entreprise au Sénégal n'est pas obligatoire en droit. Une entreprise (la SONATEL) offre pourtant un siège aux employés à son conseil d'administration, mais en leur qualité d'actionnaire et non d'employés.

Ligne directrice VIE : Si nécessaire, le conseil d'administration d'une entreprise publique doit mettre en place des comités spécialisés destinés à aider l'ensemble du conseil à assumer ses fonctions, en particulier en matière de vérification des comptes, de gestion des risques et de rémunération.

Aux termes de la loi 90-07, le conseil d'administration peut déléguer certaines fonctions à un *Comité de Direction*), hormis pour celles qui sont expressément prévues en droit.[128] Le comité de gestion doit informer le conseil d'administration plénier de ses réunions. Il est soumis à la supervision du président du conseil d'administration plénier ; les représentants du ministère de tutelle en sont automatiquement membres : le conseil d'administration doit élire trois autres de ses membres.

Hormis le comité de gestion, les conseils d'administration des entreprises publiques ne comptent pas d'autres comités. Comme indiqué dans le rapport sur le gouvernement d'entreprise, les comités d'audit et structures apparentées sont un concept neuf au Sénégal.

Ligne directrice VIF : Le conseil d'administration d'une entreprise publique doit procéder à une évaluation annuelle de ses performances.

Le Sénégal n'a pas la pratique du bilan de performance et autres formes d'évaluation des prestations du conseil d'administration.

[128] Article 18 de la loi 90-07. Les questions prohibées englobent le règlement intérieur, les plans d'investissement, les budgets et comptes prévisionnels, l'acquisition et la vente d'actifs, et d'investissements (cf. article 11).

ANNEXE II

CODE DE GOUVERNANCE DE L'INSTITUT SÉNÉGALAIS DES ADMINISTRATEURS

République du Sénégal

SENEGAL

Code de gouvernance des entreprises

INSTITUT SENEGALAIS DES ADMINISTRATEURS

ISA

Introduction

Sous toutes les latitudes, la vie économique et financière a connu une profonde crise au cours des dix dernières années. Au Sénégal également, les entreprises doivent relever le défi de la compétitivité dans cet environnement fortement marqué par la globalisation des marchés et par la mondialisation des investissements entraînant une standardisation de l'ensemble des normes. La compétitivité de nos entreprises dans un tel environnement rend nécessaire l'existence de modes de gouvernance basés sur la transparence, gage d'efficacité et de réussite.

Nous avons désormais mieux compris, notamment à la lecture de nombreux échecs, que seule la bonne gouvernance pouvait permettre aux entreprises de fonctionner d'une manière effective, et d'assurer leur croissance économique et financière. Cette bonne gouvernance consiste, pour l'essentiel, en la conjugaison d'organes transparents et responsables, de solides qualifications et compétences des administrateurs et dirigeants, et d'une volonté fondamentale de faire toujours ce qui est juste pour l'intérêt social. C'est tout cela qui permet à une entreprise d'atteindre ses objectifs et de pérenniser ainsi de manière effective ses activités au profit de tous les agents économiques.

Au Sénégal, l'Acte uniforme de l'OHADA sur le droit des sociétés commerciales et du GIE organise le fonctionnement des sociétés. Toutefois, nous avons relevé d'importants principes directeurs de gouvernance qui ne sont pas repris par l'Acte uniforme dans son état actuel.

C'est dans cette optique que l'Institut sénégalais des administrateurs, avec l'appui des autorités du Sénégal, en particulier le Conseil présidentiel de l'investissement, a lancé en 2008 le projet de rédaction **du Code de gouvernance** qui tend à renforcer et à moderniser les principes de gouvernement d'entreprise. Il s'agissait alors de rédiger un code unique des meilleures pratiques de gouvernance d'entreprise largement inspirées des principes de l'OCDE en la matière.

Ce Code n'est en aucune manière contraignant, il laisse un grand choix aux entreprises de s'y conformer ou non. Toutefois, nous recommandons aux autorités sénégalaises de reconnaître le présent Code comme le Code de gouvernance de référence. Elles devraient également en exiger l'application par l'ensemble des entreprises ayant l'État du Sénégal comme actionnaire principal. Des mécanismes de conformité au Code seront mis en place avec l'appui des autorités. Nous mettrons également en place des outils d'évaluation et de mise à jour du Code aux fins de l'adapter à l'évolution des pratiques juridiques et de la vie des affaires.

Au nom de l'Institut sénégalais des administrateurs, je remercie tous ceux qui ont contribué à l'élaboration de ce Code.

Le président de l'Institut sénégalais des administrateurs (ISA)

Abdoul MBAYE

Sommaire

ii. La nomination et la rémunération des principaux dirigeants et administrateurs **Rb4 à 6**
iii. Le contrôle des exécutifs
Rb7, 8 iv. Rendre compte aux actionnaires
Rb9 à 11

c. La composition du Conseil

i. La complémentarité des compétences
Rc1, 2 ii. Le processus de choix des administrateurs
Rc3
iii. Les administrateurs indépendants
Rc5, 6

d. Le fonctionnement du Conseil

i. Le règlement intérieur
Rd1
ii. Information et formation
Rd2 à 5 iii. L'évaluation de ses travaux
Rd6, 7

e. Les comités du Conseil

i. Utilité, missions, composition et fonctionnement des comités

SENEGAL

Code de gouvernance des entreprises

Projet du 5 mars 2010

Avant-propos

Ce Code a été élaboré au travers d'un processus qui a permis à l'ensemble des parties prenantes directement concernées de rapprocher leur point de vue et de dégager un consensus.

Dans le cadre d'une démarche de progrès, il est apparu nécessaire de créer un « *Comité de suivi du Code de gouvernance* » dont la mission est de rendre compte aux entreprises concernées et aux autorités, une fois par an, de la mise en œuvre des pratiques de gouvernance identifiées par le Code.

La responsabilité de ce *Comité de suivi du Code de gouvernance* est confiée à l'Institut Sénégalais des Administrateurs (ISA).

Introduction

Sous toutes les latitudes, la vie économique et financière a connu une profonde crise au cours des dix dernières années. Au Sénégal également, les entreprises doivent relever le défi de la compétitivité dans cet environnement fortement marqué par la globalisation des marchés et par la mondialisation des investissements entraînant une standardisation de l'ensemble des normes. La compétitivité de nos entreprises dans un tel environnement rend nécessaire l'existence de modes de gouvernance basés sur la transparence, gage d'efficacité et de réussite.

Nous avons désormais mieux compris, notamment à la lecture de nombreux échecs, que seule la bonne gouvernance pouvait permettre aux entreprises de fonctionner d'une manière effective, et d'assurer leur croissance économique et financière. Cette bonne gouvernance consiste pour l'essentiel, à la conjugaison d'organes transparents et responsables, de solides qualifications et compétences des administrateurs et dirigeants, et d'une volonté fondamentale de faire toujours ce qui est juste pour l'intérêt social. C'est tout cela qui permet à une entreprise d'atteindre ses objectifs et de pérenniser ainsi de manière effective ses activités au profit de tous les agents économiques.

Au Sénégal, l'Acte Uniforme de l'Ohada sur le Droit des sociétés commerciales et du GIE organise le fonctionnement des sociétés. Toutefois, nous avons relevé d'importants principes directeurs de gouvernance qui ne sont pas reprise par l'Acte Uniforme dans son état actuel.

C'est dans cette optique que l'Institut Sénégalais des Administrateurs avec l'appui des autorités du Sénégal en particulier le Conseil Présidentiel de l'Investissement a lancé en 2008 le projet de rédaction **du Code de gouvernance** qui tend à renforcer et à moderniser les principes de gouvernement d'entreprise. Il s'agissait alors de rédiger un code unique des meilleures pratiques de gouvernance d'entreprise largement inspirées des principes de l'OCDE en la matière.

Ce code n'est en aucune manière contraignant, il laisse un grand choix aux entreprises de s'y conformer ou non. Toutefois, nous recommandons aux autorités sénégalaises de reconnaître le présent Code comme le Code de gouvernance de référence. Elles devraient également en exiger l'application par l'ensemble des entreprises ayant l'Etat du Sénégal comme actionnaire principal. Des mécanismes de conformité au Code seront mis en place avec l'appui des autorités. Nous mettrons également en place des outils d'évaluation et de mise à jour du Code aux fins de l'adapter à l'évolution des pratiques juridiques et de la vie des affaires.

Au nom de l'Institut Sénégalais des Administrateurs, je remercie tous ceux qui ont contribué à l'élaboration de ce Code.

Le Président de l'Institut Sénégalais des Administrateurs (ISA)

Sommaire

4

f. La relation Conseil- Direction générale/Dirigeants

i. Les domaines réservés **Rf1,2**
ii. La relation confiance/transparence **Rf3,4**

g. Le Conseil et les Commissaires aux Comptes

i. Le choix des Commissaires aux Comptes **Rg1**
ii. Le suivi de leur indépendance **Rg2,3**

h. Le Conseil et les autres parties prenantes

i. Leur influence sur la gouvernance de l'entreprise
ii. La prise en compte de leurs attentes **Rh1à7**

Annexes

1. Principes fondateurs de la Gouvernance
2. Glossaire
3. Charte de l'Administrateur
4. Bibliographie
   a. Textes réglementaires
   b. Publications
   c. Liens avec sites internet

5

I- Le Code pourquoi, pour quelles entreprises ?

a. Définition et principes de la Gouvernance d'entreprise

La Gouvernance d'entreprise a fait l'objet, depuis deux décennies, d'une intense réflexion et codification. La définition qui a été retenue pour le présent Code est : *« la gouvernance est le système par lequel l'entreprise est dirigée et contrôlée ; sa mise en œuvre fait référence aux relations entre la direction, son Conseil d'administration, ses actionnaires et les autres parties prenantes ».*

La gouvernance est le système par lequel l'entreprise est dirigée et contrôlée.

Quelle que soit sa taille, la gouvernance d'une entreprise s'appuie sur quelques principes de base:

- l'intégrité de ses dirigeants,
- une définition claire et respectée des rôles entre l'assemblée des actionnaires, le Conseil d'administration et la Direction générale,
- le respect des droits des actionnaires et l'égalité dans leur traitement.

b. La Gouvernance, élément essentiel du développement des entreprises et du pays

La bonne gouvernance a pour objectif d'améliorer la performance de l'entreprise.

Elle apporte la confiance et le respect mutuel entre les différents acteurs de l'entreprise. Si les entreprises suivent les principes et recommandations de gouvernance, les investisseurs et les banques sont rassurés : l'accès au marché financier est facilité et le coût du capital est réduit.

La bonne gouvernance améliore les performances de l'entreprise.

Globalement, l'entreprise est ainsi en meilleure position pour atteindre ses objectifs stratégiques de développement et de rentabilité.

Sous l'impulsion des autorités, tant auprès des entreprises privées que celles où l'Etat est actionnaire, la bonne gouvernance permet d'améliorer le climat des affaires, renforcer l'intérêt des investisseurs internationaux et accélérer ainsi le développement économique.

c. Qu'est-ce qu'un Code de gouvernance ?

Le Code est un ensemble de règles de bonne conduite de l'entreprise qui précise les textes de l'OHADA. Il s'applique en premier lieu au Conseil d'administration.

Il existe un texte de référence, celui de l'acte uniforme de l'OHADA, qui définit les rôles et responsabilités de chacun. Il laisse une large place à l'interprétation : par exemple, si la loi fixe le nombre minimum d'Administrateurs, elle ne peut déterminer le nombre nécessaire.

Le Code de gouvernance est un guide de bonnes pratiques.

En outre, les différentes crises financières et économiques depuis le début des années 2000 ont renforcé les attentes de l'ensemble des parties prenantes et conduisent à préciser ce texte fondateur.

Le Code permet aux entreprises d'organiser plus efficacement le fonctionnement et le processus de décision des instances les plus importantes : l'assemblée des actionnaires, le Conseil d'administration et la direction générale.

Le présent Code est un guide pratique et non un texte de loi supplémentaire.

d. Quelles entreprises peuvent adhérer au Code ?

Toutes les entreprises peuvent mettre en œuvre de bonnes pratiques de gouvernance telles que définies dans le présent Code. Les plus importantes, les entités d'intérêt public, se doivent d'être exemplaires.

Les grandes entreprises doivent être des modèles de bonne gouvernance.

Ce sont les entités (ayant un statut d'entreprise ou non) qui ont un impact significatif sur la vie économique du fait de leur activité, leur taille, leur nombre d'employés ou leur statut qui les rend indispensable au bon fonctionnement de la société civile.

En font partie :

- les sociétés contrôlées par l'Etat ou dans lesquelles l'Etat a une participation ou un rôle significatifs,
- les sociétés liées à l'énergie ou aux matières premières,
- les grandes sociétés industrielles ou de services,
- les sociétés cotées,
- les banques, les compagnies d'assurances,
- les mutuelles d'assurance, les institutions de prévoyance,
- les sociétés d'investissement, les fonds de pension,
- les grandes Associations et les Fondations bénéficiant de subventions ou de la générosité publique.

e. Synthèse du contenu du Code

Le Conseil d'administration rend compte de son activité aux actionnaires.

Le Code traite du rôle et des missions du Conseil, de sa composition, de son fonctionnement et de ses relations tant avec les actionnaires qu'avec la Direction générale et les autres parties prenantes.
Il insiste sur l'engagement que prennent les Administrateurs à exercer leur rôle, en particulier en étant vigilants, disponibles et loyaux à l'entreprise.

Chaque Conseil organise son fonctionnement selon le mandat qui lui est confié par les actionnaires et la charge de travail correspondante : le Code précise les bonnes pratiques, notamment sur le fonctionnement du Conseil, la création du Comité d'audit, d'autres Comités, la définition des domaines réservés au Conseil, la formation des Administrateurs, l'évaluation de son fonctionnement...

Enfin le Code rappelle que le Conseil doit rendre compte de l'exercice de son mandat aux actionnaires avec pertinence et transparence, clés de la confiance indispensable entre les différents acteurs de la gouvernance pour que l'entreprise soit performante et pérenne.

f. Comment mettre en œuvre le Code : principe « appliquer ou expliquer »

Les entreprises expliquent leurs pratiques de gouvernance dans le rapport annuel.

Ce Code n'est ni un texte de loi, ni une nouvelle obligation sanctionnée si elle n'est pas respectée.
Les entreprises, les membres du Conseil, les Dirigeants comprendront leur intérêt à appliquer le Code. La mise en œuvre de ces bonnes pratiques est progressive car elle implique des changements parfois importants dans l'organisation du Conseil et la répartition des pouvoirs entre les différentes instances de gouvernance. Il appartient aux entreprises concernées d'expliquer, dans le chapitre « gouvernance » de leur rapport annuel, leur plan de mise en œuvre et pourquoi certaines pratiques ne leur paraissent pas adaptées.

7

g. <u>Les modalités de révision du Code, la création de Codes spécifiques</u>

Le Comité de suivi fera un rapport annuel sur la mise en œuvre du Code.

Un Comité de suivi élaborera annuellement un rapport sur la mise en œuvre, par les entreprises concernées, des pratiques identifiées par le présent code. Ce rapport mettra en évidence les améliorations nécessaires à apporter au Code.

Certains secteurs d'activité (banque, assurance, secteurs régulés..) ou certains types d'entreprises (familiales, PME, cotées…) souhaiteront compléter ce Code par des pratiques qui leur sont plus particulièrement utiles.

Il leur appartiendra de coordonner leurs travaux avec le Comité de suivi afin de maintenir la cohérence de l'ensemble des pratiques de gouvernance des entreprises au Sénégal notamment dans une perspective de diffusion auprès d'entreprises de pays voisins relevant de l'OHADA.

8

II- Le Code des bonnes pratiques de gouvernance

a. La relation avec les actionnaires

i. Le traitement équitable des actionnaires

Principe de respect des droits des actionnaires.

La société assure un traitement équitable à ses actionnaires.

Ra1 Elle veille à ce que tous les moyens et les informations permettant aux actionnaires d'exercer leurs droits soient disponibles. Les actionnaires qui ne peuvent être présents aux diverses réunions doivent disposer de moyens adéquats d'exprimer leur vote.

Ra2 La société rend disponible avant la réunion et dans des délais raisonnables non seulement les informations légales mais aussi toutes celles qui sont utiles pour faciliter la compréhension par l'actionnaire des décisions soumises à son vote lors des assemblées générales. Pour cette diffusion, l'entreprise utilise tous les canaux notamment électroniques.

ii. La transparence et la qualité de l'information transmise

La société doit veiller à la diffusion en temps opportun d'informations exactes sur tous les sujets significatifs notamment la situation financière, les résultats, l'actionnariat.

Principe de qualité de l'information comptable et financière.

Ra3 La diffusion de ces informations doit porter, de façon non exclusive, sur :

- le résultat financier et le résultat d'exploitation de l'entreprise,
- les objectifs de l'entreprise,
- les principales participations au capital et les droits de vote,
- la politique de rémunération des Administrateurs et des principaux dirigeants
- les données relatives aux Administrateurs portant notamment sur leurs qualifications, le processus de sélection, leur appartenance au Conseil d'administration d'autres sociétés et, le cas échéant, le fait qu'ils sont considérés comme indépendants par le Conseil d'administration,
- les transactions effectuées avec des parties liées,
- les facteurs de risque prévisibles,
- les questions intéressant les autres parties prenantes,
- les structures et politiques de gouvernance de l'entreprise, et en particulier sur le contenu de toute stratégie de gouvernement d'entreprise rédigée par la société et sur le processus permettant de mettre en œuvre cette stratégie.

Ra4 Les informations doivent être établies et diffusées conformément à des normes reconnues au niveau national et international, en matière de comptabilité et de communication financière et non financière.

Les modes de diffusion retenus doivent permettre aux investisseurs et aux autres parties prenantes concernées d'accéder aux informations pertinentes dans des conditions équitables, en temps opportun et à un coût aussi réduit que possible.

b. Le rôle et les missions du Conseil

i. La stratégie, le contrôle des opérations et des investissements

Le Conseil conduit l'élaboration de la stratégie de l'entreprise.

Principe de définition des rôles respectifs du Conseil et de la Direction générale

Rb1 Le Conseil doit régulièrement revoir la stratégie de l'entreprise, ses principaux plans d'action, sa politique de risque, ses budgets annuels et programmes d'activité, définir ses objectifs de résultats, assurer la surveillance de la mise en œuvre de ces objectifs et des résultats de l'entreprise et contrôler les principales dépenses d'équipement, acquisitions et cessions d'actifs.

Rb2 Le Conseil reçoit de la Direction Générale les explications permettant d'apprécier les raisons pour lesquelles les objectifs ne pourront être ou n'ont pas été atteints.

Rb3 Il appartient au Conseil de surveiller les pratiques effectives de la société en matière de respect des principes de gouvernement d'entreprise et procéder aux changements qui s'imposent.

ii. La nomination et la rémunération des principaux dirigeants et Administrateurs

Le Conseil doit recruter les principaux dirigeants, déterminer leurs rémunérations, suivre leurs activités et, le cas échéant, les remplacer et préparer les plans de succession.

Rb4 Il doit s'assurer que leurs rémunérations ne privilégient pas leurs intérêts à court terme et sont alignées avec les intérêts à long terme de la société et de ses actionnaires.

Rb5 Le Conseil doit s'assurer de la mise en place d'une procédure clairement définie et transparente pour la nomination, l'élection ou la réélection des Administrateurs en prévoyant, le cas échéant, des règles spécifiques pour les différentes catégories d'Administrateurs.

Rb6 Le Conseil répartit les indemnités de fonction (jetons de présence) entre les Administrateurs selon des critères prenant en compte, notamment, la présence effective aux réunions du Conseil et des Comités.

iii. Le contrôle des exécutifs

Le Conseil d'administration doit être en mesure de porter un jugement objectif et indépendant sur la conduite des affaires de la société.

Rb7 Il doit surveiller et gérer les conflits d'intérêt pouvant survenir entre la direction, les Administrateurs et les actionnaires, y compris les abus de biens sociaux ou les abus commis dans le cadre de transactions avec des parties liées. Le Conseil doit confier les tâches pouvant être source de conflit d'intérêts à un nombre suffisant d'Administrateurs sans fonctions de direction et capables d'exercer un jugement indépendant.

Rb8 Il doit s'assurer de l'intégrité des systèmes de comptabilité et de communication financière de la société, notamment de l'indépendance de la vérification des comptes, et que l'entreprise est dotée de dispositifs de contrôle adéquats, en particulier de dispositifs de maîtrise des risques, de contrôle interne, ainsi que de contrôle du respect du droit et des normes applicables.

iv. Rendre compte aux actionnaires

Le Conseil d'administration s'assure que ses obligations vis-à-vis de tous les actionnaires sont comprises et remplies en respectant le principe d'équité : ils doivent disposer des mêmes informations et pouvoir participer aux assemblées.

Rb9 Le Conseil, par la voix de son Président, rend compte de l'exercice de ses missions en commentant le rapport de gestion qui a été transmis aux actionnaires.

Principe de responsabilité du Conseil vis-à-vis des actionnaires.

Ce rapport comprend en particulier un chapitre « gouvernance » sur la composition du conseil, son fonctionnement, celui de ses comités, les domaines réservés du Conseil et les principales décisions qui ont été prises.

Rb10 Le Conseil rend compte également dans son rapport de la politique de rémunération des principaux dirigeants, des critères retenus pour l'attribution des parties variables ou des rémunérations différées (actions gratuites, stock option, plans de retraite…).

Rb11 L'Administrateur est physiquement présent lors de l'assemblée des actionnaires qui l'ont mandaté.

c. La composition du Conseil

La composition du Conseil d'administration doit garantir que les décisions sont prises dans l'intérêt social. Cette composition est basée sur une nécessaire diversité ainsi qu'une complémentarité d'expériences, de connaissances et de compétences.

La composition du Conseil : un élément clef de la bonne gouvernance.

i. La complémentarité des compétences

Faisant partie du même organe collégial, les Administrateurs ont un rôle spécifique et complémentaire à jouer dans le Conseil d'administration.

Rc1 Chaque Administrateur s'attache à mettre l'ensemble de ses compétences au service du débat collégial du Conseil.

Rc2 Lors de l'évaluation de son fonctionnement, le Conseil vérifie que ses membres disposent collectivement des compétences lui permettant de remplir ses missions telles que définies par la loi, par les actionnaires et par les dispositions du présent Code ;

ii. Le processus de choix des Administrateurs

Rc3 La procédure adoptée pour garantir l'efficacité des nominations et des réélections des Administrateurs doit prévoir que la sélection des Administrateurs est préparée en amont par un Comité de nomination, s'il en existe, et en tout état de cause suivant un processus établi, connu et approuvé par les membres du Conseil.

Ce processus doit permettre de s'assurer des compétences, de la disponibilité et de l'engagement du ou des Administrateurs pressentis.

iii. Les Administrateurs indépendants

La présence d'Administrateurs indépendants au sein du conseil permet une meilleure gestion des situations de conflit d'intérêts entre actionnaires, Administrateurs ou dirigeants.

Rc5 Pour être considéré comme indépendant, un Administrateur doit être libre de toute relation d'affaires, de tout lien de proche parenté, ou de toute autre relation avec la société, ses actionnaires de contrôle ou le management de l'une ou des autres, qui crée un conflit d'intérêts susceptible d'affecter l'indépendance du jugement de cet Administrateur.

Rc6 Le nombre d'Administrateurs indépendants qu'il est souhaitable de voir siéger au Conseil reste à l'appréciation du Conseil et des actionnaires qui nomment l'ensemble des Administrateurs.

Toutefois, dans les sociétés d'intérêt public, il est recommandé de nommer, au minimum, deux Administrateurs indépendants.

Les entreprises, qui estiment que leur présence n'est pas nécessaire, expliquent leur choix dans le rapport annuel au chapitre « gouvernance ».

d. Le fonctionnement du Conseil

Le fonctionnement du Conseil doit être structuré et évalué.

Les missions et responsabilités du Conseil d'administration sont définies par la loi et précisées dans les statuts de la société et le règlement intérieur du Conseil d'administration. Le fonctionnement du Conseil doit être conforme à ces missions et responsabilités.

i. Le règlement intérieur

Rd1 L'élaboration d'un règlement intérieur doit être faite par le Conseil. Il précise notamment :

- le rôle, la composition et l'organisation du Conseil ;
- la fréquence et les modalités des réunions du Conseil ;
- les décisions qui relèvent de la compétence du Conseil ainsi que le processus de prise de décision et les règles de vote, en particulier en cas de conflit d'intérêts ;
- l'existence de comités, leurs attributions et leur mode de fonctionnement ;
- la rémunération des Administrateurs ;
- les modalités de l'évaluation régulière du fonctionnement du Conseil.

Le Conseil procède régulièrement à une relecture de son règlement intérieur pour s'assurer de sa conformité avec ses missions et responsabilités.

ii. Information et formation

Les Administrateurs veillent à obtenir des informations détaillées et adéquates et à en prendre connaissance de manière approfondie afin d'acquérir et de maintenir une excellente maîtrise des aspects clés des activités de l'entreprise.

Rd2 Les Administrateurs demandent des compléments d'information chaque fois qu'ils le jugent nécessaire.

Rd3 L'information reçue es-qualité d'Administrateur ne peut être utilisée à des fins autres que l'exercice du mandat.

Rd4 Le Président veille à ce que les Administrateurs reçoivent une formation initiale adéquate leur permettant de contribuer dans les meilleurs délais aux travaux du Conseil d'administration.

Pour les Administrateurs appelés à faire partie d'un Comité du Conseil d'administration, le programme de formation comprend une description des attributions de ce Comité ainsi que toute autre information liée au rôle spécifique de ce Comité.

Rd5 Les Administrateurs, en acceptant leur mandat, s'engagent à mettre à jour leurs compétences et développent leur connaissance de la société en vue de remplir leur rôle à la fois dans le Conseil d'administration et dans les comités du Conseil d'administration.

iii. L'évaluation de ses travaux

Sous la direction de son Président, le Conseil d'administration évalue sa capacité à remplir ses missions.

Rd5 Cette évaluation est effectuée régulièrement, au moins tous les trois ans de façon formelle et approfondie, sur les sujets relatifs à sa taille, sa composition, son fonctionnement et son interaction avec le management exécutif.

Cette évaluation poursuit quatre objectifs :

- évaluer le fonctionnement du Conseil au regard de la loi, des statuts, du règlement intérieur et des pratiques définies par le présent Code ;

- vérifier si les questions importantes sont préparées et discutées de manière adéquate et apprécier la capacité du Conseil à remplir ses missions ;

- apprécier la contribution effective de chaque Administrateur par sa présence aux réunions du Conseil d'administration et des Comités et son engagement constructif dans les discussions et la prise de décisions;

- vérifier si la composition actuelle du Conseil d'administration correspond à celle qui est souhaitable.

Rd6 Le Conseil d'administration tire les enseignements de l'évaluation de ses performances en reconnaissant ses points forts et en remédiant à ses faiblesses. Le cas échéant, cela implique la proposition de nomination de nouveaux membres, la proposition de ne pas réélire des membres existants ou l'adoption de toute mesure jugée appropriée pour assurer le fonctionnement efficace du Conseil d'administration.

Les Comités apportent au Conseil une capacité à mieux exercer ses missions.

e. Les Comités du Conseil

i. Utilité, missions, composition et fonctionnement des Comités

Dans les entreprises ayant une taille importante, exerçant des activités complexes ou opérant à l'international avec des filiales, le Conseil doit s'interroger sur la nécessité de créer des Comités permettant de mieux préparer ses travaux.

13

Re1 Les missions des Comités, leurs domaines de compétence ainsi que les modalités dans lesquelles ils rendent compte, sont fixées par le conseil et inscrites dans son règlement intérieur.

Re2 Les Comités restent une émanation du Conseil : ils n'ont pas de pouvoir de décision et sont sous l'autorité exclusive du Conseil. Ils préparent les travaux du conseil dans leurs domaines de compétence et émettent des avis, des propositions ou des recommandations selon les cas.

Re3 Le Président et les membres des Comités sont choisi par le conseil en fonction de leur compétence, de leur indépendance et de leur disponibilité pour assurer les missions du Comité.

ii. Le Comité d'audit

Le Comité d'audit prépare les travaux du conseil dans les domaines comptables, financiers. Il contrôle la qualité et l'intégrité des informations transmises aux actionnaires.

Re4 Dans toutes les entreprises d'intérêt public, telles que définies au chapitre I-d du présent Code, ce comité est une pratique indispensable.

Les entreprises concernées qui ne l'aurait pas mis en place justifient ce choix dans le rapport annuel.

Re5 Pour exercer cette mission, le Comité d'audit s'assure que l'entreprise a mis en place un dispositif de contrôle interne et de maîtrise des risques et que ceux qui en assurent le fonctionnement sont compétents et intègres.

iii. Les autres Comités

D'autres Comités peuvent être mis en place : comité des rémunérations, des nominations, de la stratégie, des risques, d'éthique...

Re6 L'une des missions importantes qui peut être confiée au comité des rémunérations est celle de préparer les travaux du conseil en matière de rémunération des principaux dirigeants : s'assurer de la cohérence des modalités de rémunération avec les objectifs stratégiques et avec les intérêts des actionnaires à long terme.

f. La relation Conseil- Direction générale/Dirigeants

La relation Administrateurs/ Dirigeants est fondée sur la confiance.

i. Les domaines réservés

Les pouvoirs de représentation de la société, ainsi que leur étendue et leurs limitations, sont définis clairement compte tenu de la manière dont le conseil d'administration a confié la gestion à la direction exécutive et des dispositions applicables du droit des sociétés. Toutes les personnes concernées doivent connaître en détail l'étendue de ces pouvoirs.

Rf1 Le Conseil d'administration, confie à la direction exécutive les pouvoirs nécessaires pour lui permettre d'assumer ses responsabilités et obligations. Le Conseil d'administration ne doit pas s'immiscer dans la gestion. Aussi, la direction exécutive doit avoir une marge de manœuvre suffisante pour proposer et mettre en œuvre la stratégie de la société en tenant compte de ses valeurs, du niveau de risques qu'elle accepte de prendre et de ses politiques clés.

Rf2 La direction exécutive est chargée de la conduite au quotidien de la société ; elle met en place des contrôles internes (systèmes d'identification, d'évaluation, de gestion et de suivi des risques financiers et autres) sans préjudice du rôle de suivi du Conseil d'administration. Elle est responsable de la préparation exhaustive, ponctuelle, fiable et exacte des états financiers conformément aux normes comptables et aux politiques de la société. Elle soumet au conseil d'administration une évaluation objective et compréhensible de la situation financière de la société. Elle fournit en temps utile au Conseil d'administration toutes les informations nécessaires à l'exécution de ses obligations. Elle rend compte au Conseil d'administration de l'exercice de ses responsabilités.

ii. La relation confiance/transparence

Le Conseil d'administration doit mettre en place et maintenir une relation de confiance avec les dirigeants.

Rf3 La relation de confiance est renforcée par la transparence et la pertinence des informations qui sont transmises par les dirigeants aux membres du Conseil.

Toutes les dispositions de ce présent Code et du droit des sociétés relatives aux transactions entre la société et ses Administrateurs sont applicables aux dirigeants exécutifs.

Rf4 Dans sa mission de contrôle, le Conseil doit prendre connaissance sans délai des écarts par rapport aux objectifs et des dysfonctionnements, tout particulièrement en cas de fraude ou de non respect des textes réglementaires.

Sur ces points, les dirigeants doivent faire preuve de transparence sans laquelle la confiance disparaît et entraine défiance et sanction par le Conseil.

g. <u>Le Conseil et les Commissaires aux Comptes</u>

i. Le choix des Commissaires aux Comptes

Le Conseil d'administration peut faire des recommandations à l'assemblée générale sur la sélection, la nomination et la reconduction du Commissaire aux comptes et les conditions de son engagement.

Rg1 Dans les sociétés où il existe un Comité d'audit, les recommandations ci-dessus ressortent de sa compétence et sont adressées au Conseil d'administration qui les soumet à l'assemblée générale, « assorties de son avis ».

La confiance entre le Conseil, les Dirigeants et les Commissaires aux comptes s'établit par la transparence, le respect mutuel et le professionnalisme dans l'exercice de leurs missions.

ii. Le suivi de leur indépendance

Rg2 L'indépendance du Commissaire aux comptes doit être régulièrement contrôlée par le Conseil d'administration ou le Comité d'audit, s'il en existe, qui doivent recevoir un rapport du Commissaire aux comptes décrivant toutes les relations entre ce dernier, le groupe auquel il appartient éventuellement et la société.

Rg3 Le Conseil ou le Comité d'audit doivent être informés en temps utile du programme de travail du Commissaire aux comptes et doivent examiner dans quelle mesure le management tient compte des recommandations que lui adresse le Commissaire aux comptes. Ils doivent aussi mener des investigations sur les raisons ayant conduit à la démission du Commissaire aux comptes et faire des recommandations concernant toute mesure qui s'impose.

15

h. Le Conseil et les autres parties prenantes

i. Leur influence sur la gouvernance de l'entreprise

Plusieurs parties prenantes sont intéressées à la vie de la société. Les pouvoirs publics, les banques, les concurrents, les clients, les fournisseurs et les salariés concourent tous à faire vivre l'entreprise que porte la société commercial.

Principe de prise en compte des intérêts de l'ensemble des parties prenantes dans les décisions clefs de l'entreprise.

ii. La prise en compte de leurs attentes

Rh1 Le Conseil s'assure que les parties prenantes essentielles à la pérennité de l'entreprise, sont identifiées et que leurs attentes sont prises en compte lors des principales décisions.

Rh2 L'amélioration des relations avec les **administrations publiques** passe par le respect de la loi, notamment dans les domaines suivants : la législation du travail, celui de la fiscalité, celui de la concurrence et celui de la protection de l'environnement.

Il en résulte, pour l'entreprise et notamment sa direction exécutive, la nécessité de suivre de près l'évolution des textes règlementaires dans ces domaines et de s'acquitter de ses obligations

Rh3 Une relation durable et basée sur la confiance avec les **acteurs du système bancaire et financier** passe, notamment, par la capacité de l'entreprise à transmettre en temps opportun, des informations complètes et correctes sur sa situation financière passée, présente et prévisionnelle. Par ailleurs, afin d'asseoir une relation de confiance avec ces bailleurs de fonds, il convient de bien maintenir la distinction entre les fonds propres de l'entreprise et le patrimoine propre de ses actionnaires.

Rh4 La performance de l'entreprise peut reposer, de façon plus ou moins importante, selon le contexte, sur ses **fournisseurs et prestataires.** Ceux-ci sont, à la fois, pourvoyeurs d'inputs en amont de la chaîne de valeur, et créanciers, à travers les délais de paiement qu'ils peuvent accorder. La sélection minutieuse de ces fournisseurs selon des procédures transparentes et la qualité des relations qu'entretient l'entreprise avec eux, constituent des gisements de productivité qui peuvent être déterminants pour la bonne marche de l'entreprise.

Rh5 L'entreprise se doit de développer et d'entretenir une approche loyale et éthique avec **sa clientèle**, dans le respect du principe gagnant-gagnant et des lois et règlements en vigueur.

Rh6 Sur les **ressources humaines** repose, en grande partie, sa capacité à atteindre ses objectifs. De ce fait, la motivation et l'implication des salariés sont indispensables. Des systèmes de rémunérations basés sur le mérite et la compétence, ainsi qu'une politique d'écoute et de traitement équitable des préoccupations des ressources humaines doivent être de mise. L'entreprise doit, enfin, veiller à la formation de son capital humain et à s'acquitter de ses obligations sociales.

Rh7 Les relations avec **les concurrents** doivent reposer sur des préoccupations sectorielles communes, telles que la concurrence déloyale, les questions d'éthique et de déontologie, la participation au dialogue social.

Annexes

1. Principes fondateurs de la Gouvernance

2. Glossaire
   - OHADA
   - Parties prenantes, acteurs de l'entreprise

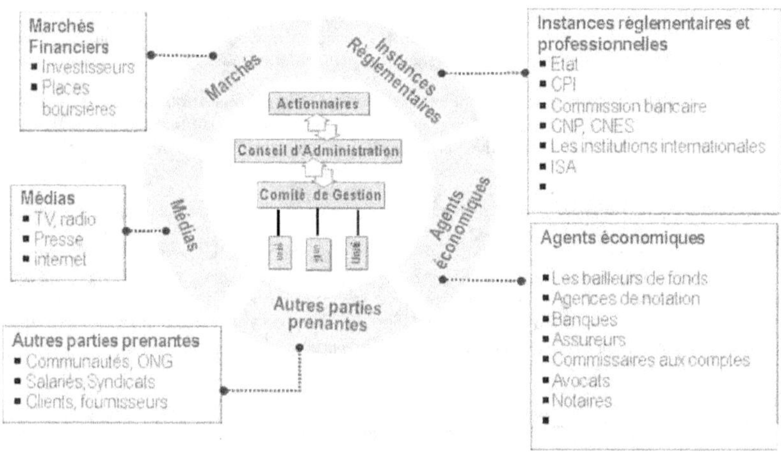

3. Charte de l'Administrateur

4. Bibliographie
   a. Textes réglementaires
   b. Publications
   c. Liens avec sites internet

17

ANNEXE III

CHARTE DE L'ADMINISTRATEUR (ISA)

INSTITUT SÉNÉGALAIS DES ADMINISTRATEURS

Charte de l'Administrateur

Préambule

L'objet de la présente Charte est de contribuer à la qualité du travail des Administrateurs en favorisant l'application des principes et bonnes pratiques de gouvernement d'entreprise que commandent l'éthique et l'efficacité.

Les Administrateurs, qu'ils soient membre de l'ISA à titre individuel ou par l'intermédiaire d'entreprises membres de l'ISA, s'engagent à adhérer aux règles directrices contenues dans la présente Charte et à les mettre en œuvre.

Les entreprises membres de l'ISA s'engagent à faire adhérer leurs administrateurs à la présente Charte.

Article 1 – Administrateur et intérêt social

L'Administrateur doit agir en toute circonstance dans l'intérêt social de l'entreprise. Il doit, quel que soit son mode de désignation, se considérer comme représentant de l'ensemble des actionnaires. Il prend en compte les attentes des autres parties prenantes.

Article 2 – Respect des lois et des statuts

L'Administrateur doit prendre la pleine mesure de ses droits et obligations. Il doit notamment connaître et respecter les dispositions légales et réglementaires relatives à sa fonction, ainsi que les règles propres à la société résultant de ses statuts et du règlement intérieur de son Conseil.

Article 3 – Conflit d'intérêts

L'Administrateur doit éviter tout conflit pouvant exister entre ses intérêts moraux et matériels et ceux de la société. Il informe le Conseil de tout conflit d'intérêts dans lequel il serait ou pourrait être impliqué. Dans les cas où il ne peut éviter de se trouver en conflit d'intérêts, il s'abstient de participer aux débats ainsi qu'à toute décision sur les matières concernées.

Article 4 – Exercice des fonctions : principes directeurs

L'Administrateur exerce ses fonctions avec intégrité, loyauté, indépendance et professionnalisme.

Article 5 – Intégrité et loyauté

L'Administrateur ne prend aucune initiative qui pourrait nuire aux intérêts de la société et agit de bonne foi en toute circonstance. Il s'engage personnellement à respecter la confidentialité des informations qu'il reçoit, des débats auxquels il participe et des décisions prises.

Il s'interdit d'utiliser pour son profit personnel ou pour le profit de quiconque les informations privilégiées auxquelles il a accès. En particulier, lorsqu'il détient sur la société dans laquelle il exerce un mandat d'Administrateur des informations non rendues publiques, il s'abstient de les utiliser pour effectuer, ou faire effectuer par un tiers, des opérations sur les titres de celle-ci.

Article 6 – Indépendance et devoir d'expression

L'Administrateur veille à préserver en toute circonstance son indépendance de jugement, de décision et d'action. Il s'interdit d'être influencé par tout élément étranger à l'intérêt social qu'il a pour mission de défendre.

Il alerte le Conseil sur tout élément de sa connaissance qui pourrait affecter les intérêts de l'entreprise.

Il a le devoir d'exprimer clairement ses interrogations et ses opinions. Il s'efforce de convaincre le Conseil de la pertinence de ses positions. En cas de désaccord, il veille à ce que celles-ci soient explicitement consignées aux procès-verbaux des délibérations.

Article 7 – Professionnalisme et implication

L'Administrateur s'engage à consacrer à ses fonctions le temps et l'attention nécessaires. Il s'assure que le nombre et la charge de ses autres mandats, d'Administrateur notamment, lui laissent une disponibilité suffisante, particulièrement s'il exerce par ailleurs des fonctions exécutives.

Il s'informe sur les métiers et les spécificités de l'entreprise, ses enjeux et ses valeurs, y compris en interrogeant les principaux dirigeants. Il s'attache à mettre à jour les connaissances qui lui sont utiles et demande à l'entreprise les formations qui lui sont nécessaires pour le bon exercice de sa mission. Il s'efforce d'obtenir dans les délais appropriés les éléments qu'il estime indispensables pour délibérer au sein du Conseil en toute connaissance de cause.

Il participe aux réunions du Conseil d'administration et aux comités spécialisés dont il est membre avec assiduité et diligence. Il assiste aux assemblées générales d'actionnaires.

Article 8 – Professionnalisme et efficacité

L'Administrateur contribue à la collégialité et à l'efficacité des travaux du Conseil et des Comités spécialisés éventuellement constitués en son sein.

Il participe à l'évaluation régulière des travaux du Conseil, formule toute recommandation permettant l'amélioration de son fonctionnement et cherche à renforcer sa contribution individuelle à l'efficacité du Conseil.

Il s'attache, avec les autres membres du Conseil, à ce que les missions de contrôle soient accomplies avec efficacité et sans entraves. En particulier, il veille à ce que soient en place dans l'entreprise les procédures permettant le contrôle du respect des lois et règlements, dans la lettre et dans l'esprit.

Il s'assure que les positions adoptées par le Conseil font l'objet, sans exception, de décisions formelles correctement motivées et transcrites aux procès-verbaux de ces réunions.

Article 9 – Application de la Charte

S'agissant de principes essentiels au bon fonctionnement d'un Conseil d'Administration, les Administrateurs membres de l'ISA doivent veiller à la bonne application de la présente Charte au sein des Conseils auxquels ils participent.

Dans le cas où un Administrateur ayant adhéré à la Charte n'est plus en position d'exercer ses fonctions en conformité avec celle-ci, soit de son propre fait, soit pour toute autre raison y compris tenant aux règles propres à la société où il exerce son mandat, il doit en informer le président du Conseil d'administration, rechercher les solutions permettant d'y remédier et, à défaut d'y parvenir, en tirer les conséquences personnelles.

Les recommandations de la présente Charte ont été rédigées par référence aux sociétés anonymes à Conseil d'administration qui est le modèle juridique le plus courant.

ANNEXE IV

DÉCRETS D'APPLICATION DE LA LOI N° 2022-08 SUR LE SECTEUR PARAPUBLIC

1/ Décret n° 2025-669 du 25 avril 2025 fixant les règles d'organisation et de fonctionnement du Comité de suivi du secteur parapublic.

REPUBLIQUE DU SENEGAL
Un Peuple-Un But-Une Foi
****

Ministère des Finances et du Budget

Projet de décret fixant les règles d'organisation et de fonctionnement du Comité de Suivi du Secteur parapublic

RAPPORT DE PRESENTATION

L'article 47 de la loi d'orientation n° 2022-08 du 19 avril 2022 relative au secteur parapublic, au suivi du portefeuille de l'Etat et au contrôle des personnes morales de droit privé bénéficiant du concours financier de la puissance publique prévoit la mise en place d'un Comité de suivi du secteur parapublic, compétent pour donner son avis sur un certain nombre de matières relevant d'enjeux ou de choix stratégiques pour les entités du secteur parapublic.

Le Comité de Suivi remplace le Comité consultatif du secteur parapublic créé par le décret n° 94-862 du 22 août 1994, en application de la loi n° 90-07 du 26 juin 1990 relative à l'organisation et au contrôle des entreprises du secteur parapublic et au contrôle des personnes morales de droit privé bénéficiant du concours financier de la puissance publique.

Dans le cadre de l'évolution de cet organe collégial, aussi bien les domaines liés à la compétence, à la composition et aux modalités de fonctionnement ont été étendus ou revus, afin d'assurer au Comité de Suivi davantage d'efficacité dans l'exécution de ses missions d'appui et de sauvegarde auprès des entités du secteur parapublic.

Sous ce rapport, outre la supervision des activités des administrateurs représentant l'Etat dans les organes délibérants des entités parapubliques, conformément aux dispositions de la loi d'orientation, il y a lieu de relever notamment l'élargissement des compétences du Comité à la pré-validation et à la mise à jour de la stratégie de gestion du portefeuille de l'Etat. Le Comité est également appelé à intervenir dans le processus de désignation des administrateurs indépendants siégeant dans les organes délibérants des sociétés publiques.

Le présent projet de décret abroge et remplace le décret n° 94-862 du 22 août 1994 susmentionné.

Telle est l'économie du présent projet de décret.

Le Ministre des Finances et du Budget

1

REPUBLIQUE DU SENEGAL
Un Peuple-Un But-Une Foi

Décret n° 2025-669
fixant les règles d'organisation et de fonctionnement du Comité de Suivi du Secteur parapublic

LE PRESIDENT DE LA REPUBLIQUE,

VU la Constitution ;
VU la loi organique n° 2020-07 du 26 février 2020 relative aux lois de finances ;
VU la loi d'orientation n° 2009-20 du 4 mai 2009 portant sur les agences d'exécution ;
VU la loi d'orientation n° 2022-08 du 19 avril 2022 relative au secteur parapublic, au suivi du portefeuille de l'Etat et au contrôle des personnes morales de droit privé bénéficiant du concours financier de la puissance publique ;
VU le décret n° 2009-522 du 04 juin 2009 portant organisation et fonctionnement des agences d'exécution ;
VU le décret n° 2020-1493 du 1er juillet 2020 portant création et fixant les règles d'organisation et de fonctionnement de la Commission d'Evaluation des Agences d'Exécution ;
VU le décret n° 2024-921 du 02 avril 2024 portant nomination du Premier Ministre ;
VU le décret n° 2024-939 du 05 avril 2024 portant nomination des Ministres et secrétaires d'Etat et fixant la composition du Gouvernement ;
VU le décret n° 2024-940 du 05 avril 2024 portant répartition des services de l'État et du contrôle des établissements publics, des sociétés nationales et des sociétés à participation publique entre la Présidence de la République, la Primature et les ministères ;
VU le décret n° 2024-948 du 08 avril 2024 relatif aux attributions du Ministre des Finances et du Budget ;
VU le décret n° 2024-3326 du 02 décembre 2024 mettant fin aux fonctions de ministres et fixant la composition du Gouvernement ;
SUR le rapport du Ministre des Finances et du Budget,

DECRETE :

Article premier. - Le présent décret fixe les règles d'organisation et de fonctionnement du Comité de Suivi du Secteur parapublic (CSSP), en application des dispositions de l'article 47 de la loi d'orientation n° 2022-08 du 19 avril 2022 relative au secteur parapublic, au suivi du portefeuille de l'Etat et au contrôle des personnes morales de droit privé bénéficiant du concours financier de la puissance publique.

Article 2.- Le Comité est rattaché au Cabinet du Ministre des Finances et du Budget.

2

Article 3.- La saisine du Comité est obligatoire sur toutes les matières relevant de son champ de consultation.

Article 4.- L'avis du Comité est obligatoire sur :

- toute création, dissolution et classement d'entités du secteur parapublic, à l'exception des agences et autres structures administratives similaires ou assimilées ;
- toute prise de participation directe de l'Etat dans le capital social d'une société ;
- toute prise de participation indirecte de l'Etat et de ses démembrements, notamment à travers la création de holdings et de filiales ;
- toute cession d'actions ayant pour effet de faire perdre à l'Etat sa participation majoritaire directe ou indirecte dans le capital social d'une société ;
- les interventions financières de l'Etat dans les sociétés publiques et les sociétés à participation publique minoritaire, notamment les acquisitions, augmentations ou diminution de participations ;
- le rapport d'exécution annuel du contrat de performance et les délibérations et rapports de l'expert indépendant chargé de l'évaluation annuelle de l'exécution du contrat de performance des sociétés publiques ;
- la nomination d'un administrateur indépendant au sein de l'organe délibérant d'une société publique ;
- tout projet de texte relatif au secteur parapublic.

Article 5.- Le Comité de Suivi du Secteur parapublic peut être consulté sur toute autre question relative à la politique de l'Etat dans le secteur parapublic, notamment l'élaboration et la mise à jour du document de stratégie du portefeuille de l'Etat, les politiques de privatisation et de restructuration des sociétés publiques en difficulté et toute autre question relative à la tutelle des entités du secteur et au contrôle de leur gestion.

Article 6.- Le Comité est saisi par l'autorité de tutelle technique ou par l'autorité de tutelle financière.

Article 7.- Le Comité de Suivi du Secteur parapublic est composé ainsi qu'il suit :

- un représentant de la Présidence de la République ;
- un représentant de la Primature ;
- le Ministre de la Justice ou son représentant ;
- le Ministre du Travail ou son représentant ;
- le Directeur général de l'Administration territoriale ;
- l'Agent judiciaire de l'Etat ;
- le Directeur général du Bureau Organisation et Méthodes ;
- le Contrôleur financier ;

3

Le Comité de Suivi du Secteur parapublic est présidé par le Ministre chargé des Finances ou son représentant.

Le Premier Ministre préside le Comité de Suivi du Secteur parapublic chaque fois qu'il l'estime utile, notamment en cas d'importance stratégique des questions abordées.

Le Directeur général du Budget, le Directeur général de la Comptabilité publique et du Trésor et le Directeur général des Impôts et Domaines siègent au Comité de Suivi du secteur parapublic à titre consultatif.

Le Comité peut s'adjoindre en fonction de l'ordre du jour, toute personne dont l'expertise est jugée utile.

Assiste également aux réunions, le représentant de l'autorité qui assure la tutelle technique ou administrative de la structure concernée par la saisine du Comité.

Le Secrétariat du Comité est assuré par la Direction du Secteur parapublic.

Article 8.- Le Comité de Suivi se réunit à chaque fois que de besoin, sur convocation de son Président.

Les avis du Comité sont rendus à la majorité simple des membres présents. En cas d'égalité des voix, celle du Président est prépondérante.

Toutefois, tout membre du Comité peut demander qu'il soit fait mention de ses observations dans le procès-verbal.

Les avis du Comité sont consignés dans un registre spécial coté et paraphé par le Président et le Secrétaire.

Les extraits des avis sont envoyés périodiquement à l'autorité chargée de la tutelle technique et au Secrétariat général du Gouvernement.

Article 9.- Dans le cadre de la coordination de la représentation de l'Etat actionnaire, le Ministre chargé des Finances préside, chaque année, au moins deux réunions du Comité de Suivi du Secteur parapublic élargies et consacrées aux administrateurs représentant l'Etat.

Article 10.- Les membres du Comité sont soumis au secret professionnel et à l'obligation de confidentialité des délibérations. Ils sont tenus d'assister aux réunions et de justifier toute absence auprès du secrétariat.

Il est mis fin à leurs fonctions, par arrêté du Ministre en charge des Finances, après trois absences non justifiées ou en cas de perte de la qualité pour laquelle ils ont été désignés.

Article 11.- Les crédits budgétaires destinés à la prise en charge des frais de fonctionnement du Comité sont inscrits dans le budget du Ministère en charge des Finances.

Article 12.- Le décret n° 94-862 du 22 août 1994 portant organisation du Comité consultatif du Secteur parapublic et toutes autres dispositions contraires au présent décret sont abrogés.

Article 13.- Le Premier Ministre, le Ministre des Finances et du Budget et les autres membres du Gouvernement sont chargés, chacun en ce qui le concerne, à l'exécution du présent décret qui sera publié au *Journal officiel.*

Fait à Dakar, le **29 avril 2025**

Par le Président de la République | **Bassirou Diomaye Diakhar FAYE**

Le Premier Ministre

Ousmane SONKO

REPUBLIQUE DU SENEGAL

Un Peuple-Un But-Une Foi

****

Ministère des Finances et du Budget

Projet de décret fixant les règles de fonctionnement de l'organe délibérant des entités du secteur parapublic

RAPPORT DE PRÉSENTATION

La loi d'orientation n° 2022-08 du 19 avril 2022 relative au secteur parapublic, au suivi du portefeuille de l'Etat et au contrôle des personnes morales de droit privé bénéficiant du concours financier de la puissance publique introduit plusieurs innovations en matière de gouvernance des sociétés publiques.

Ces évolutions prennent en charge notamment les besoins d'amélioration du fonctionnement ainsi que le renforcement de la performance des entités publiques composant le portefeuille de l'Etat, sur la base des meilleures pratiques en la matière.

Il convient de rappeler que les sociétés publiques sont des sociétés anonymes par actions. A ce titre, le fonctionnement de leurs organes délibérants est en principe régi par le droit commun des sociétés commerciales, notamment l'Acte uniforme sur le droit des sociétés commerciales et du Groupement d'intérêt économique de l'OHADA.

Toutefois, la particularité de certains administrateurs et de certaines missions exercées au sein de l'organe délibérant justifie la définition d'un cadre de gouvernance spécifique et harmonisé.

A cet effet, les sociétés publiques doivent disposer d'un cadre de gouvernance adapté à leurs missions de service public, à leur mode de financement, à la complexité de leurs activités et au statut de l'actionnaire public.

Ainsi, le présent projet de décret fixe un ensemble de règles de gouvernance communes aux sociétés publiques, dans le sillage de la loi d'orientation n° 2022-08 du 19 avril 2022 relative au secteur parapublic, au suivi du portefeuille de l'Etat et au contrôle des personnes morales de droit privé bénéficiant du concours financier de la puissance. Certaines de ces règles peuvent s'appliquer aux autres entités du secteur parapublic, notamment les organismes publics lorsque les textes spécifiques les régissant le prévoient.

Le présent projet de décret comporte cinq (05) chapitres :

- le chapitre premier porte sur les dispositions générales ;
- le chapitre II a trait à la composition de l'organe délibérant ;

- le chapitre III prévoit les dispositions relatives à la mise en place des comités spécialisés obligatoires ;
- le chapitre IV est relatif au rapport sur la gouvernance ;
- le chapitre V précise la disposition finale.

Telle est l'économie du présent projet de décret.

Le Ministre des Finances et du Budget

Cheikh DIBA

2/ Décret n° 2025-670 du 25 avril 2025 fixant les règles de fonctionnement de l'organe délibérant des entités du secteur parapublic.

REPUBLIQUE DU SENEGAL

Un Peuple-Un But-Une Foi

Décret n° 2025-670
fixant les règles de fonctionnement de l'organe délibérant des entités du secteur parapublic

LE PRESIDENT DE LA REPUBLIQUE,

VU la Constitution ;

VU l'Acte uniforme révisé relatif au droit des sociétés commerciales et du Groupement d'Intérêt économique de l'OHADA ;

VU la loi n° 2022-08 du 19 avril 2022 relative au secteur parapublic, au suivi du portefeuille de l'Etat et au contrôle des personnes morales de droit privé bénéficiant du concours financier de la puissance publique ;

VU le décret n°2024-921 du 02 avril 2024 portant nomination du Premier Ministre;

VU le décret n° 2024-940 du 05 avril 2024 portant répartition des services de l'État et du contrôle des établissements publics, des sociétés nationales et des sociétés à participation publique entre la Présidence de la République, la Primature et les ministères ;

VU le décret n° 2024-948 du 08 avril 2024 relatif aux attributions du Ministre des Finances et du Budget ;

VU le décret n° 2024-3326 du 02 décembre 2024 mettant fin aux fonctions de ministres et fixant la composition du Gouvernement ;

SUR le rapport du Ministre des Finances et du Budget,

DECRETE :

Chapitre premier. - Dispositions générales

Article premier.- Le présent décret fixe les règles spécifiques de gouvernance des sociétés publiques relatives à :

- la composition de l'organe délibérant ;
- la constitution et au fonctionnement des comités d'audit et de rémunération ;
- la transparence et l'évaluation de l'organe délibérant.

Ces règles sont susceptibles de s'appliquer aux autres entités du secteur parapublic si les textes les régissant le prévoient.

Chapitre II.- Composition de l'organe délibérant

Section première.- Dispositions générales

Article 2.- L'organe délibérant comprend, au plus, douze (12) membres dont le Président de l'organe délibérant, les administrateurs représentant l'Etat, l'administrateur représentant les salariés et les administrateurs indépendants.

Pour cette dernière catégorie, le nombre d'administrateurs ne peut excéder le tiers des membres.

Article 3.- Le Président de l'organe délibérant est nommé par décret. Il est mis fin à ses fonctions dans les mêmes formes.

Le Président de l'organe délibérant dispose d'une voix prépondérante en cas d'égalité des voix dans le cadre d'un vote.

Article 4.- Un administrateur doit satisfaire aux prérequis suivants :

- être un agent de la hiérarchie A ou assimilé ;
- une expérience professionnelle d'au moins cinq (5) ans ;
- une expertise avérée dans un domaine lié à l'activité de l'entité;
- être de bonne moralité.

Article 5.- Les administrateurs reçoivent une formation continue sur des sujets pertinents se rapportant à leurs missions tout au long de leur mandat, à la diligence de l'entité concernée ou sur initiative du service en charge du secteur parapublic.

Il est mis à leur disposition un document de synthèse dénommé « Guide de l'administrateur ».

Section 2.- Les administrateurs représentant l'Etat

Article 6.- Les administrateurs représentant l'Etat sont des cadres issus des Institutions et des administrations assurant les tutelles technique et financière ou concernées par l'activité de l'entité.

Chaque administrateur représentant l'Etat est désigné par la structure dont il relève, sur saisine de l'autorité assurant la tutelle technique.

La durée du mandat est de trois (3) ans, renouvelable une fois.

Il ne peut, sauf dérogation expresse accordée par l'autorité de tutelle technique ou financière, siéger dans plus de trois (3) organes délibérants d'entités du secteur parapublic.

Section 3.- L'administrateur indépendant

Article 7.- L'administrateur indépendant est un administrateur qui n'entretient aucune relation de quelque nature que ce soit avec l'entité publique, susceptible d'altérer son indépendance de jugement ou de le placer dans une situation de conflit d'intérêt apparent ou potentiel.

A ce titre, il doit satisfaire aux critères suivants :

- ne pas avoir été au cours des cinq (5) années précédentes membre de l'organe délibérant de l'entité ;
- ne pas être ou avoir été au cours des cinq (5) années précédentes salarié ou membre de l'organe exécutif de l'entité ;
- ne pas être membre des organes délibérant et exécutif d'un client ou fournisseur pour lequel l'entité ou son groupe représente une part significative de l'activité ;
- ne pas avoir directement ou indirectement, avec l'entité, une relation d'affaires en cours ou potentielles ;
- ne pas avoir été commissaire aux comptes de l'entité au cours des six (6) années précédentes ;
- ne pas être actionnaire de la société publique ;
- justifier d'une expérience avérée dans les domaines spécifiques à chaque entité.

Article 8.- La désignation de l'administrateur indépendant se fait selon une procédure de présélection décrite par le règlement intérieur de l'organe délibérant. La nomination définitive intervient après validation de la candidature proposée, par l'assemblée générale de la société publique et après avis obligatoire et conforme du Comité de Suivi du Secteur parapublic.

Le statut d'administrateur indépendant au sein de l'organe délibérant est réexaminé après chaque période triennale.

Les dispositions de la présente section s'appliquent aux sociétés publiques.

Elles peuvent s'appliquer aux autres entités du secteur parapublic lorsque les textes les régissant le prévoient.

Section 4.- L'administrateur représentant le personnel

Article 9.- Au sein de chaque organe délibérant, les salariés de l'entité sont représentés par un administrateur élu parmi le personnel.

Il a pour mission de participer activement à la définition de la stratégie de l'entité publique et à l'exécution des missions de l'organe délibérant.

L'administrateur représentant le personnel participe à la prise des décisions avec voix délibérative.

Il rend compte aux salariés, à chaque fois que de besoin, sous réserve du respect de l'obligation de discrétion et de loyauté.

Article 10.- L'administrateur représentant les salariés doit être titulaire d'un contrat de travail à durée indéterminée et avoir effectué au moins deux (2) ans de service effectif dans l'entité ou dans l'une de ses filiales directes ou indirectes dont le siège social est situé sur le territoire sénégalais.

Toutefois, la condition d'ancienneté n'est pas requise lorsqu'au jour de la nomination, l'entité est constituée depuis moins de deux (2) ans.

Article 11.- L'administrateur représentant le personnel est désigné à la suite d'une élection impliquant les salariés de la société.

Sont électeurs, tous les salariés dont le contrat de travail est antérieur à six (6) mois à la date de l'élection.

L'élection a lieu au scrutin majoritaire et à deux tours au besoin.

Chaque candidature doit comporter le nom du candidat titulaire et celui de son suppléant.

Le vote est secret.

Est déclaré élu, le candidat ayant obtenu au premier tour la majorité absolue des suffrages exprimés, et au second tour, la majorité relative.

En cas d'égalité des voix, le candidat dont le contrat de travail est le plus ancien est déclaré élu.

Les autres modalités d'organisation de l'élection sont fixées par le règlement intérieur de l'organe délibérant.

Article 12.- Durant toute la durée du mandat, l'administrateur représentant le personnel ne doit être intimidé ou sanctionné par l'employeur pour ses prises de position au sein des instances de l'organe délibérant.

Article 13.- Le mandat d'administrateur représentant le personnel est incompatible avec certains mandats de représentant du personnel notamment le mandat dans les instances dirigeantes des syndicats, de délégué du personnel et celui exercé au sein du comité hygiène et de sécurité.

Le cas échéant, il doit opter pour l'un des mandats dans les huit (8) jours suivants son élection.

Chapitre III.- Comités spécialisés obligatoires

Section première.- Dispositions communes

Article 14.- Il est obligatoirement institué au sein de chaque organe délibérant un comité d'audit et un comité de rémunération.

L'organe délibérant peut mettre en place d'autres comités spécialisés en cas de besoin.

Article 15.- L'organe délibérant fixe la composition de chaque comité spécialisé conformément aux dispositions du présent décret et en désigne le Président.

Le Président doit disposer de connaissances avérées dans le domaine d'activité du comité qu'il préside.

Les autres modalités de fonctionnement de chaque comité spécialisé sont fixées dans le règlement intérieur de l'organe délibérant.

Les comités spécialisés se réunissent en tant que de besoin.

Section 2.- Du comité d'audit

Article 16.- Le comité d'audit est composé de membres dont la moitié au moins doit disposer d'une expérience avérée dans les domaines de l'audit, de l'information financière et de la comptabilité.

Article 17.- Le comité d'audit a pour principale mission de suivre les questions relatives à l'élaboration et au contrôle des informations comptables et financières communiquées aux administrateurs.

A ce titre, il est notamment chargé :

- de procéder à l'examen des comptes et des rapports de gestion et de s'assurer de la pertinence et de la permanence des méthodes comptables adoptées par l'entité ;
- de surveiller le processus d'élaboration de l'information financière ;
- d'examiner les performances périodiques, notamment les états périodiques d'exécution du budget et du plan d'affaires, d'analyser les écarts et de proposer les ajustements nécessaires ;
- d'examiner et d'approuver les programmes d'audit interne et externe de l'entité ;
- de veiller à l'efficacité des systèmes de contrôle interne et de gestion des risques ;
- de proposer ou de recommander à l'organe délibérant, pour approbation, la nomination et la révocation des commissaires aux comptes selon les procédures en vigueur.

Le comité tient au moins deux (2) réunions par an sur la base d'un rapport préparé par les services de la direction générale de l'entité.

Les réunions sont sanctionnées par un procès-verbal ou un compte rendu soumis à l'organe délibérant. Ce procès-verbal ou compte rendu doit faire ressortir les principales anomalies relevées et les recommandations du comité d'audit assorties d'échéances de mise en œuvre.

Section 3.- Du comité de rémunération

Article 18.- Le comité assiste l'organe délibérant dans sa mission de détermination de la politique de rémunération du personnel, conformément à la réglementation.

A cet effet, le comité de rémunération est notamment chargé :

- d'élaborer le régime de rémunération du personnel ;
- de veiller à ce que le système soit approprié et cohérent avec le secteur d'activité de l'entité, sa capacité financière, ses activités à long terme, sa stratégie de gestion des risques, sa performance ainsi que son système de contrôle interne ;

- de s'assurer que le système de rémunération est en conformité avec toutes les exigences légales et réglementaires ;
- d'assurer le suivi de l'évolution de la masse salariale ;
- d'assister l'organe exécutif dans la détermination de la rémunération du commissaire aux comptes.

Chapitre IV.- Rapport sur la gouvernance

Article 19.- Le Président de l'organe délibérant présente un rapport relatif à la mise en œuvre du Code de gouvernance, conformément à l'article 28 de la loi d'orientation n°2022-08 du 19 avril 2022 relative au secteur parapublic, au suivi du portefeuille de l'Etat et au contrôle des personnes morales de droit privé bénéficiant du concours financier de la puissance publique.

Le rapport fait ressortir notamment la composition de l'organe délibérant, la constitution effective et la composition des comités spécialisés et une synthèse de leurs activités durant l'exercice, la participation des membres aux réunions de l'organe délibérant et des comités, les décisions majeures que l'organe délibérant a approuvées ou refusées ainsi que les rémunérations perçues par l'organe délibérant au cours de l'exercice budgétaire.

Au cas où une disposition obligatoire du Code de gouvernance n'a pas été mise en application, le Président de l'organe délibérant en donne les justifications dans ledit rapport.

Ce rapport est soumis à l'organe délibérant avant d'être transmis aux autorités de tutelle.

Chapitre V.- Disposition finale

Article 20.- Le Premier Ministre, le Ministre des Finances et du Budget et les autres membres du Gouvernement sont chargés, chacun en ce qui le concerne, de l'exécution du présent décret qui sera publié au *Journal officiel*.

Fait à Dakar, le
29 avril 2025

Par Le Président de la République **Bassirou Diomaye Diakhar FAYE**

Le Premier Ministre

Ousmane SONKO

8

REPUBLIQUE DU SENEGAL

Un Peuple-Un But-Une Foi

****

Ministère des Finances et du Budget

****

Projet de décret fixant les statuts-types applicables aux sociétés nationales

RAPPORT DE PRÉSENTATION

L'intervention de la Puissance publique s'effectue au-delà de l'Administration centrale, par le moyen d'entités dites du secteur parapublic, comprenant entre autres les sociétés nationales, exerçant des activités situées davantage dans le secteur marchand. Par le caractère de la sphère d'évolution et d'action, la société nationale adopte un mode de fonctionnement la rapprochant du privé ordinaire, tout en gardant des spécificités tenant de la particularité d'une structure publique.

C'est à ce titre que la loi d'orientation n° 2022-08 du 19 avril 2022 relative au secteur parapublic, au suivi du portefeuille de l'Etat et au contrôle des personnes morales de droit privé bénéficiant du concours financier de la puissance publique prévoit en son article 18 alinéa 3 que : « les statuts des sociétés nationales sont conformes à des statuts types fixés par décret ».

Il y'a lieu de rappeler également que l'Acte Uniforme relatif aux Sociétés commerciales et du Groupement d'intérêt économique (AUSCGIE), révisé le 30 janvier 2014, est applicable aux sociétés nationales. Dès lors, les évolutions notées rendent nécessaire l'adaptation du cadre normatif des statuts-types, qui jusque-là était fixé par les dispositions du décret n° 88-1725 du 22 décembre 1988 relatif aux statuts-types des sociétés nationales.

Au regard de ces considérations, le présent projet de décret a pour objet de déterminer et d'actualiser les règles qui sont désormais applicables aux statuts des sociétés nationales et en constituent le référentiel d'approbation.

Il comprend les dispositions du décret proprement dit et son annexe, qui en est partie intégrante.

Telle est l'économie du présent projet de décret.

Le Ministre des Finances et du Budget

République du Sénégal

Le Ministre

1

3/Décret n° 2025-671 du 25 avril 2025 fixant les statuts types applicables aux sociétés nationales.

REPUBLIQUE DU SENEGAL

Un Peuple-Un But-Une Foi

Décret n° 2025-671
fixant les statuts-types applicables aux sociétés nationales

LE PRESIDENT DE LA REPUBLIQUE,

VU la Constitution ;

VU l'Acte uniforme révisé relatif au droit des sociétés commerciales et du Groupement d'Intérêt économique ;

VU la loi n° 2022-08 du 19 avril 2022 relative au secteur parapublic, au suivi du portefeuille de l'Etat et au contrôle des personnes morales de droit privé bénéficiant du concours financier de la puissance publique ;

VU le décret n° 2024-921 du 02 avril 2024 portant nomination du Premier Ministre ;

VU le décret n° 2024-940 du 05 avril 2024 portant répartition des services de l'État et du contrôle des établissements publics, des sociétés nationales et des sociétés à participation publique entre la Présidence de la République, la Primature et les ministères ;

VU le décret n° 2024-948 du 08 avril 2024 relatif aux attributions du Ministre des Finances et du Budget ;

VU le décret n° 2024-3326 du 02 décembre 2024 mettant fin aux fonctions de ministres et fixant la composition du Gouvernement ;

SUR le rapport du Ministre des Finances et du Budget,

DECRETE :

Article premier.- Les statuts-types applicables aux sociétés nationales sont fixés en annexe du présent décret.

Article 2.- Le décret n° 88-1725 du 22 décembre 1988 relatif aux statuts-types des sociétés nationales est abrogé.

Article 3.- Le Ministre des Finances et du Budget est chargé de l'exécution du présent décret qui sera publié au *Journal officiel.*

Fait à Dakar, le
29 avril 2025

Par Le Président de la République **Bassirou Diomaye Diakhar FAYE**

Le Premier Ministre

Ousmane SONKO

2

STATUTS-TYPES DES SOCIETES NATIONALES

Chapitre premier.- Considérations générales

Article premier.- Forme juridique de la société

La Société nationale__________dont la création a été autorisée par la loi n°_____ du _________, est régie par les présents statuts.

Article 2.- Objet

La société a pour objet :

Article 3.- Dénomination

La société prend la dénomination de :

Dans tous les actes et documents émanant de la société et destinés aux tiers, notamment les lettres, factures, annonces et publications diverses, la dénomination devra toujours être suivie de la mention « SN ».

Sur l'en-tête des documents officiels, cette dénomination devra, en outre, être immédiatement suivie du montant du capital social, de l'adresse du siège social, du numéro d'immatriculation au registre du commerce et du crédit mobilier et du NINEA.

Article 4.- Siège social

Le siège social est fixé à (Sénégal).

Il pourra être transféré en tout autre lieu sur décision du Conseil d'Administration et après approbation de l'assemblée générale et de l'Autorité publique assurant la tutelle technique.

Article 5.- Tutelle technique et financière

La société est placée sous la tutelle technique ou administrative de _____ et sous la tutelle financière du Ministre chargé des Finances.

Article 6.- Durée

La durée de vie de la société est de___________(ne peut excéder 99 ans) à compter du jour de sa constitution définitive, sauf en cas de dissolution anticipée ou de prorogation prévue par les dispositions législatives et réglementaires ou par les présents statuts.

Chapitre II.- Capital social

Article 7.- Montant du capital social

Le capital social est fixé à la somme de _____ de francs CFA divisé en _____ actions d'une valeur nominale de _____ francs CFA, chacune numérotée de___ à ___.

Pendant toute la durée de la société, la participation directe de l'Etat est supérieure à 50% du capital social.

Article 8.- Augmentation du capital social

Le capital social peut être augmenté en une ou plusieurs fois, soit par voie d'apports en nature ou en numéraire, soit par conversion de créance liquide, certaine et exigible détenue sur la société, soit par incorporation de fonds de dotation, de réserves, de primes assimilables à des réserves ou de bénéfices.

Les actions créées jouissent des mêmes avantages et confèrent les mêmes droits que les actions existantes.

Le capital social doit être intégralement libéré avant toute émission d'actions nouvelles en numéraire, sous peine de nullité de l'opération.

Des personnes morales de droit public sénégalaises peuvent souscrire conjointement ou non avec l'Etat aux augmentations de capital, sans préjudice du droit préférentiel de souscription reconnu aux actionnaires.

Article 9.- Réduction du capital social

Le capital social peut être réduit soit par diminution du nombre d'actions soit par diminution de la valeur nominale de chaque action.

Le capital social pourra être réduit, selon les modalités prévues par les articles 627 à 650 de l'Acte Uniforme relatif au droit des sociétés commerciales et du groupement d'intérêt économique.

Si la réduction du capital social, quelle qu'en soit la cause, a pour effet de ramener le capital social à un montant inférieur au minimum légal, elle doit être immédiatement suivie d'une augmentation, pour le porter au moins à ce montant minimum, à moins que la société n'ait été transformée en une société d'une autre forme n'exigeant pas un capital supérieur au capital social après sa réduction.

Article 10.- Autorisation

Le capital social peut être augmenté ou réduit par tous modes autorisés par la loi, en vertu d'une décision de l'Assemblée générale extraordinaire et sur proposition du Conseil d'Administration.

Les augmentations ou réductions du capital sont ensuite approuvées par arrêté du Ministre chargé des Finances, après avis obligatoire du Comité de Suivi du Secteur parapublic prévu à l'article 47 de la loi d'orientation n° 2022-08 relative au secteur parapublic, au suivi du portefeuille de l'Etat et au contrôle des personnes morales de droit privé bénéficiant du concours financier de la puissance publique.

Article 11.- Libération des actions

Lors de l'augmentation du capital social, les actions représentatives d'apports en nature doivent être libérées immédiatement et intégralement.

Les actions souscrites en numéraire sont, sous peine de nullité, obligatoirement libérées d'un quart au moins de leur valeur nominale lors de leur souscription.

La libération du reliquat intervient en une ou plusieurs fois dans un délai maximal de trois (03) ans, à compter du jour de la réalisation définitive de l'augmentation du capital social aux époques et conditions fixées par l'arrêté du Ministre chargé des Finances approuvant l'opération.

Les appels de fonds sont portés à la connaissance des souscripteurs un mois avant la date fixée pour chaque versement, par lettre recommandée avec demande d'avis de réception et par un avis inséré dans un journal d'annonces légales du lieu du siège social.

A défaut de libération des actions aux dates fixées par le Conseil d'Administration, les sommes sont exigibles de plein droit, sans qu'il soit besoin d'une demande en justice, et productives jour par jour d'un intérêt calculé au taux légal en matière commerciale. La société nationale adresse à l'actionnaire défaillant une mise en demeure par lettre au porteur contre récépissé.

Les versements à effectuer lors de la souscription ou lors des appels de fonds, sont faits au siège social ou en tout endroit indiqué par le Conseil d'Administration.

En cas de libération d'actions par compensation de créances sur la société, ces créances font l'objet d'un arrêté des comptes établi par le Conseil d'Administration et certifié exact par le commissaire aux comptes.

Article 12.- Forme des actions

Les actions entièrement libérées sont établies exclusivement sous la forme nominative. Elles sont matérialisées par un certificat ou par des titres.

Les titres représentatifs de ces actions sont extraits de registres à souches numérotées, frappés du timbre de la société nationale et revêtus de la signature du président du Conseil d'Administration.

Leur propriété ainsi que les droits du titulaire résultent de l'inscription du nom du titulaire sur les registres de la société nationale.

Le propriétaire des actions reçoit un certificat reproduisant les mentions portées sur les registres de la société nationale.

Ces mentions portent sur l'identité du titulaire, le nombre et les numéros des actions possédées, ainsi que, s'il y a lieu, la nature de la propriété du titre ainsi que la capacité du titulaire.

Article 13.- Transmission des actions

Les actions ne peuvent être détenues que par l'État ou des personnes morales de droit public. Elles ne sont pas négociables.

L'État peut transférer une partie de ses actions à des personnes morales de droit public à condition que les actions à transmettre soient entièrement libérées.

Sous peine d'inopposabilité à la société, toute transmission de certificat d'actions ou de titres doit être notifiée à cette dernière pour enregistrement.

Le certificat ou les titres du cédant sont annulés et il est délivré un ou plusieurs certificats ou titres nouveaux au cessionnaire.

Article 14.- Indivisibilité des actions

Les actions sont indivisibles à l'égard de la société.

Article 15.- Droits et obligations attachés aux actions

Chaque action donne droit, dans l'actif social, dans les bénéfices et dans le boni de liquidation, à une part proportionnelle à la fraction du capital qu'elle représente.

La propriété ainsi que la possession d'une action entraînent, de plein droit, adhésion aux statuts et aux résolutions régulièrement prises par les organes dirigeants et en assemblée générale.

Les actionnaires sont représentés dans les organes délibérants et d'administration conformément aux règles prévues par les présents statuts.

Il est attaché à chaque action un droit de vote proportionnel à la quotité du capital qu'elle représente et chaque action donne droit à une voix.

L'actionnaire n'est responsable du passif social que jusqu'à concurrence du montant nominal du cumul des actions qu'il possède.

Les droits et obligations attachés à l'action suivent le titre dans quelque main qu'il passe.

Chapitre III.- Gouvernance de la société

Article 16.- Organes d'administration et de gestion

L'administration de la société est assurée par un Conseil d'Administration. Un Directeur général assure la gestion de la société.

Section première.- Conseil d'administration

Article 17.- Composition

Le Conseil d'Administration comprend au maximum douze (12) membres, conformément à l'article 20 de la loi d'orientation n° 2022-08 du 19 avril 2022 relative au secteur parapublic, au suivi du portefeuille de l'Etat et au contrôle des personnes morales de droit privé bénéficiant du concours financier de la puissance publique.

Sa composition tient compte des domaines d'intervention ainsi que de la stratégie de la société.

Dans tous les cas, il doit comprendre :

- un représentant de la Présidence de la République, distinct du représentant du Contrôle financier ;
- un représentant de la Primature ;
- un représentant du Ministère en charge de la tutelle technique ou administrative;
- un représentant du Ministère en charge des Finances ;
- un représentant du personnel de la société ;
- un administrateur indépendant.

Les membres du Conseil d'Administration représentant l'Etat et la personne morale de droit public actionnaire sont désignés par l'autorité dont ils relèvent.

Article 18.- Nomination du Président du Conseil d'Administration

Le Conseil d'Administration de la société nationale est dirigé par un Président nommé par décret.

Article 19.- Mandat des administrateurs

La durée du mandat des administrateurs est de trois (3) ans, renouvelable une fois.

Toutefois, le mandat cesse de plein droit lorsque l'administrateur perd la qualité en raison de laquelle il avait été désigné, ou est révoqué à la suite d'une faute lourde ou d'agissements incompatibles avec la fonction d'administrateur, ou lorsqu'il s'est abstenu de se rendre à trois (3) séances consécutives du Conseil d'administration, sauf cas de force majeure dûment justifié.

La cessation de plein droit du mandat est prononcée par l'autorité ayant pouvoir de nomination, éventuellement saisie par le Président du Conseil d'Administration. L'administrateur nouvellement désigné à la suite de cette procédure, achève le mandat de celui qu'il remplace.

Un administrateur représentant l'Etat ne peut, sauf dérogation accordée par l'autorité de tutelle technique ou financière, siéger dans plus de trois (3) organes délibérants d'entités du secteur parapublic.

Article 20.- Rémunération des membres du Conseil d'Administration

Le Président du Conseil d'Administration perçoit une indemnité mensuelle dont le montant est fixé par décret et est non cumulable avec l'indemnité de session.

Les administrateurs de la société perçoivent des indemnités de session dont le taux et les modalités de versement sont également fixés par décret.

Aucun autre avantage ne peut être attribué par l'entreprise aux administrateurs, qu'ils soient représentants de l'État ou non.

Au titre de la participation aux frais de contrôle exercé par l'État, la société verse au Trésor public, dans le compte spécial « Frais de contrôle des entreprises du secteur parapublic », une contribution forfaitaire, dont le montant est fixé par décret.

Article 21.- Attributions du Conseil d'Administration

Le Conseil d'Administration délibère sur toutes les mesures portant sur la gestion de la société, notamment :

1- le plan stratégique de développement ;
2- le règlement intérieur ;
3- le programme pluriannuel d'actions et d'investissements ;
4- le contrat de performances ou contrat d'objectifs et de moyens ;
5- le budget ;
6- les acquisitions et aliénations de patrimoines ;
7- les prises de participations ;

7

8- les comptes de fin d'exercice ;
9- le rapport annuel de performance ;
10- les projets d'accord collectif d'établissement ;
11- l'organigramme ;
12- le programme de recrutement ;
13- la grille de rémunération ;
14- le manuel de procédures ;
15- les plans de restructuration ou de redressement ;
16- les accords et conventions internationaux ;
17- l'acceptation des dons et legs.

Le Conseil d'Administration veille à l'application de ses délibérations par le Directeur général de la société.

Il est obligatoirement informé des directives présidentielles, notamment celles issues des rapports des organes et corps de contrôle sur la gestion de la société, et délibère chaque année sur un rapport du Directeur général relatif à l'application de ces directives.

Le Conseil d'Administration crée en son sein un comité d'audit et un comité de rémunération. En cas de besoin, Il décide de la création de comités spécialisés additionnels dont il fixe la composition et les attributions.

Article 22.- Réunions du Conseil d'Administration

Le Conseil d'Administration se réunit au moins quatre (4) fois par an et chaque fois que de besoin sur convocation de son Président qui fixe l'ordre du jour.

En cas d'absence ou d'indisponibilité du Président, ce dernier est suppléé dans ses fonctions par le représentant de la Présidence de la République qui procède aux convocations et assure la présidence des réunions.

Le Conseil d'Administration peut également se réunir dans le délai d'un (1) mois suivant toute demande adressée au Président par un administrateur représentant la tutelle technique ou financière, ou par l'un des commissaires aux comptes.

La convocation, l'ordre du jour et les dossiers correspondants sont adressés à chaque membre du conseil au plus tard quinze (15) jours avant la réunion, par courrier physique ou électronique avec accusé de réception.

Assistent aux séances du Conseil d'Administration avec voix consultative :

- le Directeur général de la société nationale qui peut se faire accompagner de tout membre de la Direction générale pour peu que le niveau hiérarchique des concernés leur permette d'être informés des questions stratégiques discutées en Conseil ;
- le Contrôleur financier ou son représentant.

Le Président du Conseil d'Administration peut, en outre, inviter aux séances du conseil en fonction de l'ordre du jour, toute personne dont la présence s'avère utile.

8

Le secrétariat des réunions est assuré par le Directeur général.

Le Conseil d'Administration ne délibère valablement sur toute question inscrite à son ordre du jour que si la moitié au moins des membres sont physiquement présents. Toutefois, si des circonstances exceptionnelles l'exigent, le Conseil d'Administration peut se réunir en autorisant une partie de ses membres à participer à la réunion au moyen de procédés de communication électronique offrant des garanties suffisantes de sécurité, assurant la protection de la confidentialité et permettant d'authentifier l'identité de l'administrateur ou des administrateurs concernés.

Les décisions sont prises à la majorité simple des votants.

En cas d'égalité des voix, celle du Président du Conseil d'Administration est prépondérante.

En cas d'indisponibilité, chaque administrateur peut se faire représenter par un autre administrateur suivant un mandat dûment signé, valable pour une réunion.

Un administrateur ne peut détenir plus de deux (2) mandats.

Les délibérations du Conseil d'Administration sont constatées par des procès-verbaux dressés par le secrétaire de séance.

Il est tenu un registre coté et paraphé des procès-verbaux.

Les procès-verbaux doivent mentionner notamment :

1- l'ordre du jour ;
2- les administrateurs présents et ceux autorisés à participer à distance ;
3- le résumé des débats et des interventions ;
4- les observations du Contrôleur financier ou de son représentant ;
5- les décisions prises avec l'indication nominative des votes « POUR » et « CONTRE ».

Pour faciliter l'établissement des procès-verbaux, les réunions du Conseil peuvent faire l'objet d'un enregistrement audio. Auquel cas, le Président de séance en informe les participants.

Un exemplaire dûment signé du procès-verbal doit être transmis à la diligence du Président, aux autorités de tutelle et au Contrôleur financier dans les quinze (15) jours suivant la réunion, de même que les délibérations du Conseil d'Administration.

Les administrateurs, ainsi que toute personne appelée à assister aux réunions du Conseil d'Administration de la société, sont tenus à la discrétion et au devoir de réserve concernant les informations présentant un caractère confidentiel ou données comme telles par le Président du Conseil d'Administration.

Les administrateurs veillent à éviter tout conflit d'intérêts, la violation de cette obligation étant sanctionnée par les lois et règlements en vigueur.

Article 23.- Comité de direction

Le Conseil d'Administration peut, dans l'intervalle de ses réunions, déléguer au Comité de direction ses attributions en matière de réaménagement budgétaire ou d'autres attributions, à l'exception de celles prévues à l'article 21 des présents statuts. Le

Comité de direction rend compte de ses réunions au Conseil d'Administration.

Le Comité de Direction est composé comme suit :

- le Président du Conseil d'Administration de la société qui en assure la présidence;
- les administrateurs représentant les autorités de tutelle ;
- au moins un (01) membre élu parmi les autres membres du Conseil d'Administration.

Le Contrôleur financier ou son représentant et le Directeur général de la société participent aux réunions du Comité de direction.

Le secrétariat des réunions du Comité de Direction est assuré par le Directeur général de la société qui peut se faire assister par ses collaborateurs. Le comité se réunit à chaque fois que de besoin.

Article 24.- Conventions interdites

A peine de nullité de la convention, il est interdit aux administrateurs, au Directeur général, à leurs conjoints, ascendants ou descendants, d'emprunter, de prêter, de vendre ou d'acheter, sous quelque forme que ce soit, auprès de la société, ainsi que de faire continuer ou avaliser par elle leurs engagements envers les tiers.

Interdiction est faite aux administrateurs représentant l'État de prendre ou de conserver un intérêt direct ou indirect dans une opération effectuée par la société pour son compte ou par un organisme dans lequel celle-ci aurait une participation financière.

Article 25.- Conventions réglementées

Toute convention entre la société et l'un de ses actionnaires, soit directement, ne soit par personne interposée, doit être soumise à l'autorisation préalable du Conseil d'Administration, dans les conditions fixées par l'Acte uniforme relatif au droit des sociétés commerciales et du groupement d'intérêt économique.

L'autorisation n'est cependant pas nécessaire lorsque les conventions portent sur des opérations courantes conclues à des conditions normales.

Article 26.- Sanctions

En cas d'irrégularité ou de carence, le Conseil d'Administration peut être suspendu ou dissout par décret. Le décret de suspension ou de dissolution désigne un Comité d'administration provisoire pour une durée maximale de six (6) mois. Au terme de ce délai, un nouveau Conseil d'Administration est constitué, dans lequel le Président du Conseil d'Administration dissout ne peut être membre.

Le Comité d'Administration provisoire délibère sur les affaires de la société. Toutefois, il ne peut autoriser ni des acquisitions ou aliénations de patrimoine immobilier, ni des prises de participations financières.

En cas d'irrégularité, de carence ou de faute grave imputable à un administrateur, il est procédé par décision motivée à sa révocation, sans préjudice des poursuites disciplinaires, civiles ou pénales éventuelles.

Section 2.- Direction générale

Article 27.- Directeur général

Le Directeur général est nommé par décret.

En aucun cas, il ne peut bénéficier d'un contrat de travail postérieurement à sa nomination.

Dans l'exercice de ses fonctions, le Directeur général peut être assisté par un Directeur général adjoint ou un Secrétaire général qui le supplée en cas d'absence ou d'empêchement.

Le Directeur général adjoint ou le Secrétaire général est nommé par le Conseil d'Administration, sur proposition du Directeur général.

Les autres directeurs, chefs de service ou de division et chefs des autres structures de la Société nationale, sont nommés par le Directeur général.

Le chef de l'organe exécutif peut être révoqué, à tout moment, à la discrétion de l'autorité de nomination.

En cas de faute grave ou de mauvaise gestion, il encourt des sanctions civiles et disciplinaires, sans préjudice de poursuites pénales.

Article 28.- Attributions du Directeur général

Le Directeur général assure la gestion générale de la société et la représente dans ses rapports avec les tiers.

Il a la qualité d'employeur au sens du Code du Travail et est investi des pouvoirs de décision et de gestion nécessaires à la bonne marche de la société et veille à l'exécution des décisions prises par le Conseil d'Administration et, le cas échéant, le Comité de Direction. A ce titre, il est notamment chargé :

1- d'assurer la gestion générale de l'organisation ;
2- de proposer l'organigramme et le manuel de procédures de la société ;
3- de représenter la société en justice et dans tous les actes de la vie civile ;
4- de préparer le budget qu'il exécute tant en recettes qu'en dépenses ;
5- de nommer ou déléguer la nomination à toutes les positions de travail au sein de la société ;
6- d'assurer les relations de la société avec les partenaires, les administrations, les organismes associés à ses activités et toute autre partie prenante ;
7- d'impulser et coordonner la recherche de financements de toute nature, nécessaires à la réalisation des missions de la société et toutes autres parties prenantes;
8- d'élaborer les programmes d'investissements pluriannuels et les plans d'actions annuels ;
9- de valider tous les documents comptables ;

10- de présenter au Conseil d'Administration les états financiers certifiés par le commissaire aux comptes et lui soumettre un rapport de gestion faisant état du niveau d'exécution du budget, des plans annuels et des programmes pluriannuels d'actions et d'investissements ;
11- de présenter au Conseil d'Administration un bilan social qui retrace l'évolution des effectifs et de la masse salariale, les contentieux en cours, le plan de formation et de carrière des agents, le programme de recrutement, la liste et le montant des primes et avantages de toute nature accordés au personnel ;
12- de soumettre au Conseil d'Administration le Plan stratégique, le Contrat de Performance et le Rapport de Performance de la société ;
13- de transmettre à la Cour des Comptes et à la Direction générale en charge de la Comptabilité publique, dans les six mois suivant la clôture de chaque exercice, un exemplaire des états financiers de synthèse arrêtés et adoptés ou approuvés.

Article 29.- Rémunération du Directeur général

Le Directeur général perçoit une rémunération dont le montant ainsi que les avantages et indemnités qui l'accompagnent, sont fixés par décret.

Chapitre IV.- Contrôle et surveillance

Article 30.- Commissariat aux Comptes

Le contrôle de la société est exercé par un Commissaire aux Comptes titulaire et un suppléant remplissant les conditions d'éligibilité exigées par la loi.

Le Commissaire aux Comptes a notamment pour mission permanente, à l'exclusion de toute immixtion dans la gestion, de vérifier les valeurs et les documents comptables de la société et de contrôler la conformité de sa comptabilité aux règles en vigueur. Il procède ainsi à la certification des comptes de la société.

En cas de difficultés graves, susceptibles de mettre en cause la pérennité de l'entreprise, les commissaires aux comptes doivent en faire mention dans un rapport spécial qu'ils présentent lors de la plus prochaine réunion du Conseil d'administration dont ils peuvent, au besoin, provoquer la convocation.

Le Commissaire aux Comptes met en œuvre une procédure d'alerte pour prévenir les faits susceptibles de compromettre la continuité de l'exploitation, dans les conditions prévues par les dispositions de l'Acte uniforme de l'OHADA relatif au droit des sociétés commerciales et du groupement d'intérêt économique.

Article 31.- Nomination du Commissaire aux Comptes

Le premier commissaire aux comptes et son suppléant sont désignés par l'Assemblée générale constitutive pour une durée de deux (02) exercices consécutifs.

En cours de vie sociale, les commissaires aux comptes sont désignés par l'Assemblée générale ordinaire pour une durée de six (06) exercices sociaux consécutifs.

Le mandat du Commissaire aux Comptes peut être reconduit.

Toutefois, lorsqu'il est établi que le Commissaire aux Comptes ne s'est pas acquitté convenablement de sa mission, le Conseil d'Administration propose son remplacement à l'Assemblée générale.

Article 32.- Contrôle de Gestion

La société dispose d'un organe chargé d'assurer un contrôle permanent de la gestion.

Sous l'autorité du Directeur général, cet organe est chargé notamment de :

- élaborer et tenir à jour le tableau de bord de la société, faisant apparaître à partir d'indicateurs l'évolution des principaux résultats de l'activité de la société ;
- faire le point régulièrement sur l'exécution du budget et sur la situation de la trésorerie ;
- présenter par trimestre un rapport global sur la gestion de la société ;
- suivre en permanence l'évolution des effectifs et de la masse salariale.

Le Contrôleur financier ou son représentant est chargé du suivi des activités et du contrôle permanent de la gestion financière des entreprises du secteur parapublic. Il assure également le suivi de l'application des directives présidentielles sur la gestion de l'entreprise, issues des rapports des corps de contrôle et de tout organisme habilité à cet effet. Il établit ainsi, dans les six mois qui suivent la notification de ces directives, un rapport faisant le point sur leur application dans la société.

Chapitre V.- Assemblées d'actionnaires

Article 33.- Dispositions générales

Les actionnaires se réunissent en assemblées générales ordinaires ou extraordinaires.

Selon la nature des résolutions proposées, les assemblées générales sont qualifiées d'ordinaires ou d'extraordinaires.

Les assemblées générales extraordinaires sont celles appelées à délibérer sur toute modification du capital ou des statuts.

Toutes les autres assemblées sont à titre ordinaire.

Les assemblées générales régulièrement convoquées et constituées, représentent l'ensemble des actionnaires.

Les délibérations de l'assemblée générale prises conformément à la réglementation en vigueur et aux présents statuts obligent tous les actionnaires, même absents, incapables ou dissidents. Elles sont constatées par des procès-verbaux établis sur un registre spécial et signés par le président et le secrétaire de séance.

Article 34.- Composition des assemblées générales

Tout actionnaire peut se faire représenter dans les assemblées générales par le mandataire de son choix.

Lorsque la société nationale est détenue par un seul actionnaire, les décisions relevant de la compétence des assemblées générales ordinaires et extraordinaires sont prises par l'actionnaire unique. Pour ce faire, le Ministre chargé des Finances ou son délégué représente l'Etat actionnaire et siège dans toutes les assemblées générales des sociétés publiques avec voix délibérative.

Les membres du Conseil d'administration, le contrôleur financier ou son représentant ainsi que le Directeur général assistent aux assemblées générales avec voix consultative.

Le Président du Conseil d'administration de la société, peut également, en fonction de l'ordre du jour, inviter toute personne dont la présence s'avère utile, à participer aux assemblées générales avec voix consultative.

Article 35.- Convocation aux réunions des assemblées générales

L'Assemblée générale des actionnaires est convoquée au moins une fois par an par le Président du Conseil d'administration.

Toutefois, en cas de manquement constaté ou de refus de la part du Président du Conseil d'administration, elle peut être convoquée par l'Autorité de tutelle technique ou financière. Cette convocation peut se faire sur initiative du Commissaire aux Comptes, du mandataire judiciaire ou du liquidateur.

La convocation aux assemblées d'actionnaires portant mention de l'ordre du jour, est adressée à chaque membre quinze jours au moins avant la date de l'assemblée.

Les convocations sont adressées par courrier physique ou électronique avec accusé de réception.

Lorsqu'une assemblée n'a pu délibérer faute du quorum requis, la deuxième assemblée est convoquée dans un délai d'un (01) mois à compter de la date de la première convocation, dans les mêmes formes.

Article 36.- Délibération de l'Assemblée générale ordinaire

L'Assemblée générale ordinaire a une compétence de droit commun. Elle prend toutes les décisions autres que celles qui sont prises par l'assemblée générale extraordinaire. Elle se réunit au moins une fois par an, dans les six mois suivant la clôture de l'exercice.

Elle délibère valablement lorsqu'elle réunit le quart des actionnaires ayant le droit de vote, présents ou représentés, sur première convocation. Aucun quorum n'est requis sur deuxième convocation.

Les délibérations de l'Assemblée générale ordinaire sont prises à la majorité des voix exprimées. A chaque action, est attaché un droit de vote proportionnel à la part dans le capital qu'elle représente et chaque action donne droit à une voix au moins.

Dans le cas où il est procédé à un scrutin, il n'est pas tenu compte des bulletins blancs.

Article 37.- Délibération de l'Assemblée générale extraordinaire

L'Assemblée générale extraordinaire, qui peut être convoquée à toute période de l'année, est seule habilitée à modifier le capital social ou les statuts dans toutes leurs clauses.

Elle est également compétente pour autoriser les fusions, scissions, transformations et apports partiels d'actifs, pour transférer le siège social dans une autre ville, ou pour dissoudre par anticipation la société.

A la première convocation, l'assemblée générale ne délibère valablement que si elle est composée au moins par la moitié de ses membres.

En cas de défaut de quorum, l'assemblée générale peut se réunir une seconde fois, en présence cette fois du quart de ses membres.

Si ce deuxième quorum n'est pas atteint, l'assemblée générale peut être convoquée une troisième fois dans un délai de deux (02) mois au plus à compter de la date fixée par la deuxième convocation, et pour cette troisième réunion, aucun quorum n'est nécessaire.

Chapitre VI. - Reddition des comptes

Article 38.- Exercice social

L'exercice social coïncide avec l'année civile.

La durée de l'exercice est exceptionnellement inférieure à douze (12) mois pour le premier exercice débutant au cours du premier semestre de l'année civile.

Cette durée peut être supérieure à douze (12) mois si le premier exercice débute au cours du deuxième semestre de l'année, auquel cas, il est rapporté à l'exercice suivant.

Article 39.- Etats financiers annuels

Il est tenu une comptabilité régulière des opérations de la société, conformément aux lois, règlements et usages en vigueur.

A la clôture de chaque exercice, le Conseil d'Administration arrête les états financiers de synthèse conformément aux dispositions de l'Acte uniforme de l'OHADA relatif au droit comptable et à l'information financière.

Les documents comptables sont mis à la disposition du commissaire aux comptes, quarante-cinq jours au moins avant la date de l'Assemblée générale ordinaire.

Une fois approuvés par l'Assemblée générale, les états financiers, accompagnés des rapports du Commissaire aux Comptes, sont transmis aux autorités de tutelle technique et financière et au Contrôleur financier, dans un délai d'un mois.

Pour la Cour des Comptes, le délai de transmission est de six (06) mois suivant la clôture de l'exercice.

Article 40.- Affectation des résultats

Après approbation des comptes et constatation de l'existence d'un bénéfice, l'assemblée générale ordinaire détermine sur proposition du Conseil d'administration :

- l'affectation ou l'emploi de tout ou partie de ce bénéfice ;
- le prélèvement sur ce bénéfice de toute somme à reporter à nouveau sur l'exercice suivant ou à inscrire à un ou plusieurs fonds de réserves ordinaires ou extraordinaires, généraux ou spéciaux.

L'Assemblée générale ordinaire peut, après constatation de l'existence de réserves légales non qualifiées indisponibles par la loi, décider en outre, de l'affectation ou l'emploi de sommes prélevées sur ces réserves.

Dans ce cas, la décision indique expressément les postes de réserves sur lesquels ces prélèvements sont effectués.

Les pertes sont portées au compte « report à nouveau ».

Article 41.- Conservation des documents

La société a l'obligation de conserver les archives et les pièces justificatives des opérations de recettes et de dépenses pendant une durée de dix (10) ans.

Le non-respect de cette disposition constitue une faute de gestion engageant la responsabilité personnelle du Directeur général et des agents concernés devant la Cour des Comptes.

Chapitre VII.- Personnel de la société

Article 42.- Régime juridique

Le personnel de la société est régi par les dispositions du Code du Travail sous réserve des exceptions prévues par les dispositions légales et réglementaires.

Article 43.- Rémunération

Le montant de l'indemnité spéciale dont peut bénéficier tout fonctionnaire en détachement à la société est au plus égal à la différence entre son traitement indiciaire et le salaire de l'emploi occupé.

Toutefois l'intéressé peut, en outre, bénéficier des autres avantages liés à l'emploi occupé tels que prévus par le règlement ou l'accord d'établissement.

Les règles relatives aux frais de mission et de déplacement des agents et membres du Conseil d'administration de la société sont fixées par décret.

En outre, les délibérations ou décisions tendant à attribuer des primes ou gratifications annuelles au personnel, y compris les dirigeants, sont approuvées par le Président de la République.

Article 44.- Obligation de réserve

Les membres du personnel de la société sont soumis à l'obligation de réserve et sont tenus au respect du secret professionnel pour les informations, faits, actes et renseignements, dont ils ont connaissance dans l'exercice de leurs fonctions.

Tous les membres du personnel doivent, en outre, respecter le règlement intérieur de la société.

Tout manquement aux obligations citées dans les alinéas précédents du présent article, constitue une faute pouvant entraîner une sanction administrative qui, selon la gravité, peut aller jusqu'au licenciement de l'agent en cause, sans préjudice des poursuites judiciaires à son encontre.

Chapitre VIII.- Contentieux

Article 45.- Juridiction compétente

Toutes contestations concernant la société seront soumises à la juridiction compétente sénégalaise.

Article 46.- Droit applicable

Le droit applicable à la société et à ses activités est le droit sénégalais ou le cas échéant, le droit de l'OHADA.

Chapitre IX.- Fin de la société

Article 47.- Dissolution

L'actionnaire unique ou les actionnaires peuvent, à tout moment, prononcer la dissolution anticipée de la société. La décision est prise en assemblée générale extraordinaire.

La société est dissoute pour les causes communes à toutes les sociétés dans les conditions et sous les effets prévus par les dispositions de l'Acte Uniforme relatif au droit des sociétés commerciales et du Groupement d'Intérêt Economique.

Article 48.- Liquidation

La dissolution de la société nationale entraine sa liquidation, hormis les cas de scission ou de fusion.

Les opérations de liquidation ainsi que leur contrôle s'effectuent suivant les conditions fixées par la réglementation en vigueur.

Dans le cas où l'Etat est actionnaire unique, il est procédé à une dévolution universelle du patrimoine à son profit. La liquidation peut être prononcée et organisée conformément à la règlementation en vigueur applicable aux sociétés nationales.

TABLE DES MATIÈRES

Structures éditoriales du groupe L'Harmattan

L'Harmattan Italie
Via degli Artisti, 15
10124 Torino
harmattan.italia@gmail.com

L'Harmattan Hongrie
Kossuth l. u. 14-16.
1053 Budapest
harmattan@harmattan.hu

L'Harmattan Sénégal
10 VDN SICAP AMITIE 3
BP 45034 Dakar-Fann
direction@senharmattan.com

L'Harmattan Cameroun
Tsinga/Derrière polyclinique FECAFOOT
BP 11486 Yaoundé
Jacques.koukam@harmattan.fr

L'Harmattan Burkina Faso
Villa 281, secteur 23 623, rue 14.32
Ouagadougou
zagbie@outlook.fr

L'Harmattan Guinée
Almamya, rue KA 028 OKB Agency
BP 3470 Conakry
harmattanguinee@yahoo.fr

L'Harmattan RDC
185, avenue Nyangwe
Commune de Lingwala – Kinshasa
matangilamusadila@yahoo.fr

L'Harmattan Congo
219, avenue Nelson Mandela
BP 2874 Brazzaville
deunovmikhael@gmail.com

L'Harmattan Mali
Immeuble Mgr Jean Marie Cissé
Aci Hamadallaye
BP 145 Bamako
syllaka@yahoo.fr

L'Harmattan Togo
Djidjole – Maison Amela
face EPP BATOME
02 BP 20680 Lomé
didieramela11@gmail.com

L'Harmattan Côte d'Ivoire
Résidence Karl – Cité des Arts
Abidjan-Cocody
03 BP 1588 Abidjan
harmattan.ivoire@gmail.com

L'Harmattan Bénin
Rue 604, (Immeuble à l'entrée
de la rue UCAO- Cite de Saint-Jean)
Cotonou
stepcorpus@gmail.com

Nos librairies en France

Librairie internationale
16, rue des Écoles
75005 Paris
librairie.internationale@harmattan.fr
01 40 46 79 11
www.librairieharmattan.com

Librairie des savoirs
21, rue des Écoles
75005 Paris
librairie.sh@harmattan.fr
01 46 34 13 71
www.librairieharmattansh.com

www.ingramcontent.com/pod-product-compliance
Lightning Source LLC
LaVergne TN
LVHW011156061026
849535LV00003B/753